中华人民共和国
新法规汇编

2022
第7辑

司法部 编

中国法制出版社

编辑说明

一、《中华人民共和国新法规汇编》是国家出版的法律、行政法规汇编正式版本，是刊登报国务院备案并予以登记的部门规章的指定出版物。

二、本汇编收集的内容包括：上一个月内由全国人民代表大会及其常务委员会通过的法律和有关法律问题的决定，国务院公布的行政法规和国务院文件，报国务院备案并予以登记的部门规章，最高人民法院和最高人民检察院公布的司法解释。另外，还收入了上一个月内报国务院备案并予以登记的地方性法规和地方政府规章目录。

三、本汇编所收的内容，按下列分类顺序编排：法律，行政法规，国务院文件，国务院部门规章，司法解释。每类中按公布的时间顺序排列。报国务院备案并予以登记的地方性法规和地方政府规章目录按 1987 年国务院批准的行政区划顺序排列；同一行政区域报备两件以上者，按公布时间顺序排列。

四、本汇编每年出版 12 辑，每月出版 1 辑。本辑为 2022 年度第 7 辑，收入 2022 年 6 月份内公布的法律 4 件，国务院文件 5 件、报国务院备案并经审查予以登记编号的部门规章 11 件、司法解释 3 件，共计 23 件。

五、本汇编在编辑出版过程中，得到了国务院有关部门和有关方面以及广大读者的大力支持和协助，在此谨致谢意。

司法部

2022 年 7 月

目　录

编辑说明 …………………………………………………………………… (1)

法　律

中华人民共和国体育法 ……………………………………………………… (1)
中华人民共和国黑土地保护法 ……………………………………………… (15)
全国人民代表大会常务委员会关于修改《中华人民共和国反垄断法》的决定 ……………………………………………………… (21)
全国人民代表大会常务委员会关于修改《中华人民共和国全国人民代表大会常务委员会议事规则》的决定 ………………………… (25)

国务院文件

国务院办公厅关于印发城市燃气管道等老化更新改造实施方案（2022—2025年）的通知 ……………………………………………… (31)
国务院办公厅关于进一步推进省以下财政体制改革工作的指导意见 ……………………………………………………………………… (36)
国务院办公厅关于对2021年落实有关重大政策措施真抓实干成效明显地方予以督查激励的通报 ……………………………………… (41)
国务院关于印发广州南沙深化面向世界的粤港澳全面合作总体方案的通知 ……………………………………………………………… (49)
国务院关于加强数字政府建设的指导意见 ……………………………… (57)

国务院部门规章

正常类飞机适航规定 ……………………………………………………… (68)
病死畜禽和病害畜禽产品无害化处理管理办法 …………………………… (98)
文化和旅游部关于修改《娱乐场所管理办法》的决定 ………………… (104)
　娱乐场所管理办法 ……………………………………………………… (105)

文化和旅游部关于修改《营业性演出管理条例实施细则》的决定 ……（109）
营业性演出管理条例实施细则 ……………………………………………（111）
统计严重失信企业信用管理办法 …………………………………………（118）
公开募集证券投资基金管理人监督管理办法 ……………………………（122）
证券登记结算管理办法 ……………………………………………………（142）
特种设备安全监督检查办法 ………………………………………………（158）
外来入侵物种管理办法 ……………………………………………………（164）
关于修改《中国证监会派出机构监管职责规定》的决定 ………………（168）
中国证监会派出机构监管职责规定 ………………………………………（170）
公民举报危害国家安全行为奖励办法 ……………………………………（177）

司法解释

最高人民法院关于审理森林资源民事纠纷案件适用法律若干问题的解释 ……………………………………………………………………（182）
最高人民法院印发《关于为深化新三板改革、设立北京证券交易所提供司法保障的若干意见》的通知 ……………………………（186）
最高人民法院、最高人民检察院、公安部、国家移民管理局印发《关于依法惩治妨害国（边）境管理违法犯罪的意见》的通知……（192）
关于依法惩治妨害国（边）境管理违法犯罪的意见 ……………………（192）

附：

2022 年 6 月份报国务院备案并予以登记的地方性法规、自治条例、单行条例和地方政府规章目录 ……………………………………（198）

法　　律

中华人民共和国体育法

（1995年8月29日第八届全国人民代表大会常务委员会第十五次会议通过　根据2009年8月27日第十一届全国人民代表大会常务委员会第十次会议《关于修改部分法律的决定》第一次修正　根据2016年11月7日第十二届全国人民代表大会常务委员会第二十四次会议《关于修改〈中华人民共和国对外贸易法〉等十二部法律的决定》第二次修正　2022年6月24日第十三届全国人民代表大会常务委员会第三十五次会议修订　2022年6月24日中华人民共和国主席令第114号公布　自2023年1月1日起施行）

目　　录

第一章　总　　则
第二章　全民健身
第三章　青少年和学校体育
第四章　竞技体育
第五章　反兴奋剂
第六章　体育组织
第七章　体育产业
第八章　保障条件
第九章　体育仲裁
第十章　监督管理
第十一章　法律责任
第十二章　附　　则

第一章　总　　则

第一条　为了促进体育事业，弘扬中华体育精神，培育中华体育文化，发展体育运动，增强人民体质，根据宪法，制定本法。

第二条 体育工作坚持中国共产党的领导，坚持以人民为中心，以全民健身为基础，普及与提高相结合，推动体育事业均衡、充分发展，推进体育强国和健康中国建设。

第三条 县级以上人民政府应当将体育事业纳入国民经济和社会发展规划。

第四条 国务院体育行政部门主管全国体育工作。国务院其他有关部门在各自的职责范围内管理相关体育工作。

县级以上地方人民政府体育行政部门主管本行政区域内的体育工作。县级以上地方人民政府其他有关部门在各自的职责范围内管理相关体育工作。

第五条 国家依法保障公民平等参与体育活动的权利，对未成年人、妇女、老年人、残疾人等参加体育活动的权利给予特别保障。

第六条 国家扩大公益性和基础性公共体育服务供给，推动基本公共体育服务均等化，逐步健全全民覆盖、普惠共享、城乡一体的基本公共体育服务体系。

第七条 国家采取财政支持、帮助建设体育设施等措施，扶持革命老区、民族地区、边疆地区、经济欠发达地区体育事业的发展。

第八条 国家鼓励、支持优秀民族、民间、民俗传统体育项目的发掘、整理、保护、推广和创新，定期举办少数民族传统体育运动会。

第九条 开展和参加体育活动，应当遵循依法合规、诚实守信、尊重科学、因地制宜、勤俭节约、保障安全的原则。

第十条 国家优先发展青少年和学校体育，坚持体育和教育融合，文化学习和体育锻炼协调，体魄与人格并重，促进青少年全面发展。

第十一条 国家支持体育产业发展，完善体育产业体系，规范体育市场秩序，鼓励扩大体育市场供给，拓宽体育产业投融资渠道，促进体育消费。

第十二条 国家支持体育科学研究和技术创新，培养体育科技人才，推广应用体育科学技术成果，提高体育科学技术水平。

第十三条 国家对在体育事业发展中做出突出贡献的组织和个人，按照有关规定给予表彰和奖励。

第十四条 国家鼓励开展对外体育交往，弘扬奥林匹克精神，支持参与国际体育运动。

对外体育交往坚持独立自主、平等互利、相互尊重的原则，维护国家主权、安全、发展利益和尊严，遵守中华人民共和国缔结或者参加的国际条约。

第十五条 每年 8 月 8 日全民健身日所在周为体育宣传周。

第二章　全民健身

第十六条　国家实施全民健身战略，构建全民健身公共服务体系，鼓励和支持公民参加健身活动，促进全民健身与全民健康深度融合。

第十七条　国家倡导公民树立和践行科学健身理念，主动学习健身知识，积极参加健身活动。

第十八条　国家推行全民健身计划，制定和实施体育锻炼标准，定期开展公民体质监测和全民健身活动状况调查，开展科学健身指导工作。

国家建立全民健身工作协调机制。

县级以上人民政府应当定期组织有关部门对全民健身计划实施情况进行评估，并将评估情况向社会公开。

第十九条　国家实行社会体育指导员制度。社会体育指导员对全民健身活动进行指导。

社会体育指导员管理办法由国务院体育行政部门规定。

第二十条　地方各级人民政府和有关部门应当为全民健身活动提供必要的条件，支持、保障全民健身活动的开展。

第二十一条　国家机关、企业事业单位和工会、共产主义青年团、妇女联合会、残疾人联合会等群团组织应当根据各自特点，组织开展日常体育锻炼和各级各类体育运动会等全民健身活动。

第二十二条　居民委员会、村民委员会以及其他社区组织应当结合实际，组织开展全民健身活动。

第二十三条　全社会应当关心和支持未成年人、妇女、老年人、残疾人参加全民健身活动。各级人民政府应当采取措施，为未成年人、妇女、老年人、残疾人安全参加全民健身活动提供便利和保障。

第三章　青少年和学校体育

第二十四条　国家实行青少年和学校体育活动促进计划，健全青少年和学校体育工作制度，培育、增强青少年体育健身意识，推动青少年和学校体育活动的开展和普及，促进青少年身心健康和体魄强健。

第二十五条　教育行政部门和学校应当将体育纳入学生综合素质评价范围，将达到国家学生体质健康标准要求作为教育教学考核的重要内容，培养学生体育锻炼习惯，提升学生体育素养。

体育行政部门应当在传授体育知识技能、组织体育训练、举办体育赛事活动、管理体育场地设施等方面为学校提供指导和帮助，并配合教育行政部门推进学校运动队和高水平运动队建设。

第二十六条 学校必须按照国家有关规定开齐开足体育课，确保体育课时不被占用。

学校应当在体育课教学时，组织病残等特殊体质学生参加适合其特点的体育活动。

第二十七条 学校应当将在校内开展的学生课外体育活动纳入教学计划，与体育课教学内容相衔接，保障学生在校期间每天参加不少于一小时体育锻炼。

鼓励学校组建运动队、俱乐部等体育训练组织，开展多种形式的课余体育训练，有条件的可组建高水平运动队，培养竞技体育后备人才。

第二十八条 国家定期举办全国学生（青年）运动会。地方各级人民政府应当结合实际，定期组织本地区学生（青年）运动会。

学校应当每学年至少举办一次全校性的体育运动会。

鼓励公共体育场地设施免费向学校开放使用，为学校举办体育运动会提供服务保障。

鼓励学校开展多种形式的学生体育交流活动。

第二十九条 国家将体育科目纳入初中、高中学业水平考试范围，建立符合学科特点的考核机制。

病残等特殊体质学生的体育科目考核，应当充分考虑其身体状况。

第三十条 学校应当建立学生体质健康检查制度。教育、体育和卫生健康行政部门应当加强对学生体质的监测和评估。

第三十一条 学校应当按照国家有关规定，配足合格的体育教师，保障体育教师享受与其他学科教师同等待遇。

学校可以设立体育教练员岗位。

学校优先聘用符合相关条件的优秀退役运动员从事学校体育教学、训练活动。

第三十二条 学校应当按照国家有关标准配置体育场地、设施和器材，并定期进行检查、维护，适时予以更新。

学校体育场地必须保障体育活动需要，不得随意占用或者挪作他用。

第三十三条 国家建立健全学生体育活动意外伤害保险机制。

教育行政部门和学校应当做好学校体育活动安全管理和运动伤害风险防控。

第三十四条 幼儿园应当为学前儿童提供适宜的室内外活动场地和体育设施、器材,开展符合学前儿童特点的体育活动。

第三十五条 各级教育督导机构应当对学校体育实施督导,并向社会公布督导报告。

第三十六条 教育行政部门、体育行政部门和学校应当组织、引导青少年参加体育活动,预防和控制青少年近视、肥胖等不良健康状况,家庭应当予以配合。

第三十七条 体育行政部门会同有关部门引导和规范企业事业单位、社会组织和体育专业人员等为青少年提供体育培训等服务。

第三十八条 各级各类体育运动学校应当对适龄学生依法实施义务教育,并根据国务院体育行政部门制定的教学训练大纲开展业余体育训练。

教育行政部门应当将体育运动学校的文化教育纳入管理范围。

各级人民政府应当在场地、设施、资金、人员等方面对体育运动学校予以支持。

第四章 竞技体育

第三十九条 国家促进竞技体育发展,鼓励运动员提高竞技水平,在体育赛事中创造优异成绩,为国家和人民争取荣誉。

第四十条 国家促进和规范职业体育市场化、职业化发展,提高职业体育赛事能力和竞技水平。

第四十一条 国家加强体育运动学校和体育传统特色学校建设,鼓励、支持开展业余体育训练,培养优秀的竞技体育后备人才。

第四十二条 国家加强对运动员的培养和管理,对运动员进行爱国主义、集体主义和社会主义教育,以及道德、纪律和法治教育。

运动员应当积极参加训练和竞赛,团结协作,勇于奉献,顽强拼搏,不断提高竞技水平。

第四十三条 国家加强体育训练科学技术研究、开发和应用,对运动员实行科学、文明的训练,维护运动员身心健康。

第四十四条 国家依法保障运动员接受文化教育的权利。

体育行政部门、教育行政部门应当保障处于义务教育阶段的运动员完成义务教育。

第四十五条 国家依法保障运动员选择注册与交流的权利。

运动员可以参加单项体育协会的注册,并按照有关规定进行交流。

第四十六条　国家对优秀运动员在就业和升学方面给予优待。

第四十七条　各级人民政府加强对退役运动员的职业技能培训和社会保障，为退役运动员就业、创业提供指导和服务。

第四十八条　国家实行体育运动水平等级、教练员职称等级和裁判员技术等级制度。

第四十九条　代表国家和地方参加国际、国内重大体育赛事的运动员和运动队，应当按照公开、公平、择优的原则选拔和组建。

运动员选拔和运动队组建办法由国务院体育行政部门规定。

第五十条　国家对体育赛事活动实行分级分类管理，具体办法由国务院体育行政部门规定。

第五十一条　体育赛事实行公平竞争的原则。

体育赛事活动组织者和运动员、教练员、裁判员应当遵守体育道德和体育赛事规则，不得弄虚作假、营私舞弊。

严禁任何组织和个人利用体育赛事从事赌博活动。

第五十二条　在中国境内举办的体育赛事，其名称、徽记、旗帜及吉祥物等标志按照国家有关规定予以保护。

未经体育赛事活动组织者等相关权利人许可，不得以营利为目的采集或者传播体育赛事活动现场图片、音视频等信息。

第五章　反兴奋剂

第五十三条　国家提倡健康文明、公平竞争的体育运动，禁止在体育运动中使用兴奋剂。

任何组织和个人不得组织、强迫、欺骗、教唆、引诱体育运动参加者在体育运动中使用兴奋剂，不得向体育运动参加者提供或者变相提供兴奋剂。

第五十四条　国家建立健全反兴奋剂制度。

县级以上人民政府体育行政部门会同卫生健康、教育、公安、工信、商务、药品监管、交通运输、海关、农业、市场监管等部门，对兴奋剂问题实施综合治理。

第五十五条　国务院体育行政部门负责制定反兴奋剂规范。

第五十六条　国务院体育行政部门会同国务院药品监管、卫生健康、商务、海关等部门制定、公布兴奋剂目录，并动态调整。

第五十七条　国家设立反兴奋剂机构。反兴奋剂机构及其检查人员依照法定程序开展检查，有关单位和人员应当予以配合，任何单位和个人不得干涉。

反兴奋剂机构依法公开反兴奋剂信息，并接受社会监督。

第五十八条 县级以上人民政府体育行政部门组织开展反兴奋剂宣传、教育工作,提高体育活动参与者和公众的反兴奋剂意识。

第五十九条 国家鼓励开展反兴奋剂科学技术研究,推广先进的反兴奋剂技术、设备和方法。

第六十条 国家根据缔结或者参加的有关国际条约,开展反兴奋剂国际合作,履行反兴奋剂国际义务。

第六章 体育组织

第六十一条 国家鼓励、支持体育组织依照法律法规和章程开展体育活动,推动体育事业发展。

国家鼓励体育组织积极参加国际体育交流合作,参与国际体育运动规则的制定。

第六十二条 中华全国体育总会和地方各级体育总会是团结各类体育组织和体育工作者、体育爱好者的群众性体育组织,应当在发展体育事业中发挥作用。

第六十三条 中国奥林匹克委员会是以发展体育和推动奥林匹克运动为主要任务的体育组织,代表中国参与国际奥林匹克事务。

第六十四条 体育科学社会团体是体育科学技术工作者的学术性体育社会组织,应当在发展体育科技事业中发挥作用。

第六十五条 全国性单项体育协会是依法登记的体育社会组织,代表中国参加相应的国际单项体育组织,根据章程加入中华全国体育总会、派代表担任中国奥林匹克委员会委员。

全国性单项体育协会负责相应项目的普及与提高,制定相应项目技术规范、竞赛规则、团体标准,规范体育赛事活动。

第六十六条 单项体育协会应当依法维护会员的合法权益,积极向有关单位反映会员的意见和建议。

第六十七条 单项体育协会应当接受体育行政部门的指导和监管,健全内部治理机制,制定行业规则,加强行业自律。

第六十八条 国家鼓励发展青少年体育俱乐部、社区健身组织等各类自治性体育组织。

第七章 体育产业

第六十九条 国家制定体育产业发展规划,扩大体育产业规模,增强体育产业活力，促进体育产业高质量发展，满足人民群众多样化体育需求。

县级以上人民政府应当建立政府多部门合作的体育产业发展工作协调机制。

第七十条 国家支持和规范发展体育用品制造、体育服务等体育产业，促进体育与健康、文化、旅游、养老、科技等融合发展。

第七十一条 国家支持体育用品制造业创新发展，鼓励企业加大研发投入，采用新技术、新工艺、新材料，促进体育用品制造业转型升级。

国家培育健身休闲、竞赛表演、场馆服务、体育经纪、体育培训等服务业态，提高体育服务业水平和质量。

符合条件的体育产业，依法享受财政、税收、土地等优惠政策。

第七十二条 国家完善职业体育发展体系，拓展职业体育发展渠道，支持运动员、教练员职业化发展，提高职业体育的成熟度和规范化水平。

职业体育俱乐部应当健全内部治理机制，完善法人治理结构，充分发挥其市场主体作用。

第七十三条 国家建立健全区域体育产业协调互动机制，推动区域间体育产业资源交流共享，促进区域体育协调发展。

国家支持地方发挥资源优势，发展具有区域特色、民族特色的体育产业。

第七十四条 国家鼓励社会资本投入体育产业，建设体育设施，开发体育产品，提供体育服务。

第七十五条 国家鼓励有条件的高等学校设置体育产业相关专业，开展校企合作，加强职业教育和培训，培养体育产业专业人才，形成有效支撑体育产业发展的人才队伍。

第七十六条 国家完善体育产业统计体系，开展体育产业统计监测，定期发布体育产业数据。

第八章 保障条件

第七十七条 县级以上人民政府应当将体育事业经费列入本级预算，建立与国民经济和社会发展相适应的投入机制。

第七十八条 国家鼓励社会力量发展体育事业，鼓励对体育事业的捐赠和赞助，保障参与主体的合法权益。

通过捐赠财产等方式支持体育事业发展的，依法享受税收优惠等政策。

第七十九条 国家有关部门应当加强对体育资金的管理，任何单位和个人不得侵占、挪用、截留、克扣、私分体育资金。

第八十条 国家支持通过政府购买服务的方式提供公共体育服务，提高公共体育服务水平。

第八十一条 县级以上地方人民政府应当按照国家有关规定，根据本行政区域经济社会发展水平、人口结构、环境条件以及体育事业发展需要，统筹兼顾，优化配置各级各类体育场地设施，优先保障全民健身体育场地设施的建设和配置。

第八十二条 县级以上地方人民政府应当将本行政区域内公共体育场地设施的建设纳入国民经济和社会发展规划、国土空间规划，未经法定程序不得变更。

公共体育场地设施的规划设计和竣工验收，应当征求本级人民政府体育行政部门意见。

公共体育场地设施的设计和建设，应当符合国家无障碍环境建设要求，有效满足老年人、残疾人等特定群体的无障碍需求。

第八十三条 新建、改建、扩建居住社区，应当按照国家有关规定，同步规划、设计、建设用于居民日常健身的配套体育场地设施。

第八十四条 公共体育场地设施管理单位应当公开向社会开放的办法，并对未成年人、老年人、残疾人等实行优惠。

免费和低收费开放的体育场地设施，按照有关规定享受补助。

第八十五条 国家推进体育公园建设，鼓励地方因地制宜发展特色体育公园，推动体育公园免费开放，满足公民体育健身需求。

第八十六条 国家鼓励充分、合理利用旧厂房、仓库、老旧商业设施等闲置资源建设用于公民日常健身的体育场地设施，鼓励和支持机关、学校、企业事业单位的体育场地设施向公众开放。

第八十七条 任何单位和个人不得侵占公共体育场地设施及其建设用地，不得擅自拆除公共体育场地设施，不得擅自改变公共体育场地设施的功能、用途或者妨碍其正常使用。

因特殊需要临时占用公共体育场地设施超过十日的，应当经本级人民政府体育行政部门同意；超过三个月的，应当报上一级人民政府体育行政部门批准。

经批准拆除公共体育场地设施或者改变其功能、用途的，应当依照国家有关法律、行政法规的规定先行择地重建。

第八十八条 县级以上地方人民政府应当建立全民健身公共场地设施的维护管理机制，明确管理和维护责任。

第八十九条 国家发展体育专业教育，鼓励有条件的高等学校培养教练员、裁判员、体育教师等各类体育专业人才，鼓励社会力量依法开展体育专业教育。

第九十条 国家鼓励建立健全运动员伤残保险、体育意外伤害保险和场所责任保险制度。

大型体育赛事活动组织者应当和参与者协商投保体育意外伤害保险。

高危险性体育赛事活动组织者应当投保体育意外伤害保险。

高危险性体育项目经营者应当投保体育意外伤害保险和场所责任保险。

第九章 体育仲裁

第九十一条 国家建立体育仲裁制度，及时、公正解决体育纠纷，保护当事人的合法权益。

体育仲裁依法独立进行，不受行政机关、社会组织和个人的干涉。

第九十二条 当事人可以根据仲裁协议、体育组织章程、体育赛事规则等，对下列纠纷申请体育仲裁：

（一）对体育社会组织、运动员管理单位、体育赛事活动组织者按照兴奋剂管理或者其他管理规定作出的取消参赛资格、取消比赛成绩、禁赛等处理决定不服发生的纠纷；

（二）因运动员注册、交流发生的纠纷；

（三）在竞技体育活动中发生的其他纠纷。

《中华人民共和国仲裁法》规定的可仲裁纠纷和《中华人民共和国劳动争议调解仲裁法》规定的劳动争议，不属于体育仲裁范围。

第九十三条 国务院体育行政部门依照本法组织设立体育仲裁委员会，制定体育仲裁规则。

体育仲裁委员会由体育行政部门代表、体育社会组织代表、运动员代表、教练员代表、裁判员代表以及体育、法律专家组成，其组成人数应当是单数。

体育仲裁委员会应当设仲裁员名册。仲裁员具体条件由体育仲裁规则规定。

第九十四条 体育仲裁委员会裁决体育纠纷实行仲裁庭制。仲裁庭组成人数应当是单数，具体组成办法由体育仲裁规则规定。

第九十五条 鼓励体育组织建立内部纠纷解决机制，公平、公正、高效地解决纠纷。

体育组织没有内部纠纷解决机制或者内部纠纷解决机制未及时处理纠纷的，当事人可以申请体育仲裁。

第九十六条 对体育社会组织、运动员管理单位、体育赛事活动组织者的处理决定或者内部纠纷解决机制处理结果不服的，当事人自收到处理决定或者纠纷处理结果之日起二十一日内申请体育仲裁。

第九十七条 体育仲裁裁决书自作出之日起发生法律效力。

裁决作出后，当事人就同一纠纷再申请体育仲裁或者向人民法院起诉的，体育仲裁委员会或者人民法院不予受理。

第九十八条 有下列情形之一的，当事人可以自收到仲裁裁决书之日起三十日内向体育仲裁委员会所在地的中级人民法院申请撤销裁决：

（一）适用法律、法规确有错误的；

（二）裁决的事项不属于体育仲裁受理范围的；

（三）仲裁庭的组成或者仲裁的程序违反有关规定，足以影响公正裁决的；

（四）裁决所根据的证据是伪造的；

（五）对方当事人隐瞒了足以影响公正裁决的证据的；

（六）仲裁员在仲裁该案时有索贿受贿、徇私舞弊、枉法裁决行为的。

人民法院经组成合议庭审查核实裁决有前款规定情形之一的，或者认定裁决违背社会公共利益的，应当裁定撤销。

人民法院受理撤销裁决的申请后，认为可以由仲裁庭重新仲裁的，通知仲裁庭在一定期限内重新仲裁，并裁定中止撤销程序。仲裁庭拒绝重新仲裁的，人民法院应当裁定恢复撤销程序。

第九十九条 当事人应当履行体育仲裁裁决。一方当事人不履行的，另一方当事人可以依照《中华人民共和国民事诉讼法》的有关规定向人民法院申请执行。

第一百条 需要即时处理的体育赛事活动纠纷，适用体育仲裁特别程序。

特别程序由体育仲裁规则规定。

第十章 监督管理

第一百零一条 县级以上人民政府体育行政部门和有关部门应当积极履行监督检查职责，发现违反本法规定行为的，应当及时做出处理。对不属于本部门主管事项的，应当及时书面通知并移交相关部门查处。

第一百零二条 县级以上人民政府体育行政部门对体育赛事活动依法进行监管，对赛事活动场地实施现场检查，查阅、复制有关合同、票据、账簿，检查赛事活动组织方案、安全应急预案等材料。

县级以上人民政府公安、市场监管、应急管理等部门按照各自职责对体育赛事活动进行监督管理。

体育赛事活动组织者应当履行安全保障义务，提供符合要求的安全条件，制定风险防范及应急处置预案等保障措施，维护体育赛事活动的安全。

体育赛事活动因发生极端天气、自然灾害、公共卫生事件等突发事件，不具备办赛条件的，体育赛事活动组织者应当及时予以中止；未中止的，县级以上人民政府应当责令其中止。

第一百零三条　县级以上人民政府市场监管、体育行政等部门按照各自职责对体育市场进行监督管理。

第一百零四条　国家建立体育项目管理制度，新设体育项目由国务院体育行政部门认定。

体育项目目录每四年公布一次。

第一百零五条　经营高危险性体育项目，应当符合下列条件，并向县级以上地方人民政府体育行政部门提出申请：

（一）相关体育设施符合国家标准；

（二）具有达到规定数量的取得相应国家职业资格证书或者职业技能等级证书的社会体育指导人员和救助人员；

（三）具有相应的安全保障、应急救援制度和措施。

县级以上地方人民政府体育行政部门应当自收到申请之日起三十日内进行实地核查，并作出批准或者不予批准的决定。予以批准的，应当发给许可证；不予批准的，应当书面通知申请人并说明理由。

国务院体育行政部门会同有关部门制定、调整高危险性体育项目目录并予以公布。

第一百零六条　举办高危险性体育赛事活动，应当符合下列条件，并向县级以上地方人民政府体育行政部门提出申请：

（一）配备具有相应资格或者资质的专业技术人员；

（二）配置符合相关标准和要求的场地、器材和设施；

（三）制定通信、安全、交通、卫生健康、食品、应急救援等相关保障措施。

县级以上地方人民政府体育行政部门应当自收到申请之日起三十日内进行实地核查，并作出批准或者不予批准的决定。

国务院体育行政部门会同有关部门制定、调整高危险性体育赛事活动目录并予以公布。

第一百零七条　县级以上地方人民政府应当建立体育执法机制，为体育执法提供必要保障。体育执法情况应当向社会公布，接受社会监督。

第一百零八条 县级以上地方人民政府每届任期内至少向本级人民代表大会或者其常务委员会报告一次全民健身、青少年和学校体育工作。

第十一章 法律责任

第一百零九条 国家机关及其工作人员违反本法规定，有下列行为之一的，由其所在单位、主管部门或者上级机关责令改正；对负有责任的领导人员和直接责任人员依法给予处分：

（一）对违法行为不依法查处的；

（二）侵占、挪用、截留、克扣、私分体育资金的；

（三）在组织体育赛事活动时，有违反体育道德和体育赛事规则，弄虚作假、营私舞弊等行为的；

（四）其他不依法履行职责的行为。

第一百一十条 体育组织违反本法规定的，由相关部门责令改正，给予警告，对负有责任的领导人员和直接责任人员依法给予处分；可以限期停止活动，并可责令撤换直接负责的主管人员；情节严重的，予以撤销登记。

第一百一十一条 学校违反本法有关规定的，由有关主管部门责令改正；对负有责任的领导人员和直接责任人员依法给予处分。

第一百一十二条 运动员、教练员、裁判员违反本法规定，有违反体育道德和体育赛事规则，弄虚作假、营私舞弊等行为的，由体育组织按照有关规定给予处理；情节严重、社会影响恶劣的，由县级以上人民政府体育行政部门纳入限制、禁止参加竞技体育活动名单；有违法所得的，没收违法所得，并处一万元以上十万元以下的罚款。

利用体育赛事从事赌博活动的，由公安机关依法查处。

第一百一十三条 体育赛事活动组织者有下列行为之一的，由县级以上地方人民政府体育行政部门责令改正，处五万元以上五十万元以下的罚款；有违法所得的，没收违法所得；情节严重的，给予一年以上三年以下禁止组织体育赛事活动的处罚：

（一）未经许可举办高危险性体育赛事活动的；

（二）体育赛事活动因突发事件不具备办赛条件时，未及时中止的；

（三）安全条件不符合要求的；

（四）有违反体育道德和体育赛事规则，弄虚作假、营私舞弊等行为的；

（五）未按要求采取风险防范及应急处置预案等保障措施的。

第一百一十四条 违反本法规定，侵占、破坏公共体育场地设施的，由县级以上地方人民政府体育行政部门会同有关部门予以制止，责令改正，并可处实际损失五倍以下的罚款。

第一百一十五条 违反本法规定，未经批准临时占用公共体育场地设施的，由县级以上地方人民政府体育行政部门会同有关部门责令限期改正；逾期未改正的，对公共体育场地设施管理单位处十万元以上五十万元以下的罚款；有违法所得的，没收违法所得。

第一百一十六条 未经许可经营高危险性体育项目的，由县级以上地方人民政府体育行政部门会同有关部门责令限期关闭；逾期未关闭的，处十万元以上五十万元以下的罚款；有违法所得的，没收违法所得。

违法经营高危险性体育项目的，由县级以上地方人民政府体育行政部门责令改正；逾期未改正的，处五万元以上五十万元以下的罚款；有违法所得的，没收违法所得；造成严重后果的，由主管部门责令关闭，吊销许可证照，五年内不得再从事该项目经营活动。

第一百一十七条 运动员违规使用兴奋剂的，由有关体育社会组织、运动员管理单位、体育赛事活动组织者作出取消参赛资格、取消比赛成绩或者禁赛等处理。

第一百一十八条 组织、强迫、欺骗、教唆、引诱运动员在体育运动中使用兴奋剂的，由国务院体育行政部门或者省、自治区、直辖市人民政府体育行政部门没收非法持有的兴奋剂；直接负责的主管人员和其他直接责任人员四年内不得从事体育管理工作和运动员辅助工作；情节严重的，终身不得从事体育管理工作和运动员辅助工作。

向运动员提供或者变相提供兴奋剂的，由国务院体育行政部门或者省、自治区、直辖市人民政府体育行政部门没收非法持有的兴奋剂，并处五万元以上五十万元以下的罚款；有违法所得的，没收违法所得；并给予禁止一定年限直至终身从事体育管理工作和运动员辅助工作的处罚。

第一百一十九条 违反本法规定，造成财产损失或者其他损害的，依法承担民事责任；构成违反治安管理行为的，由公安机关依法给予治安管理处罚；构成犯罪的，依法追究刑事责任。

第十二章　附　　则

第一百二十条 任何国家、地区或者组织在国际体育运动中损害中华人民共和国主权、安全、发展利益和尊严的，中华人民共和国可以根据实际情况采取相应措施。

第一百二十一条　中国人民解放军和中国人民武装警察部队开展体育活动的具体办法，由中央军事委员会依照本法制定。

第一百二十二条　本法自2023年1月1日起施行。

中华人民共和国黑土地保护法

（2022年6月24日第十三届全国人民代表大会常务委员会第三十五次会议通过　2022年6月24日中华人民共和国主席令第115号公布　自2022年8月1日起施行）

第一条　为了保护黑土地资源，稳步恢复提升黑土地基础地力，促进资源可持续利用，维护生态平衡，保障国家粮食安全，制定本法。

第二条　从事黑土地保护、利用和相关治理、修复等活动，适用本法。本法没有规定的，适用土地管理等有关法律的规定。

本法所称黑土地，是指黑龙江省、吉林省、辽宁省、内蒙古自治区（以下简称四省区）的相关区域范围内具有黑色或者暗黑色腐殖质表土层，性状好、肥力高的耕地。

第三条　国家实行科学、有效的黑土地保护政策，保障黑土地保护财政投入，综合采取工程、农艺、农机、生物等措施，保护黑土地的优良生产能力，确保黑土地总量不减少、功能不退化、质量有提升、产能可持续。

第四条　黑土地保护应当坚持统筹规划、因地制宜、用养结合、近期目标与远期目标结合、突出重点、综合施策的原则，建立健全政府主导、农业生产经营者实施、社会参与的保护机制。

国务院农业农村主管部门会同自然资源、水行政等有关部门，综合考虑黑土地开垦历史和利用现状，以及黑土层厚度、土壤性状、土壤类型等，按照最有利于全面保护、综合治理和系统修复的原则，科学合理确定黑土地保护范围并适时调整，有计划、分步骤、分类别地推进黑土地保护工作。历史上属黑土地的，除确无法修复的外，原则上都应列入黑土地保护范围进行修恢复。

第五条　黑土地应当用于粮食和油料作物、糖料作物、蔬菜等农产品生产。

黑土层深厚、土壤性状良好的黑土地应当按照规定的标准划入永久基本农田，重点用于粮食生产，实行严格保护，确保数量和质量长期稳定。

第六条　国务院和四省区人民政府加强对黑土地保护工作的领导、组织、协调、监督管理，统筹制定黑土地保护政策。四省区人民政府对本行政区域内的黑土地数量、质量、生态环境负责。

县级以上地方人民政府应当建立农业农村、自然资源、水行政、发展改革、财政、生态环境等有关部门组成的黑土地保护协调机制，加强协调指导，明确工作责任，推动黑土地保护工作落实。

乡镇人民政府应当协助组织实施黑土地保护工作，向农业生产经营者推广适宜其所经营耕地的保护、治理、修复和利用措施，督促农业生产经营者履行黑土地保护义务。

第七条 各级人民政府应当加强黑土地保护宣传教育，提高全社会的黑土地保护意识。

对在黑土地保护工作中做出突出贡献的单位和个人，按照国家有关规定给予表彰和奖励。

第八条 国务院标准化主管部门和农业农村、自然资源、水行政等主管部门按照职责分工，制定和完善黑土地质量和其他保护标准。

第九条 国家建立健全黑土地调查和监测制度。

县级以上人民政府自然资源主管部门会同有关部门开展土地调查时，同步开展黑土地类型、分布、数量、质量、保护和利用状况等情况的调查，建立黑土地档案。

国务院农业农村、水行政等主管部门会同四省区人民政府建立健全黑土地质量监测网络，加强对黑土地土壤性状、黑土层厚度、水蚀、风蚀等情况的常态化监测，建立黑土地质量动态变化数据库，并做好信息共享工作。

第十条 县级以上人民政府应当将黑土地保护工作纳入国民经济和社会发展规划。

国土空间规划应当充分考虑保护黑土地及其周边生态环境，合理布局各类用途土地，以利于黑土地水蚀、风蚀等的预防和治理。

县级以上人民政府农业农村主管部门会同有关部门以调查和监测为基础、体现整体集中连片治理，编制黑土地保护规划，明确保护范围、目标任务、技术模式、保障措施等，遏制黑土地退化趋势，提升黑土地质量，改善黑土地生态环境。县级黑土地保护规划应当与国土空间规划相衔接，落实到黑土地具体地块，并向社会公布。

第十一条 国家采取措施加强黑土地保护的科技支撑能力建设，将黑土地保护、治理、修复和利用的科技创新作为重点支持领域；鼓励高等学校、科研机构和农业技术推广机构等协同开展科技攻关。县级以上人民政府应当鼓励和支持水土保持、防风固沙、土壤改良、地力培肥、生态保护等科学研究和科研成果推广应用。

有关耕地质量监测保护和农业技术推广机构应当对农业生产经营者保护黑土地进行技术培训、提供指导服务。

国家鼓励企业、高等学校、职业学校、科研机构、科学技术社会团体、农民专业合作社、农业社会化服务组织、农业科技人员等开展黑土地保护相关技术服务。

国家支持开展黑土地保护国际合作与交流。

第十二条 县级以上人民政府应当采取以下措施加强黑土地农田基础设施建设：

(一)加强农田水利工程建设,完善水田、旱地灌排体系；

(二)加强田块整治,修复沟毁耕地,合理划分适宜耕作田块；

(三)加强坡耕地、侵蚀沟水土保持工程建设；

(四)合理规划修建机耕路、生产路；

(五)建设农田防护林网；

(六)其他黑土地保护措施。

第十三条 县级以上人民政府应当推广科学的耕作制度,采取以下措施提高黑土地质量：

(一)因地制宜实行轮作等用地养地相结合的种植制度,按照国家有关规定推广适度休耕；

(二)因地制宜推广免(少)耕、深松等保护性耕作技术,推广适宜的农业机械；

(三)因地制宜推广秸秆覆盖、粉碎深(翻)埋、过腹转化等还田方式；

(四)组织实施测土配方施肥,科学减少化肥施用量,鼓励增施有机肥料,推广土壤生物改良等技术；

(五)推广生物技术或者生物制剂防治病虫害等绿色防控技术,科学减少化学农药、除草剂使用量,合理使用农用薄膜等农业生产资料；

(六)其他黑土地质量提升措施。

第十四条 国家鼓励采取综合性措施,预防和治理水土流失,防止黑土地土壤侵蚀、土地沙化和盐渍化,改善和修复农田生态环境。

县级以上人民政府应当开展侵蚀沟治理,实施沟头沟坡沟底加固防护,因地制宜组织在侵蚀沟的沟坡和沟岸、黑土地周边河流两岸、湖泊和水库周边等区域营造植物保护带或者采取其他措施,防止侵蚀沟变宽变深变长。

县级以上人民政府应当按照因害设防、合理管护、科学布局的原则,制定农田防护林建设计划,组织沿农田道路、沟渠等种植农田防护林,防止违背自然规律造林绿化。农田防护林只能进行抚育、更新性质的采伐，确保防护林功能不减退。

县级以上人民政府应当组织开展防沙治沙，加强黑土地周边的沙漠和沙化土地治理，防止黑土地沙化。

第十五条 县级以上人民政府应当加强黑土地生态保护和黑土地周边林地、草原、湿地的保护修复，推动荒山荒坡治理，提升自然生态系统涵养水源、保持水土、防风固沙、维护生物多样性等生态功能，维持有利于黑土地保护的自然生态环境。

第十六条 县级人民政府应当依据黑土地调查和监测数据，并结合土壤类型和质量等级、气候特点、环境状况等实际情况，对本行政区域内的黑土地进行科学分区，制定并组织实施黑土地质量提升计划，因地制宜合理采取保护、治理、修复和利用的精细化措施。

第十七条 国有农场应当对其经营管理范围内的黑土地加强保护，充分发挥示范作用，并依法接受监督检查。

农村集体经济组织、村民委员会和村民小组应当依法发包农村土地，监督承包方依照承包合同约定的用途合理利用和保护黑土地，制止承包方损害黑土地等行为。

农村集体经济组织、农业企业、农民专业合作社、农户等应当十分珍惜和合理利用黑土地，加强农田基础设施建设，因地制宜应用保护性耕作等技术，积极采取提升黑土地质量和改善农田生态环境的养护措施，依法保护黑土地。

第十八条 农业投入品生产者、经营者和使用者应当依法对农药、肥料、农用薄膜等农业投入品的包装物、废弃物进行回收以及资源化利用或者无害化处理，不得随意丢弃，防止黑土地污染。

县级人民政府应当采取措施，支持农药、肥料、农用薄膜等农业投入品包装物、废弃物的回收以及资源化利用或者无害化处理。

第十九条 从事畜禽养殖的单位和个人，应当科学开展畜禽粪污无害化处理和资源化利用，以畜禽粪污就地就近还田利用为重点，促进黑土地绿色种养循环农业发展。

县级以上人民政府应当支持开展畜禽粪污无害化处理和资源化利用。

第二十条 任何组织和个人不得破坏黑土地资源和生态环境。禁止盗挖、滥挖和非法买卖黑土。国务院自然资源主管部门会同农业农村、水行政、公安、交通运输、市场监督管理等部门应当建立健全保护黑土地资源监督管理制度，提高对盗挖、滥挖、非法买卖黑土和其他破坏黑土地资源、生态环境行为的综合治理能力。

第二十一条 建设项目不得占用黑土地；确需占用的，应当依法严格审批，并补充数量和质量相当的耕地。

建设项目占用黑土地的，应当按照规定的标准对耕作层的土壤进行剥离。剥离的黑土应当就近用于新开垦耕地和劣质耕地改良、被污染耕地的治理、高标准农田建设、土地复垦等。建设项目主体应当制定剥离黑土的再利用方案，报自然资源主管部门备案。具体办法由四省区人民政府分别制定。

第二十二条 国家建立健全黑土地保护财政投入保障制度。县级以上人民政府应当将黑土地保护资金纳入本级预算。

国家加大对黑土地保护措施奖补资金的倾斜力度，建立长期稳定的奖励补助机制。

县级以上地方人民政府应当将黑土地保护作为土地使用权出让收入用于农业农村投入的重点领域，并加大投入力度。

国家组织开展高标准农田、农田水利、水土保持、防沙治沙、农田防护林、土地复垦等建设活动，在项目资金安排上积极支持黑土地保护需要。县级人民政府可以按照国家有关规定统筹使用涉农资金用于黑土地保护，提高财政资金使用效益。

第二十三条 国家实行用养结合、保护效果导向的激励政策，对采取黑土地保护和治理修复措施的农业生产经营者按照国家有关规定给予奖励补助。

第二十四条 国家鼓励粮食主销区通过资金支持、与四省区建立稳定粮食购销关系等经济合作方式参与黑土地保护，建立健全黑土地跨区域投入保护机制。

第二十五条 国家按照政策支持、社会参与、市场化运作的原则，鼓励社会资本投入黑土地保护活动，并保护投资者的合法权益。

国家鼓励保险机构开展黑土地保护相关保险业务。

国家支持农民专业合作社、企业等以多种方式与农户建立利益联结机制和社会化服务机制，发展适度规模经营，推动农产品品质提升、品牌打造和标准化生产，提高黑土地产出效益。

第二十六条 国务院对四省区人民政府黑土地保护责任落实情况进行考核，将黑土地保护情况纳入耕地保护责任目标。

第二十七条 县级以上人民政府自然资源、农业农村、水行政等有关部门按照职责，依法对黑土地保护和质量建设情况联合开展监督检查。

第二十八条 县级以上人民政府应当向本级人民代表大会或者其常务委

员会报告黑土地保护情况，依法接受监督。

第二十九条　违反本法规定，国务院农业农村、自然资源等有关部门、县级以上地方人民政府及其有关部门有下列行为之一的，对直接负责的主管人员和其他直接责任人员给予警告、记过或者记大过处分；情节较重的，给予降级或者撤职处分；情节严重的，给予开除处分：

（一）截留、挪用或者未按照规定使用黑土地保护资金；

（二）对破坏黑土地的行为，发现或者接到举报未及时查处；

（三）其他不依法履行黑土地保护职责导致黑土地资源和生态环境遭受破坏的行为。

第三十条　非法占用或者损毁黑土地农田基础设施的，由县级以上地方人民政府农业农村、水行政等部门责令停止违法行为，限期恢复原状，处恢复费用一倍以上三倍以下罚款。

第三十一条　违法将黑土地用于非农建设的，依照土地管理等有关法律法规的规定从重处罚。

违反法律法规规定，造成黑土地面积减少、质量下降、功能退化或者生态环境损害的，应当依法治理修复、赔偿损失。

农业生产经营者未尽到黑土地保护义务，经批评教育仍不改正的，可以不予发放耕地保护相关补贴。

第三十二条　违反本法第二十条规定，盗挖、滥挖黑土的，依照土地管理等有关法律法规的规定从重处罚。

非法出售黑土的，由县级以上地方人民政府市场监督管理、农业农村、自然资源等部门按照职责分工没收非法出售的黑土和违法所得，并处每立方米五百元以上五千元以下罚款；明知是非法出售的黑土而购买的，没收非法购买的黑土，并处货值金额一倍以上三倍以下罚款。

第三十三条　违反本法第二十一条规定，建设项目占用黑土地未对耕作层的土壤实施剥离的，由县级以上地方人民政府自然资源主管部门处每平方米一百元以上二百元以下罚款；未按照规定的标准对耕作层的土壤实施剥离的，处每平方米五十元以上一百元以下罚款。

第三十四条　拒绝、阻碍对黑土地保护情况依法进行监督检查的，由县级以上地方人民政府有关部门责令改正；拒不改正的，处二千元以上二万元以下罚款。

第三十五条　造成黑土地污染、水土流失的，分别依照污染防治、水土保持等有关法律法规的规定从重处罚。

第三十六条　违反本法规定，构成犯罪的，依法追究刑事责任。

第三十七条 林地、草原、湿地、河湖等范围内黑土的保护，适用《中华人民共和国森林法》、《中华人民共和国草原法》、《中华人民共和国湿地保护法》、《中华人民共和国水法》等有关法律；有关法律对盗挖、滥挖、非法买卖黑土未作规定的，参照本法第三十二条的规定处罚。

第三十八条 本法自2022年8月1日起施行。

全国人民代表大会常务委员会关于修改《中华人民共和国反垄断法》的决定

（2022年6月24日第十三届全国人民代表大会常务委员会第三十五次会议通过　2022年6月24日中华人民共和国主席令第116号公布　自2022年8月1日起施行）

第十三届全国人民代表大会常务委员会第三十五次会议决定对《中华人民共和国反垄断法》作如下修改：

一、将第四条修改为："反垄断工作坚持中国共产党的领导。

"国家坚持市场化、法治化原则，强化竞争政策基础地位，制定和实施与社会主义市场经济相适应的竞争规则，完善宏观调控，健全统一、开放、竞争、有序的市场体系。"

二、增加一条，作为第五条："国家建立健全公平竞争审查制度。

"行政机关和法律、法规授权的具有管理公共事务职能的组织在制定涉及市场主体经济活动的规定时，应当进行公平竞争审查。"

三、增加一条，作为第九条："经营者不得利用数据和算法、技术、资本优势以及平台规则等从事本法禁止的垄断行为。"

四、增加一条，作为第十一条："国家健全完善反垄断规则制度，强化反垄断监管力量，提高监管能力和监管体系现代化水平，加强反垄断执法司法，依法公正高效审理垄断案件，健全行政执法和司法衔接机制，维护公平竞争秩序。"

五、将第十条改为第十三条，第一款修改为："国务院反垄断执法机构负责反垄断统一执法工作。"

六、将第十三条第二款改为第十六条，第一款改为第十七条。

七、将第十四条改为第十八条，增加二款，作为第二款、第三款："对前款第一项和第二项规定的协议，经营者能够证明其不具有排除、限制竞争效果的，不予禁止。

"经营者能够证明其在相关市场的市场份额低于国务院反垄断执法机构规定的标准，并符合国务院反垄断执法机构规定的其他条件的，不予禁止。"

八、增加一条，作为第十九条："经营者不得组织其他经营者达成垄断协议或者为其他经营者达成垄断协议提供实质性帮助。"

九、将第十七条改为第二十二条，增加一款，作为第二款："具有市场支配地位的经营者不得利用数据和算法、技术以及平台规则等从事前款规定的滥用市场支配地位的行为。"

十、将第二十一条改为第二十六条，增加二款，作为第二款、第三款："经营者集中未达到国务院规定的申报标准，但有证据证明该经营者集中具有或者可能具有排除、限制竞争效果的，国务院反垄断执法机构可以要求经营者申报。

"经营者未依照前两款规定进行申报的，国务院反垄断执法机构应当依法进行调查。"

十一、增加一条，作为第三十二条："有下列情形之一的，国务院反垄断执法机构可以决定中止计算经营者集中的审查期限，并书面通知经营者：

"（一）经营者未按照规定提交文件、资料，导致审查工作无法进行；

"（二）出现对经营者集中审查具有重大影响的新情况、新事实，不经核实将导致审查工作无法进行；

"（三）需要对经营者集中附加的限制性条件进一步评估，且经营者提出中止请求。

"自中止计算审查期限的情形消除之日起，审查期限继续计算，国务院反垄断执法机构应当书面通知经营者。"

十二、增加一条，作为第三十七条："国务院反垄断执法机构应当健全经营者集中分类分级审查制度，依法加强对涉及国计民生等重要领域的经营者集中的审查，提高审查质量和效率。"

十三、增加一条，作为第四十条："行政机关和法律、法规授权的具有管理公共事务职能的组织不得滥用行政权力，通过与经营者签订合作协议、备忘录等方式，妨碍其他经营者进入相关市场或者对其他经营者实行不平等待遇，排除、限制竞争。"

十四、增加一条，作为第五十四条："反垄断执法机构依法对涉嫌滥用行政权力排除、限制竞争的行为进行调查，有关单位或者个人应当配合。"

十五、增加一条，作为第五十五条："经营者、行政机关和法律、法规授权的具有管理公共事务职能的组织，涉嫌违反本法规定的，反垄断执法机构可以对其法定代表人或者负责人进行约谈，要求其提出改进措施。”

十六、将第四十六条改为第五十六条，第一款修改为：“经营者违反本法规定，达成并实施垄断协议的，由反垄断执法机构责令停止违法行为，没收违法所得，并处上一年度销售额百分之一以上百分之十以下的罚款，上一年度没有销售额的，处五百万元以下的罚款；尚未实施所达成的垄断协议的，可以处三百万元以下的罚款。经营者的法定代表人、主要负责人和直接责任人员对达成垄断协议负有个人责任的，可以处一百万元以下的罚款。”

增加一款，作为第二款：“经营者组织其他经营者达成垄断协议或者为其他经营者达成垄断协议提供实质性帮助的，适用前款规定。”

将第三款改为第四款，其中的“反垄断执法机构可以处五十万元以下的罚款”修改为“由反垄断执法机构责令改正，可以处三百万元以下的罚款”。

十七、将第四十八条改为第五十八条，修改为：“经营者违反本法规定实施集中，且具有或者可能具有排除、限制竞争效果的，由国务院反垄断执法机构责令停止实施集中、限期处分股份或者资产、限期转让营业以及采取其他必要措施恢复到集中前的状态，处上一年度销售额百分之十以下的罚款；不具有排除、限制竞争效果的，处五百万元以下的罚款。”

十八、将第五十条改为第六十条，增加一款，作为第二款：“经营者实施垄断行为，损害社会公共利益的，设区的市级以上人民检察院可以依法向人民法院提起民事公益诉讼。”

十九、将第五十一条改为第六十一条，在第一款最后增加“行政机关和法律、法规授权的具有管理公共事务职能的组织应当将有关改正情况书面报告上级机关和反垄断执法机构。”

二十、将第五十二条改为第六十二条，其中的“对个人可以处二万元以下的罚款，对单位可以处二十万元以下的罚款；情节严重的，对个人处二万元以上十万元以下的罚款，对单位处二十万元以上一百万元以下的罚款；构成犯罪的，依法追究刑事责任”修改为“对单位处上一年度销售额百分之一以下的罚款，上一年度没有销售额或者销售额难以计算的，处五百万元以下的罚款；对个人处五十万元以下的罚款”。

二十一、增加一条，作为第六十三条：“违反本法规定，情节特别严重、影响特别恶劣、造成特别严重后果的，国务院反垄断执法机构可以在本法第五十六条、第五十七条、第五十八条、第六十二条规定的罚款数额的二倍以上五倍以下确定具体罚款数额。”

二十二、增加一条，作为第六十四条：“经营者因违反本法规定受到行政处罚的，按照国家有关规定记入信用记录，并向社会公示。”

二十三、将第五十四条改为第六十六条，修改为："反垄断执法机构工作人员滥用职权、玩忽职守、徇私舞弊或者泄露执法过程中知悉的商业秘密、个人隐私和个人信息的，依法给予处分。"

二十四、增加一条，作为第六十七条："违反本法规定，构成犯罪的，依法追究刑事责任。"

二十五、对部分条文作以下修改：

（一）在第一条中的"保护市场公平竞争"后增加"鼓励创新"。

（二）将第十一条改为第十四条，在"引导本行业的经营者依法竞争"后增加"合规经营"。

（三）将第十二条改为第十五条，第一款中的"其他组织"修改为"非法人组织"。

（四）将第十五条改为第二十条，其中的"不适用本法第十三条、第十四条"修改为"不适用本法第十七条、第十八条第一款、第十九条"。

（五）将第三十四条改为第四十二条，其中的"排斥或者限制外地经营者参加本地的招标投标活动"修改为"排斥或者限制经营者参加招标投标以及其他经营活动"。

（六）将第三十五条改为第四十三条，其中的"排斥或者限制外地经营者在本地投资或者设立分支机构"修改为"排斥、限制、强制或者变相强制外地经营者在本地投资或者设立分支机构"。

（七）将第三十六条改为第四十四条，其中的"强制经营者从事本法规定的垄断行为"修改为"强制或者变相强制经营者从事本法规定的垄断行为"。

（八）将第三十七条改为第四十五条，在"行政机关"后增加"和法律、法规授权的具有管理公共事务职能的组织"。

（九）将第四十一条改为第四十九条，在"商业秘密"后增加"个人隐私和个人信息"，将"负有保密义务"修改为"依法负有保密义务"。

（十）将第四十九条改为第五十九条，其中的"性质、程度和持续的时间"修改为"性质、程度、持续时间和消除违法行为后果的情况"。

本决定自 2022 年 8 月 1 日起施行。

《中华人民共和国反垄断法》根据本决定作相应修改并对条文顺序作相应调整，重新公布。

全国人民代表大会常务委员会关于修改《中华人民共和国全国人民代表大会常务委员会议事规则》的决定

（2022年6月24日第十三届全国人民代表大会常务委员会第三十五次会议通过　2022年6月24日中华人民共和国主席令第117号公布　自2022年6月25日起施行）

第十三届全国人民代表大会常务委员会第三十五次会议决定对《中华人民共和国全国人民代表大会常务委员会议事规则》作如下修改：

一、将第一条修改为："为了健全全国人民代表大会常务委员会的议事程序，保障和规范其行使职权，根据宪法、全国人民代表大会组织法，总结全国人民代表大会常务委员会工作的实践经验，制定本规则。"

二、增加一条，作为第二条："全国人民代表大会常务委员会坚持中国共产党的领导，依照法定职权和法定程序举行会议、开展工作。"

三、增加一条，作为第三条："全国人民代表大会常务委员会坚持和发展全过程人民民主，始终同人民保持密切联系，倾听人民的意见和建议，体现人民意志，保障人民权益。"

四、将第二条改为第四条，修改为："全国人民代表大会常务委员会审议议案、决定问题，实行民主集中制的原则，充分发扬民主，集体行使职权。"

五、增加一条，作为第五条："全国人民代表大会常务委员会举行会议，应当合理安排会期、议程和日程，提高议事质量和效率。"

六、将第三条改为第六条，第一款修改为："全国人民代表大会常务委员会会议一般每两个月举行一次，必要时可以加开会议；有特殊需要的时候，可以临时召集会议。"

增加一款，作为第二款："常务委员会会议召开的日期由委员长会议决定。"

七、将第四条改为第七条，修改为："常务委员会会议有常务委员会全体组成人员的过半数出席，始得举行。

"遇有特殊情况，经委员长会议决定，常务委员会组成人员可以通过网络视频方式出席会议。"

八、将第五条改为第八条，增加一款，作为第三款："会议日程由委员长会议决定。"

九、将第七条改为第十条，第一款修改为："常务委员会举行会议的时候，国务院、中央军事委员会、国家监察委员会、最高人民法院、最高人民检察院的负责人列席会议。"

第二款修改为："不是常务委员会组成人员的全国人民代表大会专门委员会主任委员、副主任委员、委员，常务委员会副秘书长，工作委员会主任、副主任，香港特别行政区基本法委员会主任、副主任，澳门特别行政区基本法委员会主任、副主任，有关部门负责人，列席会议。"

十、将第八条改为第十一条，修改为："常务委员会举行会议的时候，各省、自治区、直辖市和其他有关地方的人民代表大会常务委员会主任或者副主任一人列席会议，并可以邀请有关的全国人民代表大会代表列席会议。

"遇有特殊情况，经委员长会议决定，可以调整列席人员的范围。"

十一、将第九条改为三条，作为第十二条、第十三条、第十四条，修改为：

"第十二条　常务委员会举行会议的时候，召开全体会议和分组会议，根据需要召开联组会议。

"第十三条　常务委员会分组会议由委员长会议确定若干名召集人，轮流主持会议。

"分组会议审议过程中有重大意见分歧或者其他重要情况的，召集人应当及时向秘书长报告。

"分组名单由常务委员会办事机构拟订，报秘书长审定，并定期调整。

"第十四条　常务委员会举行联组会议，由委员长主持。委员长可以委托副委员长主持会议。

"联组会议可以由各组联合召开，也可以分别由两个以上的组联合召开。"

十二、将第十条改为第十五条，修改为："常务委员会举行会议的时候，常务委员会组成人员应当出席会议；因病或者其他特殊原因不能出席的，应当通过常务委员会办事机构向委员长书面请假。

"常务委员会办事机构应当向委员长报告常务委员会组成人员出席会议的情况和缺席的原因。

"常务委员会组成人员应当勤勉尽责，认真审议各项议案和报告，严格遵守会议纪律。"

十三、增加一条，作为第十六条："常务委员会会议公开举行。常务委员会会议会期、议程、日程和会议情况予以公开。必要时，经委员长会议决定，可以暂不公开有关议程。”

十四、增加一条，作为第十七条：“常务委员会会议运用现代信息技术，推进会议文件资料电子化，采用网络视频等方式为常务委员会组成人员和列席人员履职提供便利和服务。”

十五、将第十一条改为第十八条，第二款修改为：“国务院，中央军事委员会，国家监察委员会，最高人民法院，最高人民检察院，全国人民代表大会各专门委员会，可以向常务委员会提出属于常务委员会职权范围内的议案，由委员长会议决定列入常务委员会会议议程，或者先交有关的专门委员会审议、提出报告，再决定列入常务委员会会议议程。”

第三款修改为：“常务委员会组成人员十人以上联名，可以向常务委员会提出属于常务委员会职权范围内的议案，由委员长会议决定是否列入常务委员会会议议程，或者先交有关的专门委员会审议、提出是否列入会议议程的意见，再决定是否列入常务委员会会议议程；不列入常务委员会会议议程的，应当向常务委员会会议报告或者向提案人说明。”

十六、增加一条，作为第十九条：“提请常务委员会会议审议的议案，应当在会议召开十日前提交常务委员会。

“临时召集的常务委员会会议不适用前款规定。

“向常务委员会提出议案，应当同时提出议案文本和说明。”

十七、将第十三条改为第二十一条，第二款修改为：“任免案、撤职案应当附有拟任免、撤职人员的基本情况和任免、撤职理由；必要的时候，有关负责人应当到会回答询问。”

十八、将第十四条改为第二十二条，第一款修改为：“常务委员会全体会议听取关于议案的说明。内容相关联的议案可以合并说明。”

第二款修改为：“常务委员会全体会议听取议案说明后，由分组会议、联组会议进行审议，并由有关的专门委员会进行审议、提出报告。”

十九、将第十五条改为第二十三条，第一款修改为：“列入会议议程的法律案，常务委员会听取说明并初次审议后，由宪法和法律委员会进行统一审议，向下次或者以后的常务委员会会议提出审议结果的报告。”

第二款修改为：“有关法律问题的决定的议案和修改法律的议案，宪法和法律委员会统一审议后，可以向本次常务委员会会议提出审议结果的报告，也可以向下次或者以后的常务委员会会议提出审议结果的报告。”

增加一款，作为第三款：“专门委员会对有关法律案进行审议并提出审议意见，印发常务委员会会议。”

增加一款，作为第四款：“向全国人民代表大会提出的法律案，在全国人民代表大会闭会期间，可以先向常务委员会提出；常务委员会会议审议后，作出提请全国人民代表大会审议的决定。”

二十、将第十六条改为两条，作为第二十四条、第二十五条，修改为：

“第二十四条　提请批准国民经济和社会发展规划纲要、计划、预算的调整方案和决算的议案，交财政经济委员会审查，也可以同时交其他有关专门委员会审查，由财政经济委员会向常务委员会会议提出审查结果的报告。有关专门委员会的审查意见印发常务委员会会议。

“国民经济和社会发展规划纲要、计划的调整方案应当在常务委员会举行全体会议审查的四十五日前，交财政经济委员会进行初步审查。

“预算调整方案、决算草案应当在常务委员会举行全体会议审查的三十日前，交财政经济委员会进行初步审查。

“第二十五条　提请批准或者加入条约和重要协定的议案，交外事委员会审议，可以同时交其他有关专门委员会审议，由外事委员会向本次常务委员会会议提出审议结果的报告，也可以向下次或者以后的常务委员会会议提出审议结果的报告。有关专门委员会的审议意见印发常务委员会会议。”

二十一、增加一条，作为第二十六条：“依法需要报经常务委员会批准的法规和自治条例、单行条例等，由制定机关报送常务委员会，由委员长会议决定列入常务委员会会议议程，由有关的专门委员会进行审议并提出报告。”

二十二、增加一条，作为第二十七条：“列于《中华人民共和国香港特别行政区基本法》附件三、《中华人民共和国澳门特别行政区基本法》附件三的法律需要作出增减的，在征询香港特别行政区基本法委员会和香港特别行政区政府、澳门特别行政区基本法委员会和澳门特别行政区政府的意见后，由委员长会议提出议案，提请常务委员会会议审议。”

二十三、将第四章章名修改为“听取和审议报告”。

二十四、将第二十二条改为第三十三条，修改为：“常务委员会根据年度工作计划和需要听取国务院、国家监察委员会、最高人民法院、最高人民检察院的专项工作报告。

“常务委员会召开全体会议，定期听取下列报告：

“（一）关于国民经济和社会发展计划、预算执行情况的报告，关于国民经济和社会发展五年规划纲要实施情况的中期评估报告；

“（二）决算报告、审计工作报告、审计查出问题整改情况的报告；

“（三）国务院关于年度环境状况和环境保护目标完成情况的报告；

“（四）国务院关于国有资产管理情况的报告；

“（五）国务院关于金融工作有关情况的报告；

“（六）常务委员会执法检查组提出的执法检查报告；

“（七）专门委员会关于全国人民代表大会会议主席团交付审议的代表提出的议案审议结果的报告；

“（八）常务委员会办公厅和有关部门关于全国人民代表大会会议代表建议、批评和意见办理情况的报告；

“（九）常务委员会法制工作委员会关于备案审查工作情况的报告；

“（十）其他报告。”

二十五、将第二十四条改为第三十五条，修改为：“常务委员会组成人员对各项报告的审议意见交由有关机关研究处理。有关机关应当将研究处理情况向常务委员会提出书面报告。

“常务委员会认为必要的时候，可以对有关报告作出决议。有关机关应当在决议规定的期限内，将执行决议的情况向常务委员会报告。

“委员长会议可以根据工作报告中的建议、常务委员会组成人员的审议意见，提出有关法律问题或者重大问题的决定的议案，提请常务委员会审议，必要时由常务委员会提请全国人民代表大会审议。”

二十六、增加一条，作为第三十七条：“常务委员会围绕关系改革发展稳定大局和人民切身利益、社会普遍关注的重大问题，可以召开联组会议、分组会议，进行专题询问。

“根据专题询问的议题，国务院及国务院有关部门和国家监察委员会、最高人民法院、最高人民检察院的负责人应当到会，听取意见，回答询问。

“专题询问中提出的意见交由有关机关研究处理，有关机关应当及时向常务委员会提交研究处理情况报告。必要时，可以由委员长会议将研究处理情况报告提请常务委员会审议，由常务委员会作出决议。”

二十七、增加一条，作为第三十八条：“根据常务委员会工作安排或者受委员长会议委托，专门委员会可以就有关问题开展调研询问，并提出开展调研询问情况的报告。”

二十八、将第二十六条改为第三十九条，修改为：“在常务委员会会议期间，常务委员会组成人员十人以上联名，可以向常务委员会书面提出对国务院及国务院各部门和国家监察委员会、最高人民法院、最高人民检察院的质询案。”

二十九、将第三十一条改为第四十四条，第一款修改为：“在全体会议和联组会议上的发言，不超过十分钟；在分组会议上，第一次发言不超过十五分钟，第二次对同一问题的发言不超过十分钟。事先提出要求，经会议主持人同意的，可以延长发言时间。”

第二款修改为:“在常务委员会会议上的发言,由常务委员会办事机构工作人员记录,经发言人核对签字后,编印会议简报和存档。会议简报可以为纸质版,也可以为电子版。”

三十、将第三十二条改为第四十五条,增加一款,作为第三款:“出席会议的常务委员会组成人员应当参加表决。表决时,常务委员会组成人员可以表示赞成,可以表示反对,也可以表示弃权。”

三十一、将第三十四条改为第四十七条,修改为:“任免案、撤职案逐人表决,根据情况也可以合并表决。”

三十二、将第三十五条改为第四十八条,修改为:“常务委员会表决议案,采用无记名按表决器方式。常务委员会组成人员应当按表决器。如表决器系统在使用中发生故障,采用举手方式或者其他方式。

“常务委员会组成人员通过网络视频方式出席会议的,采用举手方式或者其他方式表决。”

三十三、增加一章,作为第七章“公布”;增加三条,分别作为第四十九条至第五十一条。内容如下:

“第七章　公布

“第四十九条　常务委员会通过的法律,由中华人民共和国主席签署主席令予以公布。

“常务委员会通过的其他决议、决定,由常务委员会公布。

“常务委员会通过的法律解释,关于全国人民代表大会代表选举、补选、辞职、罢免等事项,由常务委员会发布公告予以公布。

“第五十条　常务委员会决定任免的国务院副总理、国务委员以及各部部长、各委员会主任、中国人民银行行长、审计长、秘书长,由中华人民共和国主席根据常务委员会的决定,签署主席令任免并予以公布。

“第五十一条　常务委员会通过的法律、决议、决定及其说明、修改情况的汇报、审议结果的报告,发布的公告,决定批准或者加入的条约和重要协定,常务委员会、专门委员会的声明等,应当及时在常务委员会公报和中国人大网上刊载。”

三十四、将第二十三条、第二十五条中的“工作报告”修改为“报告”。

本决定自2022年6月25日起施行。

《中华人民共和国全国人民代表大会常务委员会议事规则》根据本决定作相应修改并对条文顺序作相应调整,重新公布。

国务院文件

国务院办公厅关于印发城市燃气管道等老化更新改造实施方案（2022—2025年）的通知

（2022年5月10日　国办发〔2022〕22号）

《城市燃气管道等老化更新改造实施方案（2022—2025年）》已经国务院同意，现印发给你们，请结合实际认真贯彻落实。

城市燃气管道等老化更新改造实施方案（2022—2025年）

城市（含县城，下同）燃气管道等老化更新改造是重要民生工程和发展工程，有利于维护人民群众生命财产安全，有利于维护城市安全运行，有利于促进有效投资、扩大国内需求，对推动城市更新、满足人民群众美好生活需要具有十分重要的意义。为加快城市燃气管道等老化更新改造，制定本方案。

一、总体要求

（一）指导思想。以习近平新时代中国特色社会主义思想为指导，全面贯彻党的十九大和十九届历次全会精神，按照党中央、国务院决策部署，坚持以人民为中心的发展思想，完整、准确、全面贯彻新发展理念，统筹发展和安全，坚持适度超前进行基础设施建设和老化更新改造，加快推进城市燃气管道等老化更新改造，加强市政基础设施体系化建设，保障安全运行，提升城市安全韧性，促进城市高质量发展，让人民群众生活更安全、更舒心、更美好。

（二）工作原则。

——聚焦重点、安全第一。以人为本，从保障人民群众生命财产安全出发，加快更新改造城市燃气等老化管道和设施；聚焦重点，排查治理城市管道安全隐患，立即改造存在安全隐患的城市燃气管道等，促进市政基础设施安全可持续发展。

——摸清底数、系统治理。全面普查、科学评估，抓紧编制各地方城市燃气管道等老化更新改造方案；坚持目标导向、问题导向，积极运用新设备、新技术、新工艺，系统开展城市燃气管道等老化更新改造。

——因地制宜、统筹施策。从各地实际出发，科学确定更新改造范围和标准，明确目标和任务，不搞“一刀切”，不层层下指标，避免“运动式”更新改造；将城市作为有机生命体，统筹推进城市燃气管道等老化更新改造与市政建设，避免“马路拉链”。

——建管并重、长效管理。严格落实各方责任，加强普查评估和更新改造全过程管理，确保质量和安全；坚持标本兼治，完善管理制度规范，加强城市燃气管道等运维养护，健全安全管理长效机制。

（三）工作目标。在全面摸清城市燃气、供水、排水、供热等管道老化更新改造底数的基础上，马上规划部署，抓紧健全适应更新改造需要的政策体系和工作机制，加快开展城市燃气管道等老化更新改造工作，彻底消除安全隐患。2022 年抓紧启动实施一批老化更新改造项目。2025 年底前，基本完成城市燃气管道等老化更新改造任务。

二、明确任务

（一）明确更新改造对象范围。城市燃气管道等老化更新改造对象，应为材质落后、使用年限较长、运行环境存在安全隐患、不符合相关标准规范的城市燃气、供水、排水、供热等老化管道和设施。具体包括：

1. 燃气管道和设施。（1）市政管道与庭院管道。全部灰口铸铁管道；不满足安全运行要求的球墨铸铁管道；运行年限满 20 年，经评估存在安全隐患的钢质管道、聚乙烯（PE）管道；运行年限不足 20 年，存在安全隐患，经评估无法通过落实管控措施保障安全的钢质管道、聚乙烯（PE）管道；存在被建构筑物占压等风险的管道。（2）立管（含引入管、水平干管）。运行年限满 20 年，经评估存在安全隐患的立管；运行年限不足 20 年，存在安全隐患，经评估无法通过落实管控措施保障安全的立管。（3）厂站和设施。存在超设计运行年限、安全间距不足、临近人员密集区域、地质灾害风险隐患大等问题，经评估不满足安全运行要求的厂站和设施。（4）用户设施。居民用户的橡胶软管、需加装的安全装置等；工商业等用户存在安全隐患的管道和设施。

2. 其他管道和设施。（1）供水管道和设施。水泥管道、石棉管道、无防腐内衬的灰口铸铁管道；运行年限满 30 年，存在安全隐患的其他管道；存在安全隐患的二次供水设施。(2)排水管道。平口混凝土、无钢筋的素混凝土管道，存在混错接等问题的管道，运行年限满 50 年的其他管道。(3)供热管道。运行年限满 20 年的管道，存在泄漏隐患、热损失大等问题的其他管道。

各地可结合实际进一步细化更新改造对象范围。基础条件较好的地区可适当提高更新改造要求。

（二）合理确定更新改造标准。各地要根据本地实际，立足全面解决安全隐患、防范化解风险，坚持保障安全、满足需求，科学确定更新改造标准。城市燃气老化管道和设施更新改造所选用材料、规格、技术等应符合相关规范标准要求，注重立足当前兼顾长远。结合更新改造同步在燃气管道重要节点安装智能化感知设备，完善智能监控系统，实现智慧运行，完善消防设施设备，增强防范火灾等事故能力。城市供水、排水、供热等其他管道和设施老化更新改造标准，参照以上原则确定。

（三）组织开展城市燃气等管道和设施普查。城市政府统筹开展城市燃气管道普查，并组织符合规定要求的第三方检测评估机构和专业经营单位进行评估。充分利用城市信息模型（CIM）平台、地下管线普查及城市级实景三维建设成果等既有资料，运用调查、探测等多种手段，全面摸清城市燃气管道和设施种类、权属、构成、规模，摸清位置关系、运行安全状况等信息，掌握周边水文、地质等外部环境，明确老旧管道和设施底数，建立更新改造台账。同步推进城市供水、排水、供热等其他管道和设施普查，建立和完善城市市政基础设施综合管理信息平台，充实城市燃气管道等基础信息数据，完善平台信息动态更新机制，实时更新信息底图。

（四）编制地方城市燃气管道等老化更新改造方案。结合全国城镇燃气安全排查整治工作，省级政府要督促省级和城市（县）行业主管部门分别牵头组织编制本省份和本城市燃气管道老化更新改造方案。各城市（县）应区分轻重缓急，优先对安全隐患突出的管道和设施实施改造，明确项目清单和分年度改造计划并作为更新改造方案的附件。城市燃气管道等老化更新改造纳入国家“十四五”重大工程，各地要同步纳入本地区“十四五”重大工程，并纳入国家重大建设项目库。

省级政府要督促省级和城市（县）行业主管部门同步组织编制本省份和本城市供水、排水、供热等其他管道老化更新改造方案，明确项目清单和分年度改造计划并作为更新改造方案的附件，主动与城市燃气管道老化更新改造方案有效对接、同步推进实施，促进城市地下设施之间竖向分层布局、横向紧密衔接。

三、加快组织实施

（一）加强统筹协调。压实城市（县）政府责任，建立健全政府统筹、专业经营单位实施、有关各方齐抓共管的城市燃气管道等老化更新改造工作机制，明确各有关部门、街道（城关镇）、社区和专业经营单位责任分工，形成工作合力，及时破解难题。充分发挥街道和社区党组织的领导作用，统筹协调社区居民委员会、业主委员会、产权单位、物业服务企业、用户等，搭建沟通议事平台，共同推进城市燃气管道等老化更新改造工作。

（二）加快推进项目实施。专业经营单位切实承担主体责任，抓紧实施城市燃气管道等老化更新改造项目，有序安排施工区域、时序、工期，减少交通阻断。城市（县）政府切实履行属地责任，加强管理和监督，明确不同权属类型老化管道和设施更新改造实施主体，做好与城镇老旧小区改造、汛期防洪排涝等工作的衔接，推进相关消防设施设备补短板，推动城市燃气管道等分片区统筹改造、同步施工并做好废弃管道处置和资源化利用，避免改造工程碎片化、重复开挖、“马路拉链”、多次扰民等。严格落实工程质量和施工安全责任，杜绝质量安全隐患，按规定做好改造后通气、通水等关键环节安全监控，做好工程验收移交。依法实施燃气压力管道施工告知和监督检验。

（三）同步推进数字化、网络化、智能化建设。结合更新改造工作，完善燃气监管系统，将城市燃气管道老化更新改造信息及时纳入，实现城市燃气管道和设施动态监管、互联互通、数据共享。有条件的地方可将燃气监管系统与城市市政基础设施综合管理信息平台、城市信息模型（CIM）平台等深度融合，与国土空间基础信息平台、城市安全风险监测预警平台充分衔接，提高城市管道和设施的运行效率及安全性能，促进对管网漏损、运行安全及周边重要密闭空间等的在线监测、及时预警和应急处置。

（四）加强管道和设施运维养护。严格落实专业经营单位运维养护主体责任和城市（县）政府监管责任。专业经营单位要加强运维养护能力建设，完善资金投入机制，定期开展检查、巡查、检测、维护，依法组织燃气压力管道定期检验，及时发现和消除安全隐患，防止管道和设施带病运行；健全应急抢险机制，提升迅速高效处置突发事件能力。鼓励专业经营单位承接非居民用户所拥有燃气等管道和设施的运维管理。对于业主共有燃气等管道和设施，更新改造后可依法移交给专业经营单位，由其负责后续运营维护和更新改造。

四、加大政策支持力度

（一）落实专业经营单位出资责任，建立资金合理共担机制。专业经营单位要依法履行对其服务范围内城市燃气管道等老化更新改造的出资责任。建立城市燃气管道等老化更新改造资金由专业经营单位、政府、用户合理共担机制。中央预算内投资和地方财政资金可给予适当补助。工商业等用户承担业主专有部分城市燃气管道等老化更新改造的出资责任。

（二）加大财政资金支持力度。省、市、县各级财政要按照尽力而为、量力而行的原则，落实出资责任，加大城市燃气管道等老化更新改造投入。将符合条件的城市燃气管道等老化更新改造项目纳入地方政府专项债券支持范围，不得违规举债融资用于城市燃气管道等老化更新改造，坚决遏制新增地方政府隐性债务。中央预算内投资视情对城市燃气管道等老化更新改造给予适当投资补助。

（三）加大融资保障力度。鼓励商业银行在风险可控、商业可持续前提下，依法合规加大对城市燃气管道等老化更新改造项目的信贷支持；引导开发性、政策性金融机构根据各自职能定位和业务范围，按照市场化、法治化原则，依法合规加大对城市燃气管道等老化更新改造项目的信贷支持力度。支持专业经营单位采取市场化方式，运用公司信用类债券、项目收益票据进行债券融资。优先支持符合条件、已完成更新改造任务的城市燃气管道等项目申报基础设施领域不动产投资信托基金（REITs）试点项目。

（四）落实税费减免政策。对城市燃气管道等老化更新改造涉及的道路开挖修复、园林绿地补偿等收费事项，各地应按照"成本补偿"原则做好统筹。更新改造后交由专业经营单位负责运营维护的业主共有燃气等管道和设施，移交之后所发生的维护管理费用，专业经营单位可按照规定进行税前扣除。

五、完善配套措施

（一）加快项目审批。各地要精简城市燃气管道等老化更新改造涉及的审批事项和环节，建立健全快速审批机制。可由城市（县）政府组织有关部门联合审查更新改造方案，认可后由相关部门依法直接办理相关审批手续。鼓励相关各方进行一次性联合验收。鼓励并加快核准规模较大、监管体系健全的燃气企业对燃气管道和设施进行检验检测。

（二）切实做好价格管理工作。城市燃气、供水、供热管道老化更新改造投资、维修以及安全生产费用等，根据政府制定价格成本监审办法有关规定核定，相关成本费用计入定价成本。在成本监审基础上，综合考虑当地经济发展水平和用户承受能力等因素，按照相关规定适时适当调整供气、供水、供热价格；对应调未调产生的收入差额，可分摊到未来监管周期进行补偿。

（三）加强技术标准支撑。推广应用新设备、新技术、新工艺，从源头提升管道和设施本质安全以及信息化、智能化建设运行水平。加快修订城镇燃气设施运行、维护和抢修安全技术规程等相关标准，完善城市管道安全保障与灾害应急管理等重点领域标准规范。各地城市燃气管道等老化更新改造要严格执行现行相关标准。

（四）强化市场治理和监管。完善燃气经营许可管理办法等规定，各地立足本地实际健全实施细则，完善准入条件，设立退出机制，严格燃气经营许可证管理，切实加强对燃气企业的监管。加强城市燃气管道等老化更新改造相关产品、器具、设备质量监管。支持燃气等行业兼并重组，确保完成老化更新改造任务，促进燃气市场规模化、专业化发展。

（五）推动法治化和规范化管理。研究推动地下管线管理立法工作，进一步规范行业秩序，加强城市燃气管道等建设、运营、维护和管理。推动有关地方加快燃气等管道相关立法工作，建立健全法规体系，因地制宜细化管理要求，切实加强违建拆除执法，积极解决第三方施工破坏、违规占压、安全间距不足、地下信息难以共享等城市管道保护突出问题。

（六）强化组织保障。省级政府要结合贯彻落实《国务院办公厅关于加强城市地下管线建设管理的指导意见》（国办发〔2014〕27 号）和《国务院办公厅关于推进城市地下综合管廊建设的指导意见》（国办发〔2015〕61 号）等文件要求，加强对本地区城市燃气管道等老化更新改造的统筹指导，明确城市（县）政府责任，加快推动相关工作。城市（县）政府要切实落实城市各类地下管道建设改造等的总体责任，主要负责同志亲自抓，把推进城市燃气管道等老化更新改造摆上重要议事日程，健全工作机制，落实各项政策，抓好组织实施。住房城乡建设部要进一步加强对城市地下管道建设改造等的统筹管理，会同国务院有关部门抓好相关工作的督促落实。各有关方面要加强城市燃气管道等老化更新改造工作和相关政策措施的宣传解读，及时回应社会关切。

国务院办公厅关于进一步推进省以下财政体制改革工作的指导意见

（2022 年 5 月 29 日　国办发〔2022〕20 号）

省以下财政体制是政府间财政关系制度的组成部分，对于建立健全科学的财税体制，优化资源配置、维护市场统一、促进社会公平、实现国家长治久安具有重要作用。党的十八大以来，按照党中央、国务院决策部署，根据中央与地方财政事权和支出责任划分改革安排，各地不断完善省以下财政体制，充分发挥财政职能作用，在推动经济社会发展、保障和改善民生以及落实基层“三保”（保基本民生、保工资、保运转）任务等方面取得积极成效。同时，省以下财政体制还存在财政事权和支出责任划分不尽合理、收入划分不够规范、有的转移支付定位不清、一些地方“三保”压力较大、基本公共服务均等化程度有待提升等问题。为更好发挥财政在国家治理中的基础和重要支柱作用，健全省以下财政体制，增强基层公共服务保障能力，经国务院同意，现提出以下意见。

一、总体要求

（一）指导思想。以习近平新时代中国特色社会主义思想为指导，全面贯彻落实党的十九大和十九届历次全会精神，坚持稳中求进工作总基调，完整、准确、全面贯彻新发展理念，加快构建新发展格局，按照深化财税体制改革和建立现代财政制度的总体要求，进一步理顺省以下政府间财政关系，建立健全权责配置更为合理、收入划分更加规范、财力分布相对均衡、基层保障更加有力的省以下财政体制，促进加快建设全国统一大市场，推进基本公共服务均等化，推动高质量发展，为全面建设社会主义现代化国家提供坚实保障。

（二）基本原则。

——坚持统一领导、全面规范。坚持党中央集中统一领导，厘清政府与市场边界，保持与行政管理体制相适应，在中央和地方分税制的原则框架内，遵循完善政府间财政关系的基本原则，理顺地方各级财政事权和支出责任以及政府间收入划分关系等，逐步形成规范的省以下财政体制。

——坚持因地制宜、激励相容。坚持省负总责、分级负责，尊重地方的自主性和首创精神，鼓励各地区因地制宜采取差异化措施，激励与约束并重，充分调动省以下各级政府积极性，以增量改革为主、适度调整存量结构，优化权责配置和财力格局，增强财政体制的适应性和有效性。

——坚持稳中求进、守正创新。把握好改革的节奏与力度，平稳有序推进改革，保持财政体制连贯性和政策连续性。鼓励解放思想、探索实践，着力破解体制机制难题，创新管理模式，发挥财政体制在改革发展中的引导和保障作用。

二、清晰界定省以下财政事权和支出责任

（三）合理划分省以下各级财政事权。结合本地区实际加快推进省以下各级财政事权划分改革，根据基本公共服务受益范围、信息管理复杂程度等事权属性，清晰界定省以下各级财政事权。适度强化教育、科技研发、企业职工基本养老保险、城乡居民基本医疗保险、粮食安全、跨市县重大基础设施规划建设、重点区域（流域）生态环境保护与治理、国土空间规划及用途管制、防范和督促化解地方政府债务风险等方面的省级财政事权。将直接面向基层、由基层政府提供更为便捷有效的社会治安、市政交通、城乡建设、农村公路、公共设施管理等基本公共服务确定为市县级财政事权。

（四）明晰界定省以下各级财政支出责任。按照政府间财政事权划分，合理确定省以下各级财政承担的支出责任。省级财政事权由省级政府承担支出责任,市县级财政支出责任根据其履行的财政事权确定。共同财政事权要逐步明确划分省、市、县各级支出责任,按照减轻基层负担、体现区域差别的原则,根据经济发展水平、财力状况、支出成本等,差别化确定不同区域的市县级财政支出责任。推动建立共同财政事权保障标准,按比例分担支出责任,研究逐步推进同一市县不同领域的财政支出责任分担比例统一。上级财政事权确需委托下级履行的,要足额安排资金,不得以考核评比、下达任务、要求配套资金等任何形式,变相增加下级支出责任或向下级转嫁支出责任。

三、理顺省以下政府间收入关系

(五)参照税种属性划分收入。将税基流动性强、区域间分布不均、年度间收入波动较大的税收收入作为省级收入或由省级分享较高比例;将税基较为稳定、地域属性明显的税收收入作为市县级收入或由市县级分享较高比例。对金融、电力、石油、铁路、高速公路等领域税费收入,可作为省级收入,也可在相关市县间合理分配。除按规定上缴财政的国有资本经营收益外,逐步减少直至取消按企业隶属关系划分政府间收入的做法。

(六)规范收入分享方式。税收收入应在省以下各级政府间进行明确划分,对主体税种实行按比例分享,结合各税种税基分布、收入规模、区域间均衡度等因素,合理确定各税种分享比例。对非税收入可采取总额分成、分类分成、增量分成等分享方式,逐步加以规范。省内同一税费收入在省与市、省与省直管县、市与所辖区、市与所辖县之间的归属和分享比例原则上应逐步统一。除国家另有规定外,逐步取消对各类区域的财政收入全留或增量返还政策,确需支持的通过规范的转移支付安排。逐步规范设区的市与所辖区之间的收入关系。结合税源实际合理编制各级收入预算,依法依规征税收费,严格落实退税减税降费政策,严禁虚收空转、收“过头税费”、乱收费,不得违规对税费收入指标进行考核排名。逐步清理不当干预市场和与税费收入相挂钩的补贴或返还政策。

(七)适度增强省级调控能力。结合省级财政支出责任、区域间均衡度、中央对地方转移支付等因素,合理确定省级收入分享比例。基层“三保”压力较大的地区以及区域间人均支出差距较大的地区,应逐步提高省级收入分享比例,增强省级统筹调控能力。区域间资源分布不均的地区,省级可参与资源税收入分享,结合资源集中度、资源税收入规模、区域间均衡度等因素确定省级分享比例。省级财政应完善省以下增值税留抵退税分担机制,缓解退税相对集中市县的退税压力,确保退税政策及时准确落实到位。省级因规范财政体制集中的收入增量,原则上主要用于对下级特别是县级的一般性转移支付。

四、完善省以下转移支付制度

（八）厘清各类转移支付功能定位。建立健全省以下转移支付体系，根据财政事权属性，加大对财力薄弱地区的支持力度，健全转移支付定期评估机制。一般性转移支付用于均衡区域间基本财力配置，向革命老区、民族地区、边疆地区、欠发达地区，以及担负国家安全、生态保护、粮食和重要农产品生产等职责的重要功能区域倾斜，不指定具体支出用途，由下级政府统筹安排使用。共同财政事权转移支付与财政事权和支出责任划分改革相衔接，用于履行本级政府应承担的共同财政事权支出责任，下级政府要确保上级拨付的共同财政事权转移支付资金全部安排用于履行相应财政事权。编制预算时，共同财政事权转移支付暂列一般性转移支付。专项转移支付用于办理特定事项、引导下级干事创业等，下级政府要按照上级政府规定的用途安排使用。

（九）优化转移支付结构。围绕"兜底线、促均衡、保重点"目标，调整省以下转移支付结构，优化横向、纵向财力格局，推动财力下沉，增强基层公共服务保障能力，推动落实中央重大决策部署。建立一般性转移支付合理增长机制，结合均衡区域间财力需要，逐步提高一般性转移支付规模。根据基本公共服务保障标准、支出责任分担比例、常住人口规模等，结合政策需要和财力可能等，足额安排共同财政事权转移支付，落实各级支出责任，确保共同财政事权履行到位。合理控制专项转移支付新增项目和资金规模，逐步退出市场机制能够有效调节的相关领域，整合政策目标接近、资金投入方向类同、资金管理方式相近的项目。

（十）科学分配各类转移支付资金。贯彻政府过紧日子的要求，坚持勤俭节约的原则，按照规范的管理办法，围绕政策目标主要采用因素法或项目法分配各类转移支付资金。采用因素法分配资金，应选择与财政收支政策有较强相关性的因素，赋予不同因素相应权重或标准，并结合实际情况运用财政困难程度、支出成本差异、绩效结果等系数加以调节，采取公式化方式测算，体现明确的政策导向和支持重点。确需以项目形式下达的转移支付可采用项目法分配资金，遵循公平、公正、公开的原则，结合实际采取竞争性评审等方式，按照规范程序分配。转移支付资金分配应与下级政府提供基本公共服务的成本相衔接，同时充分考虑下级政府努力程度，强化绩效管理，适度体现激励约束。

五、建立健全省以下财政体制调整机制

（十一）建立财政事权和支出责任划分动态调整机制。根据事务管理及执行方式、机构职能调整等客观实际，动态调整省以下各级财政事权和支出责任划分。健全共同财政事权支出责任动态调整机制，结合各地区经济发展、财政自给率变化、保障标准调整等情况，适时调整省以下各级财政支出责任分担比例。

（十二）稳步推进收入划分调整。探索建立省以下区域间均衡度评估机制，定期开展评估。根据财政事权和支出责任划分动态调整情况，结合省以下区域间经济社会发展、财政收入分布和规模、财政收支均衡度等变化，适时稳步调整省以下政府间收入划分。省级可通过合理调整收入分享方式或分享比例等办法，抑制收入虚收空转行为。省以下各级政府财政体制调整，涉及收入和支出项目的划分以及上解等具体办法，应依法报同级人民代表大会常务委员会备案。

（十三）加强各类转移支付动态管理。严格各类转移支付设立条件和决策程序，健全转移支付定期评估和退出机制。根据省以下区域间均衡度等变化，及时调整完善各类转移支付资金分配办法。加强资金绩效管理和监督，探索建立以共同财政事权转移支付和专项转移支付为重点的后评价制度，将绩效评价、后评价结果作为完善政策、安排预算、改进管理的重要依据。强化各类转移支付资金分配、拨付、使用监管，科学高效、规范合理用好资金。健全财政资金直达机制，将与中央财政直达资金对应的地方财政资金纳入直达范围，加快资金分配下达，加强资金管理和监控，根据支出轻重缓急和项目实际进度统筹安排支出，更好发挥惠企利民作用。

六、规范省以下财政管理

（十四）规范各类开发区财政管理体制。未单独设立财政管理机构的开发区（含园区，下同）等预决算按照部门预决算管理，纳入同级政府或设立该开发区地方政府的部门预决算并单独列示。单独设立财政管理机构的开发区，参照实行独立财政管理体制，预决算纳入同级政府或设立该开发区地方政府的预决算并单独列示。各地区在依法依规的前提下，可结合本地实际探索创新开发区财政管理体制模式，更好调动各方面积极性。各地区要加强开发区政府性债务管理，保持与财政管理体制相适应，强化开发区管委会等政府派出机构举债融资约束，坚决遏制地方政府隐性债务增量，合理控制政府债务规模，切实防范债务风险。

（十五）推进省直管县财政改革。按照突出重点、利于发展、管理有效等要求，因地制宜逐步调整优化省直管县财政改革实施范围和方式。对区位优势不明显、经济发展潜力有限、财政较为困难的县，可纳入省直管范围或参照直管方式管理，加强省级对县级的财力支持。对由市级管理更有利于加强区域统筹规划、增强发展活力的县，适度强化市级的财政管理职责。

（十六）做实县级“三保”保障机制。建立县级财力长效保障机制。坚持县级为主、市级帮扶、省级兜底、中央激励，全面落实基层“三保”责任。建立健全事前审核、事中监控、事后处置的工作机制，严格省级对县级“三保”支出预算安排方案的审核制度，强化“三保”支出预算执行硬性约束，加强“三保”支出库款保障和运行监控，结合实际逐步推动“三保”相关转移支付纳入省对下直达资金范围，做好“三保”风险防范和应急处置。

（十七）推动乡财县管工作提质增效。将财政收入难以覆盖支出需要、财政管理能力薄弱的乡镇纳入乡财县管范围。加强财力薄弱乡镇支出保障，防范化解乡镇财政运行风险，加大对农村公益性事业发展的支持力度。结合预算管理一体化系统建设和应用，调整优化乡镇财政职能，强化县级财政对乡镇预算编制、预算执行、国有资产管理等监督，提升乡镇财政管理效率和水平。

（十八）加强地方政府债务管理。坚持省级党委和政府对本地区债务风险负总责，省以下各级党委和政府按属地原则和管理权限各负其责。落实省级政府责任，按属地原则和管理权限压实市县主体责任，通过增收节支、变现资产等方式化解债务风险，切实降低市县偿债负担，坚决查处违法违规举债行为。健全地方政府债务限额分配机制，一般债务限额应与一般公共预算收入相匹配，专项债务限额应与政府性基金预算收入及项目收益等相匹配，促进融资规模与项目收益相平衡，完善专项债券资金投向领域禁止类项目清单和违规使用专项债券处理处罚机制。

各地区、各有关部门要充分认识进一步推进省以下财政体制改革的重要意义，把思想和行动统一到党中央、国务院决策部署上来，增强“四个意识”、坚定“四个自信”、做到“两个维护”，主动谋划，精心组织，周密安排，扎实推进改革。各省、自治区、直辖市人民政府要按照本意见要求，制定实施方案，细化政策措施，推动各项改革任务落地见效。财政部等有关部门要加强对地方的指导督促，积极配合地方推进改革，确保各项任务落地见效。

国务院办公厅关于对2021年落实有关重大政策措施真抓实干成效明显地方予以督查激励的通报

（2022年6月2日　国办发〔2022〕21号）

为进一步推动党中央、国务院重大决策部署贯彻落实，充分激发和调动各地担当作为、干事创业的积极性、主动性和创造性，根据《国务院办公厅关于新形势下进一步加强督查激励的通知》(国办发〔2021〕49号),结合国务院大督查、专项督查、“互联网+督查”和部门日常督查情况,经国务院同意,对2021年落实打好三大攻坚战、深化“放管服”改革优化营商环境、推动创新驱动发展、扩大内需、实施乡村振兴战略、保障和改善民生等有关重大政策措施真抓实干、取得明显成效的199个地方予以督查激励,相应采取30项激励支持措施。希望受到督查激励的地方再接再厉,取得新的更好成绩。

2022年将召开中国共产党第二十次全国代表大会,是党和国家事业发展进程中十分重要的一年。各地区、各部门要在以习近平同志为核心的党中央坚强领导下,以习近平新时代中国特色社会主义思想为指导,全面贯彻落实党的十九大和十九届历次全会精神,弘扬伟大建党精神,坚持稳中求进工作总基调,完整、准确、全面贯彻新发展理念,加快构建新发展格局,高效统筹疫情防控和经济社会发展,继续做好“六稳”、“六保”工作,严格落实责任,强化实干担当,勇于改革创新,狠抓督查落实,力戒形式主义、官僚主义,以实际行动迎接党的二十大胜利召开。

附件:2021年落实有关重大政策措施真抓实干成效明显的地方名单及激励措施

附件

2021年落实有关重大政策措施真抓实干成效明显的地方名单及激励措施

一、实施创新驱动发展战略、营造良好创新生态、提升自主创新能力、强化企业创新主体地位、加速推进科技成果转化应用等方面成效明显的地方

江苏省,浙江省,安徽省,山东省,湖北省。(按行政区划排列,下同)

2022年对上述地方在分配中央引导地方科技发展资金时给予一定激励,优先支持其行政区域内1家符合条件且发展基础较好的省级高新技术产业开发区升级为国家高新技术产业开发区。(科技部、财政部组织实施)

二、推动“双创”政策落地、促进创业带动就业、加强融通创新、扶持“双创”支撑平台、构建“双创”发展生态、打造“双创”升级版等方面成效明显的区域“双创”示范基地

北京市海淀区,天津滨海高新技术产业开发区,辽宁省沈阳市浑南区,江苏省常州市武进区,安徽省合肥高新技术产业开发区,福建省厦门火炬高技术产业开发区,山东省淄博市张店区,河南省鹿邑县,湖北省武汉东湖新技术开发区，四川省成都高新技术产业开发区。

2022年对上述地方优先支持创新创业支撑平台建设，在中央预算内投资安排等方面予以重点倾斜；对区域内符合条件的创新创业项目，优先推介与国家新兴产业创业投资引导基金、国家级战略性新兴产业发展基金、国家中小企业发展基金等对接。（国家发展改革委组织实施）

三、知识产权创造、运用、保护、管理和服务工作成效突出的地方

北京市，上海市，江苏省，浙江省，湖北省。

2022年对上述地方优先支持开展地理标志专用标志使用核准改革试点，优先支持建设知识产权保护中心、知识产权快速维权中心、知识产权专题数据库，在专利转化专项计划实施中予以倾斜支持。（国家知识产权局组织实施）

四、促进工业稳增长、推动先进制造业集群发展、实施产业基础再造工程、保持制造业比重基本稳定等方面成效明显的地方

北京市大兴区，内蒙古自治区包头市，江苏省常州市，浙江省绍兴市，福建省厦门市，江西省上饶市，湖北省武汉市，湖南省株洲市，广东省深圳市，重庆市巴南区。

2022年对上述地方在传统产业改造提升、智能制造试点示范等工作中给予优先支持。（工业和信息化部组织实施）

五、推进质量强国建设工作成效突出的地方

北京市海淀区，上海市闵行区，江苏省南京市，浙江省宁波市，安徽省芜湖市，江西省会昌县，山东省威海市，广东省东莞市，广西壮族自治区柳州市，四川省绵阳市。

2022年对上述地方在质量工作改革创新试点示范、国家质量基础设施布局建设、质量提升行动重点帮扶、参与国际标准和国家标准制定等方面给予倾斜支持。（市场监管总局组织实施）

六、大力培育发展战略性新兴产业、产业特色优势明显、技术创新能力强的地方

天津市滨海新区，黑龙江省哈尔滨市，江苏省苏州市，安徽省合肥市，福建省厦门市，山东省青岛市，湖北省武汉市，湖南省长沙市，广东省深圳市，四川省自贡市。

2022年对上述地方在典型经验做法宣传、国家认定企业技术中心等创新平台建设等方面加大政策支持力度。同时，对其中通用航空发展成效显著并符合相关条件的产业集群所在地方，在运输机场建设等方面予以优先支持。（国家发展改革委、中国民航局组织实施）

七、建设信息基础设施、推进产业数字化、加快工业互联网创新发展、促进网络与数据安全能力建设等工作成效明显的地方

辽宁省沈阳市,上海市浦东新区,江苏省南京市,浙江省杭州市,安徽省合肥市,福建省福州市,河南省洛阳市,湖北省武汉市,广东省深圳市,四川省成都市。

2022 年对上述地方在申报中国软件名城(园)、网络安全技术应用试点示范、工业互联网试点示范等工作中给予优先支持。(工业和信息化部组织实施)

八、公路水路交通建设年度投资保持稳定增长、通过车辆购置税收入补助地方资金投资项目完成情况好的地方

山东省,河南省,湖南省,广西壮族自治区,云南省。

2022 年对上述地方通过车辆购置税收入补助地方资金各安排 5000 万元,用于交通项目建设。(交通运输部、财政部组织实施)

九、地方水利建设投资落实情况好、中央水利建设投资计划完成率高的地方

江苏省,浙江省,安徽省,江西省,重庆市。

2022 年对上述地方各增加安排中央预算内投资 5000 万元,相应减少所安排项目的地方建设投资。(水利部、国家发展改革委组织实施)

十、推动外贸稳定和创新发展成效明显的地方

上海市浦东新区,江苏省苏州市,浙江省宁波市,福建省厦门市,山东省青岛市,河南省郑州市,湖北省武汉市,广东省深圳市,四川省成都市,陕西省西安市。

2022 年对上述地方在安排年度中央外经贸发展专项资金、认定加工贸易承接转移示范地、培育进口贸易促进创新示范区、中国进出口商品交易会等重要展会开展宣传推介等方面给予倾斜支持。(商务部组织实施)

十一、年度固定资产投资保持稳定增长,中央预算内投资项目开工、投资完成等情况好的地方

安徽省,江西省,湖北省,湖南省,新疆维吾尔自治区。

2022 年对上述地方在中央预算内投资既有专项中安排投资,用于激励支持其相关专项项目建设。(国家发展改革委组织实施)

十二、直达资金下达使用、落实财政支出责任、国库库款管理、预决算公开等财政工作绩效突出的地方

浙江省,山东省,湖南省,广东省,四川省。

2022 年对上述地方在中央财政预算中单独安排激励资金,每个省原则上

不低于1亿元，由省级财政统筹使用。（财政部组织实施）

十三、金融服务实体经济、防范化解金融风险、维护良好金融秩序成效好的地方

北京市，上海市，江苏省，浙江省，山东省。

2022年支持上述地方或其辖内地区开展金融改革创新先行先试，在同等条件下对其申报金融改革试验区等方面给予重点考虑和支持，鼓励符合条件的全国性股份制银行、保险公司在上述地区开设分支机构，支持符合条件的企业发行“双创”、绿色公司信用类债券等金融创新产品。（人民银行、银保监会、证监会组织实施）

十四、推进企业登记注册便利化、深化“双随机、一公开”监管和信用监管、落实公平竞争审查制度等深化商事制度改革成效明显的地方

北京市朝阳区，河北省保定市，山西省运城市，辽宁省大连市，江苏省宿迁市，浙江省台州市，安徽省合肥市，福建省福州市，江西省南昌县，山东省烟台市，河南省濮阳市，湖北省潜江市，湖南省益阳市，广东省佛山市，广西壮族自治区凭祥市，海南省澄迈县，四川省绵竹市，甘肃省玉门市，宁夏回族自治区银川市金凤区，新疆生产建设兵团第一师阿拉尔市。

2022年对上述地方优先选择为企业登记注册便利化改革、企业年度报告制度改革、企业信用监管、智慧监管、重点领域监管、公平竞争审查等试点地区，优先授予外商投资企业登记注册权限，优先支持创建网络市场监管与服务示范区，优先支持建设公益广告创新研究基地。（市场监管总局组织实施）

十五、耕地保护工作突出、土地节约集约利用成效好、闲置土地比例低且用地需求量大的地方

河北省石家庄市鹿泉区、栾城区，江苏省靖江市、泗阳县，安徽省芜湖市弋江区、马鞍山市博望区，江西省瑞昌市、横峰县，山东省禹城市、高唐县，湖南省宜章县、江永县，广东省深圳市光明区、肇庆市鼎湖区，陕西省铜川市，甘肃省酒泉市，青海省海南藏族自治州。

2022年对上述地方给予每个市（州）2000亩、每个县（市、区）1000亩用地计划指标支持，在安排全国土地利用计划时单独列出。（自然资源部组织实施）

十六、高标准农田建设投入力度大、任务完成质量高、建后管护效果好的地方

江苏省，江西省，山东省，湖北省，湖南省。

2022年对上述地方在分配中央财政资金时通过定额补助予以倾斜支持（原则上不低于上年激励力度），用于高标准农田建设。（农业农村部、财政部

组织实施)

十七、促进乡村产业振兴、改善农村人居环境等乡村振兴重点工作成效明显的地方

北京市平谷区,天津市宝坻区,河北省正定县,江苏省苏州市,浙江省湖州市,安徽省金寨县,江西省信丰县,山东省诸城市,河南省西峡县,湖北省潜江市,湖南省津市市,广西壮族自治区百色市,海南省琼海市,重庆市荣昌区,四川省达州市,陕西省延安市,甘肃省张掖市,青海省互助土族自治县,宁夏回族自治区吴忠市红寺堡区,新疆维吾尔自治区阿克苏市。

2022 年对上述地方在分配中央财政衔接推进乡村振兴补助资金时,给予每个市 5000 万元、每个县(市、区)2000 万元支持,主要用于乡村产业发展、农村人居环境整治提升领域相关建设。(农业农村部、国家乡村振兴局、财政部组织实施)

十八、易地扶贫搬迁后续扶持工作成效明显的地方

河北省张家口市,山西省忻州市,江西省赣州市,湖北省十堰市,湖南省怀化市,四川省凉山彝族自治州,贵州省黔西南布依族苗族自治州,云南省昭通市,陕西省安康市,甘肃省武威市。

2022 年对上述地方进一步加大后续扶持政策支持力度,在安排以工代赈资金时予以倾斜支持。(国家发展改革委组织实施)

十九、城镇老旧小区改造、棚户区改造、发展保障性租赁住房成效明显的地方

河北省石家庄市,浙江省杭州市,江西省赣州市,山东省济南市,湖北省武汉市,广东省深圳市,重庆市渝中区,四川省成都市,陕西省西安市。

2022 年对上述地方所属省份在安排保障性安居工程中央预算内投资和中央财政城镇保障性安居工程补助资金时予以适当倾斜支持,由相关省份在安排中央预算内投资和中央财政补助资金时分别对上述地方给予激励支持。(住房城乡建设部、国家发展改革委、财政部组织实施)

二十、老工业基地调整改造力度大,支持传统产业改造、推进产业转型升级等工作成效突出的地方

北京市石景山区,山西省长治市,辽宁省沈阳市,安徽省芜湖市,江西省萍乡市,山东省淄博市,河南省鹤壁市,湖北省襄阳市,湖南省邵阳市,重庆市大渡口区。

2022 年对上述地方优先支持在老工业基地振兴有关重大改革和重大政策方面先行先试,优先支持建设国家创新型产业集群和新型工业化产业示范基地,在安排产业转型升级示范区和重点园区建设中央预算内投资时各激励

2500 万元。(国家发展改革委组织实施)

二十一、文化产业和旅游产业发展势头良好、文化和旅游企业服务体系建设完善、消费质量水平高的地方

北京市朝阳区,江苏省南京市,浙江省宁波市,江西省景德镇市,山东省青岛市,湖北省武汉市,湖南省长沙市,广东省深圳市,重庆市渝中区,四川省成都市。

从 2022 年起两年内,对上述地方在创建国家文化和旅游消费示范城市、国家级文化产业示范园区(基地)、国家级夜间文化和旅游消费集聚区时予以倾斜支持,择优确定为国家文化与金融合作示范区、国家对外文化贸易基地。(文化和旅游部组织实施)

二十二、生态文明体制改革、制度创新、模式探索等方面成效显著的地方

辽宁省大连市,上海市崇明区,江苏省南通市,浙江省湖州市,福建省南平市,江西省赣州市,山东省东营市,重庆市渝北区,四川省自贡市。

2022 年对上述地方在国家层面宣传推广改革经验做法;对其在既有资金渠道范围内的相关项目,中央预算内投资予以适当支持。(国家发展改革委组织实施)

二十三、环境治理工程项目推进快,重点区域大气、重点流域水环境质量改善明显的地方

河北省衡水市,山西省长治市,黑龙江省齐齐哈尔市,安徽省马鞍山市,山东省潍坊市,广西壮族自治区桂林市,海南省三亚市,四川省甘孜藏族自治州,甘肃省嘉峪关市。

2022 年对上述地方在安排中央财政大气、水污染防治资金时予以适当激励。(生态环境部、财政部组织实施)

二十四、河长制湖长制工作推进力度大、成效明显,全面推行林长制工作成效明显的地方

河长制湖长制:北京市延庆区,河北省滦平县,辽宁省桓仁满族自治县,黑龙江省哈尔滨市道外区,江苏省淮安市,浙江省丽水市,安徽省蚌埠市,福建省福州市,江西省宜春市,山东省威海市,湖南省临湘市,广东省东莞市,重庆市璧山区,四川省遂宁市安居区,西藏自治区朗县;林长制:辽宁省桓仁满族自治县,安徽省宣城市,福建省南平市,江西省上饶市,湖北省十堰市,湖南省浏阳市,重庆市云阳县,新疆维吾尔自治区温宿县。

2022 年对河长制湖长制工作推进力度大、成效明显的地方,在安排中央财政水利发展资金时适当倾斜,给予每个市 2000 万元、每个县(市、区)1000 万元激励,用于河长制湖长制及河湖管理保护工作;对全面推行林长制工作成效明显的地方，在安排中央财政林业改革发展资金时，给予每个市2000万元、每个县(市)1000万元激励。(水利部、财政部、国家林草局组织实施)

二十五、改善职业教育办学条件、创新校企合作办学机制、推进职业教育改革等方面成效明显的地方

天津市，辽宁省，安徽省，山东省，湖南省。

2022年对上述地方在职业教育改革试点、中国特色高水平高职学校和专业建设、现代职业教育质量提升计划资金等方面予以倾斜支持。(教育部组织实施)

二十六、深化医药卫生体制改革成效明显的地方

河北省唐山市，上海市崇明区，浙江省台州市，安徽省池州市，福建省三明市，江西省赣州市，山东省济宁市，河南省周口市，广东省深圳市，四川省成都市。

2022年对上述地方在安排中央财政医疗服务与保障能力提升补助资金时，按照每个地方1000万元的标准予以激励支持。(国家卫生健康委、财政部组织实施)

二十七、优化医保领域便民服务、推进医保经办管理服务体系建设、提升医保规范化管理水平等方面成效明显的地方

北京市，上海市，江西省，山东省，四川省。

2022年对上述地方在安排中央财政医疗服务与保障能力提升补助资金时，按照每个地方2000万元的标准予以激励支持。(国家医保局、财政部组织实施)

二十八、养老兜底保障、发展普惠型养老服务、完善社区居家养老服务网络等工作成效明显的地方

江苏省南京市，安徽省合肥市，福建省福州市，山东省青岛市，河南省驻马店市，湖北省武汉市，广东省广州市，广西壮族自治区南宁市，重庆市九龙坡区，陕西省西安市。

2022年对上述地方在国家层面宣传推广经验做法；在中央预算内投资下达积极应对人口老龄化工程和托育建设专项资金时，按照每个地方5000万元的额度予以安排。(国家发展改革委、财政部、民政部组织实施)

二十九、落实就业优先政策、推动就业扩容提质、促进重点群体就业创业等任务完成好的地方

山东省，湖北省，湖南省，广东省，新疆维吾尔自治区。

2022年对上述地方在分配中央财政就业补助资金时予以适当激励。(财政部、人力资源社会保障部组织实施)

三十、高度重视重大决策部署督查落实工作，在创新优化督查落实方式方法、推动地区经济社会发展等方面成效明显的地方

北京市朝阳区，天津市滨海新区，河北省阜平县，山西省长治市屯留区，内蒙古自治区突泉县，辽宁省沈阳市浑南区，吉林省梅河口市，黑龙江省齐齐哈尔市龙沙区，上海市松江区，江苏省南京市建邺区，浙江省绍兴市柯桥区，安徽省金寨县，福建省厦门市海沧区，江西省井冈山市，山东省济南市历下区，河南省驻马店市，湖北省枣阳市，湖南省浏阳市，广东省佛山市顺德区，广西壮族自治区南宁市青秀区，海南省琼中黎族苗族自治县，重庆市渝北区，四川省成都市青白江区，贵州省福泉市，云南省蒙自市，西藏自治区拉萨市城关区，陕西省凤县，甘肃省瓜州县，青海省海东市，宁夏回族自治区吴忠市红寺堡区，新疆维吾尔自治区博乐市，新疆生产建设兵团第三师图木舒克市。

2022 年对上述地方在国务院办公厅组织开展的国务院大督查及专项督查中予以“免督查”。（国务院办公厅组织实施）

国务院关于印发广州南沙深化面向世界的粤港澳全面合作总体方案的通知

（2022 年 6 月 6 日　国发〔2022〕13 号）

现将《广州南沙深化面向世界的粤港澳全面合作总体方案》印发给你们，请认真遵照执行。

广州南沙深化面向世界的粤港澳全面合作总体方案

加快广州南沙粤港澳重大合作平台建设，是贯彻落实《粤港澳大湾区发展规划纲要》的战略部署，是建设高水平对外开放门户、推动创新发展、打造优质生活圈的重要举措。为加快推动广州南沙深化粤港澳全面合作，打造成为立足湾区、协同港澳、面向世界的重大战略性平台，在粤港澳大湾区建设中更好发挥引领带动作用，制定本方案。

一、总体要求

（一）指导思想。以习近平新时代中国特色社会主义思想为指导，全面贯彻落实党的十九大和十九届历次全会精神，坚持稳中求进工作总基调，完整、准确、全面贯彻新发展理念，加快构建新发展格局，全面深化改革开放，坚持创新驱动发展，推动高质量发展，坚持以供给侧结构性改革为主线，坚定不移贯彻“一国两制”方针，深化粤港澳互利共赢合作，厚植历史文化底蕴，加快建设科技创新产业合作基地、青年创业就业合作平台、高水平对外开放门户、规则衔接机制对接高地和高质量城市发展标杆，将南沙打造成为香港、澳门更好融入国家发展大局的重要载体和有力支撑。

（二）空间布局。本方案实施范围为广州市南沙区全域，总面积约803平方公里。按照以点带面、循序渐进的建设时序，以中国（广东）自由贸易试验区南沙片区的南沙湾、庆盛枢纽、南沙枢纽3个区块作为先行启动区，总面积约23平方公里。充分发挥上述区域依托交通枢纽快捷通达香港的优势，加快形成连片开发态势和集聚发展效应，有力带动南沙全域发展，逐步构建“枢纽带动、多点支撑、整体协同”的发展态势。

（三）发展目标。

到2025年，南沙粤港澳联合科技创新体制机制更加完善，产业合作不断深化，区域创新和产业转化体系初步构建；青年创业就业合作水平进一步提升，教育、医疗等优质公共资源加速集聚，成为港澳青年安居乐业的新家园；市场化法治化国际化营商环境基本形成，携手参与“一带一路”建设取得明显成效；绿色智慧节能低碳的园区建设运营模式基本确立，先行启动区建设取得重大进展。

到2035年，南沙区域创新和产业转化体系更趋成熟，国际科技成果转移转化能力明显提升；生产生活环境日臻完善，公共服务达到世界先进水平，区域内港澳居民数量显著提升；国际一流的营商环境进一步完善，在粤港澳大湾区参与国际合作竞争中发挥引领作用，携手港澳建成高水平对外开放门户，成为粤港澳全面合作的重要平台。

二、建设科技创新产业合作基地

（四）强化粤港澳科技联合创新。推动粤港澳科研机构联合组织实施一批科技创新项目，共同开展关键核心技术攻关，强化基础研究、应用研发及产业化的联动发展，完善知识产权信息公共服务。创新科技合作机制，落实好支持科技创新进口税收政策，鼓励相关科研设备进口，允许港澳科研机构因科研、测试、认证检查所需的产品和样品免于办理强制性产品认证。加强华南（广州）技术转移中心、香港科技大学科创成果内地转移转化总部基地等项目建设，积极承接香港电子工程、计算机科学、海洋科学、人工智能和智慧城市等领域创新成果转移转化，建设华南科技成果转移转化高地。开展赋予科研人员职务科技成果所有权或长期使用权试点。推动金融与科技、产业深度融合，探索创新科技金融服务新业务新模式，为在南沙的港澳科研机构和创新载体提供更多资金支持。支持符合条件的香港私募基金参与在南沙的港资创新型科技企业融资。

（五）打造重大科技创新平台。高水平建设南沙科学城，布局前沿交叉研究平台，建设世界一流研究型大学和研究机构，增强原始创新能力。加快中科院明珠科学园建设，整合中科院在广州研究所、全国重点实验室等科技创新资源，打造具有竞争力的中试和应用推广基地。推动海洋科技力量集聚，加快与中科院、香港科技大学共建南方海洋科学与工程广东省实验室（广州），加快冷泉生态系统观测与模拟大科学装置、广州海洋地质调查局深海科技创新中心、南海生态环境创新工程研究院、新一代潜航器项目等重大创新平台建设，打造我国南方海洋科技创新中心。健全科技成果交易平台，完善科技成果公开交易体系。

（六）培育发展高新技术产业。发展智能制造，加快建设一批智能制造平台，打造“智能制造+智能服务”产业链。加快建设智能网联汽车产业园，推进智能纯电动汽车研发和产业化，加强智能网联汽车测试示范，打造智能网联汽车产业链和智慧交通产业集群。推进专业化机器人创新中心建设，大力发展工业机器人和服务机器人，推进无人机、无人艇等无人系统产业发展。发展数字产业，加快下一代互联网国家工程中心粤港澳大湾区创新中心建设，推进互联网协议第六版（IPv6）行业应用示范、下一代互联网算力服务等业务发展。发挥国家物联网公共标识管理服务平台作用，促进物联网、云计算等新兴产业集聚发展。加快建设南沙（粤港澳）数据服务试验区，建设国际光缆登陆站。建设好国家科技兴海产业示范基地，推动可燃冰、海洋生物资源综合开发技术研发和应用，推动海洋能发电装备、先进储能技术等能源技术产业化。对南沙有关高新技术重点行业企业进一步延长亏损结转年限。对先行启动区鼓励类产业企业减按15%税率征收企业所得税，并按程序制定优惠产业目录。

（七）推动国际化高端人才集聚。创新人才政策体系，实施面向港澳人才的特殊支持措施，在人才引进、股权激励、技术入股、职称评价、职业资格认可、子女教育、商业医疗保险等方面率先取得突破。对在南沙工作的港澳居民，免征其个人所得税税负超过港澳税负的部分。支持南沙实行更大力度的国际高端人才引进政策，对国际高端人才给予入境、停居留便利。实施产学研合作培养创新人才模式，加快博士后科研流动站、科研工作站以及博士后创新实践基地等载体建设，鼓励国际高端人才进入南沙。大力发展国际化人力资源服务，搭建国际人才数据库，建设好人力资源服务产业园区，允许符合条件的取得内地永久居留资格的国际人才创办科技型企业、担任科研机构法人代表。

三、创建青年创业就业合作平台

（八）协同推进青年创新创业。深入推进大众创业、万众创新，聚众智汇众力，更大激发市场活力。进一步优化提升粤港澳（国际）青年创新工场、“创汇谷”粤港澳青年文创社区等平台环境，拓展服务内容。鼓励现有各类创业孵化基地、众创空间等开辟拓展专门面向港澳青年的创新创业空间。营造更优双创发展生态，整合创业导师团队、专业化服务机构、创业投融资机构等各类创业资源，加强创新创业政策协同，构建全链条创业服务体系和全方位多层次政策支撑体系，打造集经营办公、生活居住、文化娱乐于一体的综合性创客社区。支持符合条件的一站式创新创业平台按规定享受科技企业孵化器税收优惠政策。符合条件的港澳居民到南沙创业的，纳入当地创业补贴扶持范围，可同等享受创业担保贷款和贴息等当地扶持政策。获得香港特别行政区政府“青年发展基金”、“创意智优计划”资助的创业团队，以及获得澳门特别行政区政府“青年创业援助计划”资助的创业团队，直接享受南沙创业扶持政策。大力开展“创业导师”、“创业大赛”、“创业培训”等创新创业赛事和培训活动，发掘创业典型案例，加大对南沙创业投资政策环境的宣传力度，营造优质创新创业生态圈。

（九）提升实习就业保障水平。深入实施港澳青年“百企千人”实习计划，落地一批青年专业人才合作项目。支持香港特别行政区政府扩大“内地专题实习计划”，提供更多有吸引力的专题实习岗位。支持香港特别行政区政府实施“大湾区青年就业计划”，为在南沙就业的香港大学生提供津贴。探索推动南沙事业单位、法定机构、国有企业引进符合条件的港澳青年人才。建设公共就业综合服务平台，进一步完善有利于港澳居民特别是内地学校毕业的港澳学生在南沙就业生活的政策措施，维护港澳居民在内地就业权益。加强就业配套服务保障，在住宿公寓、通勤、子女入托入学等方面提供便利条件，帮助港澳居民解决到南沙工作的后顾之忧。

（十）加强青少年人文交流。在南沙规划建设粤港澳青少年交流活动总部基地，创新开展粤港澳青少年人文交流活动，积极开展青少年研学旅游合作，打造“自贸初体验”、“职场直通车”、“文体对对碰”等品牌特色项目。定期举办粤港澳青年人才交流会、青年职业训练营、青年创新创业分享会等交流活动。携手港澳联合举办多种形式的文化艺术活动，引导粤港澳三地青少年积极参与重大文化遗产保护,不断增强认同感和凝聚力。

四、共建高水平对外开放门户

(十一)建设中国企业“走出去”综合服务基地。依托广州特别是南沙产业和市场基础,携手港澳不断深化对外经贸合作。发挥外国驻穗领事馆集聚优势,深入对接“一带一路”沿线国家和地区发展需要,整合珠三角优势产能、国际经贸服务机构等“走出去”资源,加强与香港专业服务机构合作,共同构建线上线下一体化的国际投融资综合服务体系,提供信息共享、项目对接、标准兼容、检测认证、金融服务、争议解决等一站式服务。集聚发展香港专业服务业,在做好相关监管的基础上,研究进一步降低香港专业服务业在内地提供服务的准入门槛。完善内地与港澳律师事务所合伙联营机制。推动建设粤港澳大湾区印刷业对外开放连接平台。

(十二)增强国际航运物流枢纽功能。按照功能互补、错位发展的原则,充分发挥香港国际航运中心作用及海事专业服务优势,推动粤港澳大湾区内航运服务资源跨境跨区域整合,提升大湾区港口群总体服务能级,重点在航运物流、水水中转、铁水联运、航运金融、海事服务、邮轮游艇等领域深化合作。加快广州港南沙港区四期自动化码头建设,充分利用园区已有铁路,进一步提高港铁联运能力。支持广州航运交易所拓展航运交易等服务功能,支持粤港澳三地在南沙携手共建大湾区航运联合交易中心。加快发展船舶管理、检验检测、海员培训、海事纠纷解决等海事服务,打造国际海事服务产业集聚区。遵循区域协调、互惠共赢原则,依托广州南沙综合保税区,建立粤港澳大湾区大宗原料、消费品、食品、艺术品等商品供应链管理平台,建设工程塑料、粮食、红酒展示交易中心,设立期货交割仓。

(十三)加强国际经济合作。全面加强和深化与日韩、东盟国家经贸合作,支持南沙高质量实施《区域全面经济伙伴关系协定》(RCEP),率先积累经验。对标《全面与进步跨太平洋伙伴关系协定》(CPTPP)、《数字经济伙伴关系协定》(DEPA)等国际高水平自贸协定规则,加大压力测试力度。加强与欧盟和北美发达经济体的合作,推动在金融、科技创新等领域对接,进一步融入区域和世界经济,打造成为国际经济合作前沿地。

(十四)构建国际交往新平台。鼓励引导港澳商会协会在南沙设立代表处。支持港澳全面参与和助力“一带一路”建设,促进与“一带一路”沿线国家和地区以及全球主要自贸区、自贸港区和商会协会建立务实交流合作,探索举办“一带一路”相关主题展会,构筑粤港澳大湾区对接“一带一路”建设的国际经济合作新平台。办好国际金融论坛(IFF)全球年会等国际性主题活动,积极承办国际重要论坛、大型文体赛事等对外交流活动。

五、打造规则衔接机制对接高地

（十五）打造国际一流营商环境。深化“放管服”改革，持续打造市场化法治化国际化营商环境。探索试行商事登记确认制，开展市场准入和监管体制机制改革试点，加快建立健全全方位、多层次、立体化监管体系，实现事前事中事后全链条全领域监管，依托国家企业信用信息公示系统，实现涉企信用信息互联互通、共享应用，创新推进部门联合“双随机、一公开”监管、企业信用风险分类管理。加快建设“数字政府”，完善“互联网+”审批体系，推进政务服务“即刻办+零跑动”。健全多元化纠纷解决机制，搭建一站式民商事纠纷解决系统平台，促进诉讼与仲裁、调解等多元化纠纷解决方式信息互通、有机衔接。

（十六）有序推进金融市场互联互通。支持符合条件的港澳投资者依法申请设立证券公司、期货公司、基金公司等持牌金融机构。积极支持南沙参与粤港澳大湾区保险服务中心设立。支持南沙在跨境机动车保险、跨境商业医疗保险等方面先行先试，促进粤港澳三地保险市场融合发展。支持开展移动支付创新应用。加快研究按程序在南沙设立粤港澳大湾区国际商业银行。支持推进外汇管理改革，探索开展合格境内有限合伙人（QDLP）境外投资等政策试点，支持粤港澳三地机构合作设立人民币海外投贷基金。加强金融监管合作，提升风险监测、预警、处置能力。

（十七）提升公共服务和社会管理相互衔接水平。推动粤港澳三地加强社会保障衔接，推进在南沙工作和生活的港澳居民享有市民待遇，提高港澳居民社会保障措施的跨境可携性。配合香港特别行政区政府建立医疗机构“白名单”制度，扩大香港“长者医疗券”使用范围，推动将“白名单”内的南沙医疗机构纳入香港医疗费用异地结算单位，并逐步将支付范围从门诊扩大到住院。组织制定与国际接轨的医院评审认证标准，在南沙开展国际医院评审认证，便利国际保险偿付。建立健全与港澳之间食品原产地可追溯制度，建立食品安全风险交流与信息发布制度，提高大湾区食品安全监管信息化水平。加强与港澳的交通衔接，加快建立南沙枢纽与香港的直接交通联系，进一步优化南沙客运港航班和广深港高铁庆盛站等经停班次，推进实现“一票式”联程和“一卡通”服务。在严格做好疫情防控等前提下，稳妥推进粤港澳游艇自由行，细化完善港澳游艇出入境政策体系、管理机制和操作规范。

六、建立高质量城市发展标杆

（十八）加强城市规划建设领域合作。坚持尊重自然、顺应自然、保护自然的生态文明理念，加强文明传承、文化延续，抓好历史文化保护传承，加强乡土树种、古树名木保护，用“绣花”功夫做好城市精细化治理。引入高水平规划策划设计单位及专家团队参与南沙规划编制、设计研究，探索引入港澳规划、建筑、设计、测量、工程等顾问公司和工程承建商的准入标准。对具有香港协会(学会)资格的香港建筑师、结构工程师、建筑测量师与内地相应协会会员资格互认。强化工程建设领域合作,借鉴港澳在市政建设及服务方面的经验,邀请港澳专家以合作或顾问形式参与建设管理,支持港澳业界参与重大交通设施、市政基础设施、文体设施和连片综合开发建设,允许港澳企业在南沙独资或控股的开发建设项目采用港澳工程建设管理模式,推进建筑师负责制和全过程工程咨询项目试点,允许取得建筑及相关工程咨询等香港相应资质的企业和专业人士经备案后直接提供服务。

(十九)稳步推进智慧城市建设。运用下一代互联网、云计算、智能传感、卫星、地理信息系统(GIS)等技术,加快南沙智慧城市基础设施建设,实现第五代移动通信(5G)全覆盖,提高基础设施管理和服务能力。加快建设交通信息感知设施,建立统一的智能化城市综合交通管理和服务系统,全面提升智能化管理水平。推进建设南沙智能电网、智能气网和智能供排水保障系统。

(二十)稳步推进粤港澳教育合作。在南沙划定专门区域,打造高等教育开放试验田、高水平高校集聚地、大湾区高等教育合作新高地。支持依法合规引进境外一流教育资源到南沙开展高水平合作办学,推进世界一流大学和一流学科建设。深化粤港澳高等教育合作,充分发挥粤港澳高校联盟等作用,鼓励三地高校探索开展相互承认特定课程学分、实施更灵活的交换生安排等方面的合作交流。完善在南沙设立的大学对港澳考生招生机制,参考中山大学、暨南大学自主招生方式,进一步拓宽港澳籍学生入学渠道。鼓励港澳职业教育培训机构与内地院校、企业、机构合作建立职业教育培训学校和实训基地。深入开展姊妹学校(园)交流合作活动。规划建设外籍人员子女学校或国际化程度较高的中小学校,落实港澳居民在内地申请中小学教师资格有关政策,鼓励发展0—3岁托育服务。从就医、购房跨境抵押、资格互认、创业支持等方面优化就业创业配套环境,实现教育、创新、创业联动和就学就业互促,增强对港澳青年学生就学吸引力。

(二十一)便利港澳居民就医养老。积极增加优质资源供给,携手港澳共建国际健康产业,加快国家健康旅游示范基地建设,支持港澳医疗卫生服务提供主体按规定以独资、合资方式设立医疗机构。参照香港大学深圳医院投资运营管理模式,在南沙建设由地方政府全额投资、引进港澳现代化管理模式的大型综合性公办医院。开展非急重病人跨境陆路转运服务,率先在南沙公立医院开展跨境转诊合作试点。加快实施《粤港澳大湾区药品医疗器械监管创新发展工作方案》,允许指定医疗机构使用临床急需、已在港澳上市的药品,以及临床急需、港澳公立医院已采购使用、具有临床应用先进性的医疗器械,由广东省实施审批。支持国家药监局在粤港澳大湾区内地区域加强药品和医疗器械审评检查工作。增强南沙养老机构对港澳老年人吸引力,提高南沙公办养老机构面向非户籍人口的床位比例,试点赋予港澳居民申请资格。支持香港扩大广东院舍住宿照顾服务计划,将南沙符合条件的养老机构纳入其中,香港老年人入住享受与香港本地同等补助。

(二十二)强化生态环境联建联防联治。加强节能环保、清洁生产、资源综合利用、可再生能源等绿色产业发展交流合作,在合作开展珠江口海域海洋环境综合治理、区域大气污染防治等方面建立健全环保协同联动机制。坚持陆海统筹、以海定陆,协同推进陆源污染治理、海域污染治理、生态保护修复和环境风险防范。实施生态保护红线精细化管理,加强生态重要区和敏感区保护。深入推进节能降耗和资源循环利用,加强固体废物污染控制,构建低碳环保园区。打好污染防治攻坚战,全面落实河长制、湖长制,消除黑臭水体,提升河流水质。实施更严格的清洁航运政策,减少船舶污染排放。

七、保障措施

(二十三)全面加强党的领导。坚持和加强党的领导,增强"四个意识"、坚定"四个自信"、做到"两个维护",不断提高政治判断力、政治领悟力、政治执行力,把党的领导始终贯穿南沙建设发展全过程。坚持以党的政治建设为统领,坚持思想建党和制度治党紧密结合,加强党风廉政建设,以一流党建引领南沙发展。加强基层党组织建设,引导基层党组织和广大党员在推动南沙建设中发挥战斗堡垒和先锋模范作用。

(二十四)加强资金、要素等政策支持。2022—2024年,每年安排南沙100亿元新增地方政府债务限额,并统一计入地方政府债务余额。结合地方财力、债务风险情况以及项目融资需求,广东省在分配有关财政资金和新增地方政府债券额度方面对南沙予以倾斜支持。对主要投资港资澳资企业的创业投资基金,在基金注册、营商服务等方面提供便利。探索建立刚性和弹性有效结合的国土空间规划管理机制,严格耕地保护,在严守耕地红线和永久基本农田控制线、生态保护红线和不突破城镇开发边界的前提下,按程序开展土地管理综合改革试点;广东省和广州市要采取用地指标倾斜等方式,合理增加南沙年度用地指标。支持按程序推进解决龙穴岛南部围填海历史遗留问题。

(二十五)创新合作模式。探索采取法定机构或聘任制等方式,积极引进港澳专业人士、国际化人才参与南沙建设和管理。支持港澳积极参与南沙开发建设,优先导入符合本方案产业导向的港澳项目。建立由政府、行业协会商会、智库机构、专家学者等代表共同参与的发展咨询委员会,为南沙建设提供咨询建议。

（二十六）加强组织实施。各有关部门在重大政策实施、重大项目安排、体制机制创新等方面给予指导支持，粤港澳大湾区建设领导小组办公室要加强统筹协调、跟踪服务和督促落实。按照南沙发展新要求，研究修编南沙发展规划。广东省要与港澳加强沟通协调，积极为南沙建设发展创造良好环境，给予大力支持。广州市要落实主体责任，高标准高水平规划、建设和管理，整体谋划、分步实施。要强化底线思维，敬畏历史、敬畏文化、敬畏生态，加强风险防范化解，确保南沙健康有序可持续发展。

国务院关于加强数字政府建设的指导意见

（2022年6月6日　国发〔2022〕14号）

加强数字政府建设是适应新一轮科技革命和产业变革趋势、引领驱动数字经济发展和数字社会建设、营造良好数字生态、加快数字化发展的必然要求，是建设网络强国、数字中国的基础性和先导性工程，是创新政府治理理念和方式、形成数字治理新格局、推进国家治理体系和治理能力现代化的重要举措，对加快转变政府职能，建设法治政府、廉洁政府和服务型政府意义重大。为贯彻落实党中央、国务院关于加强数字政府建设的重大决策部署，现提出以下意见。

一、发展现状和总体要求

（一）发展现状。

党的十八大以来，党中央、国务院从推进国家治理体系和治理能力现代化全局出发，准确把握全球数字化、网络化、智能化发展趋势和特点，围绕实施网络强国战略、大数据战略等作出了一系列重大部署。经过各方面共同努力，各级政府业务信息系统建设和应用成效显著，数据共享和开发利用取得积极进展，一体化政务服务和监管效能大幅提升，“最多跑一次”、“一网通办”、“一网统管”、“一网协同”、“接诉即办”等创新实践不断涌现，数字技术在新冠肺炎疫情防控中发挥重要支撑作用，数字治理成效不断显现，为迈入数字政府建设新阶段打下了坚实基础。但同时，数字政府建设仍存在一些突出问题，主要是顶层设计不足，体制机制不够健全，创新应用能力不强，数据壁垒依然存在，网络安全保障体系还有不少突出短板，干部队伍数字意识和数字素养有待提升，政府治理数字化水平与国家治理现代化要求还存在较大差距。

当前，我国已经开启全面建设社会主义现代化国家的新征程，推进国家治理体系和治理能力现代化、适应人民日益增长的美好生活需要,对数字政府建设提出了新的更高要求。要主动顺应经济社会数字化转型趋势,充分释放数字化发展红利,进一步加大力度,改革突破,创新发展,全面开创数字政府建设新局面。

(二)总体要求。

1. 指导思想。

高举中国特色社会主义伟大旗帜,坚持以习近平新时代中国特色社会主义思想为指导,全面贯彻党的十九大和十九届历次全会精神,深入贯彻习近平总书记关于网络强国的重要思想,认真落实党中央、国务院决策部署,立足新发展阶段,完整、准确、全面贯彻新发展理念,构建新发展格局,将数字技术广泛应用于政府管理服务,推进政府治理流程优化、模式创新和履职能力提升,构建数字化、智能化的政府运行新形态,充分发挥数字政府建设对数字经济、数字社会、数字生态的引领作用,促进经济社会高质量发展,不断增强人民群众获得感、幸福感、安全感,为推进国家治理体系和治理能力现代化提供有力支撑。

2. 基本原则。

坚持党的全面领导。充分发挥党总揽全局、协调各方的领导核心作用,全面贯彻党中央、国务院重大决策部署,将坚持和加强党的全面领导贯穿数字政府建设各领域各环节,贯穿政府数字化改革和制度创新全过程,确保数字政府建设正确方向。

坚持以人民为中心。始终把满足人民对美好生活的向往作为数字政府建设的出发点和落脚点,着力破解企业和群众反映强烈的办事难、办事慢、办事繁问题,坚持数字普惠,消除"数字鸿沟",让数字政府建设成果更多更公平惠及全体人民。

坚持改革引领。围绕经济社会发展迫切需要,着力强化改革思维,注重顶层设计和基层探索有机结合、技术创新和制度创新双轮驱动,以数字化改革助力政府职能转变,促进政府治理各方面改革创新,推动政府治理法治化与数字化深度融合。

坚持数据赋能。建立健全数据治理制度和标准体系,加强数据汇聚融合、共享开放和开发利用,促进数据依法有序流动,充分发挥数据的基础资源作用和创新引擎作用,提高政府决策科学化水平和管理服务效率,催生经济社会发展新动能。

坚持整体协同。强化系统观念,加强系统集成,全面提升数字政府集约化建设水平,统筹推进技术融合、业务融合、数据融合,提升跨层级、跨地域、跨系统、跨部门、跨业务的协同管理和服务水平，做好与相关领域改革和“十四五”规划的有效衔接、统筹推进，促进数字政府建设与数字经济、数字社会协调发展。

坚持安全可控。全面落实总体国家安全观，坚持促进发展和依法管理相统一、安全可控和开放创新并重，严格落实网络安全各项法律法规制度，全面构建制度、管理和技术衔接配套的安全防护体系，切实守住网络安全底线。

3. 主要目标。

到2025年，与政府治理能力现代化相适应的数字政府顶层设计更加完善、统筹协调机制更加健全，政府数字化履职能力、安全保障、制度规则、数据资源、平台支撑等数字政府体系框架基本形成，政府履职数字化、智能化水平显著提升，政府决策科学化、社会治理精准化、公共服务高效化取得重要进展，数字政府建设在服务党和国家重大战略、促进经济社会高质量发展、建设人民满意的服务型政府等方面发挥重要作用。

到2035年，与国家治理体系和治理能力现代化相适应的数字政府体系框架更加成熟完备，整体协同、敏捷高效、智能精准、开放透明、公平普惠的数字政府基本建成，为基本实现社会主义现代化提供有力支撑。

二、构建协同高效的政府数字化履职能力体系

全面推进政府履职和政务运行数字化转型，统筹推进各行业各领域政务应用系统集约建设、互联互通、协同联动，创新行政管理和服务方式，全面提升政府履职效能。

（一）强化经济运行大数据监测分析，提升经济调节能力。

将数字技术广泛应用于宏观调控决策、经济社会发展分析、投资监督管理、财政预算管理、数字经济治理等方面，全面提升政府经济调节数字化水平。加强经济数据整合、汇聚、治理。全面构建经济治理基础数据库，加强对涉及国计民生关键数据的全链条全流程治理和应用，赋能传统产业转型升级和新兴产业高质量发展。运用大数据强化经济监测预警。加强覆盖经济运行全周期的统计监测和综合分析能力，强化经济趋势研判，助力跨周期政策设计，提高逆周期调节能力。提升经济政策精准性和协调性。充分发挥国家规划综合管理信息平台作用，强化经济运行动态感知，促进各领域经济政策有效衔接，持续提升经济调节政策的科学性、预见性和有效性。

（二）大力推行智慧监管，提升市场监管能力。

充分运用数字技术支撑构建新型监管机制，加快建立全方位、多层次、立体化监管体系，实现事前事中事后全链条全领域监管，以有效监管维护公平竞争的市场秩序。以数字化手段提升监管精准化水平。加强监管事项清单数字化管理，运用多源数据为市场主体精准“画像”，强化风险研判与预测预警。加强“双随机、一公开”监管工作平台建设，根据企业信用实施差异化监管。加强重点领域的全主体、全品种、全链条数字化追溯监管。以一体化在线监管提升监管协同化水平。大力推行“互联网+监管”，构建全国一体化在线监管平台，推动监管数据和行政执法信息归集共享和有效利用，强化监管数据治理，推动跨地区、跨部门、跨层级协同监管，提升数字贸易跨境监管能力。以新型监管技术提升监管智能化水平。充分运用非现场、物联感知、掌上移动、穿透式等新型监管手段，弥补监管短板，提升监管效能。强化以网管网，加强平台经济等重点领域监管执法，全面提升对新技术、新产业、新业态、新模式的监管能力。

(三)积极推动数字化治理模式创新，提升社会管理能力。

推动社会治理模式从单向管理转向双向互动、从线下转向线上线下融合，着力提升矛盾纠纷化解、社会治安防控、公共安全保障、基层社会治理等领域数字化治理能力。提升社会矛盾化解能力。坚持和发展新时代“枫桥经验”，提升网上行政复议、网上信访、网上调解、智慧法律援助等水平，促进矛盾纠纷源头预防和排查化解。推进社会治安防控体系智能化。加强“雪亮工程”和公安大数据平台建设，深化数字化手段在国家安全、社会稳定、打击犯罪、治安联动等方面的应用，提高预测预警预防各类风险的能力。推进智慧应急建设。优化完善应急指挥通信网络，全面提升应急监督管理、指挥救援、物资保障、社会动员的数字化、智能化水平。提高基层社会治理精准化水平。实施“互联网+基层治理”行动，构建新型基层管理服务平台，推进智慧社区建设，提升基层智慧治理能力。

(四)持续优化利企便民数字化服务，提升公共服务能力。

持续优化全国一体化政务服务平台功能，全面提升公共服务数字化、智能化水平，不断满足企业和群众多层次多样化服务需求。打造泛在可及的服务体系。充分发挥全国一体化政务服务平台“一网通办”枢纽作用，推动政务服务线上线下标准统一、全面融合、服务同质，构建全时在线、渠道多元、全国通办的一体化政务服务体系。提升智慧便捷的服务能力。推行政务服务事项集成化办理，推广“免申即享”、“民生直达”等服务方式，打造掌上办事服务新模式，提高主动服务、精准服务、协同服务、智慧服务能力。提供优质便利的涉企服务。以数字技术助推深化“证照分离”改革，探索“一业一证”等照后减证和简化审批新途径，推进涉企审批减环节、减材料、减时限、减费用。强化企业全生命周期服务，推动涉企审批一网通办、惠企政策精准推送、政策兑现直达直享。拓展公平普惠的民生服务。探索推进“多卡合一”、“多码合一”，推进基本公共服务数字化应用,积极打造多元参与、功能完备的数字化生活网络,提升普惠性、基础性、兜底性服务能力。围绕老年人、残疾人等特殊群体需求,完善线上线下服务渠道,推进信息无障碍建设,切实解决特殊群体在运用智能技术方面遇到的突出困难。

(五)强化动态感知和立体防控,提升生态环境保护能力。

全面推动生态环境保护数字化转型,提升生态环境承载力、国土空间开发适宜性和资源利用科学性,更好支撑美丽中国建设。提升生态环保协同治理能力。建立一体化生态环境智能感知体系,打造生态环境综合管理信息化平台,强化大气、水、土壤、自然生态、核与辐射、气候变化等数据资源综合开发利用,推进重点流域区域协同治理。提高自然资源利用效率。构建精准感知、智慧管控的协同治理体系,完善自然资源三维立体"一张图"和国土空间基础信息平台,持续提升自然资源开发利用、国土空间规划实施、海洋资源保护利用、水资源管理调配水平。推动绿色低碳转型。加快构建碳排放智能监测和动态核算体系,推动形成集约节约、循环高效、普惠共享的绿色低碳发展新格局,服务保障碳达峰、碳中和目标顺利实现。

(六)加快推进数字机关建设,提升政务运行效能。

提升辅助决策能力。建立健全大数据辅助科学决策机制,统筹推进决策信息资源系统建设,充分汇聚整合多源数据资源,拓展动态监测、统计分析、趋势研判、效果评估、风险防控等应用场景,全面提升政府决策科学化水平。提升行政执行能力。深化数字技术应用,创新行政执行方式,切实提高政府执行力。加快一体化协同办公体系建设,全面提升内部办公、机关事务管理等方面共性办公应用水平,推动机关内部服务事项线上集成化办理,不断提高机关运行效能。提升行政监督水平。以信息化平台固化行政权力事项运行流程,推动行政审批、行政执法、公共资源交易等全流程数字化运行、管理和监督,促进行政权力规范透明运行。优化完善"互联网+督查"机制,形成目标精准、讲求实效、穿透性强的新型督查模式,提升督查效能,保障政令畅通。

(七)推进公开平台智能集约发展,提升政务公开水平。

优化政策信息数字化发布。完善政务公开信息化平台,建设分类分级、集中统一、共享共用、动态更新的政策文件库。加快构建以网上发布为主、其他发布渠道为辅的政策发布新格局。优化政策智能推送服务,变"人找政策"为"政策找人"。顺应数字化发展趋势,完善政府信息公开保密审查制度,严格审查标准,消除安全隐患。发挥政务新媒体优势做好政策传播。积极构建政务新媒体矩阵体系,形成整体联动、同频共振的政策信息传播格局。适应不同类型新媒体平台传播特点,开发多样化政策解读产品。依托政务新媒体做好突发公共事件信息发布和政务舆情回应工作。紧贴群众需求畅通互动渠道。以政府网站集约化平台统一知识问答库为支撑,灵活开展政民互动,以数字化手段感知社会态势,辅助科学决策,及时回应群众关切。

三、构建数字政府全方位安全保障体系

全面强化数字政府安全管理责任,落实安全管理制度,加快关键核心技术攻关,加强关键信息基础设施安全保障,强化安全防护技术应用,切实筑牢数字政府建设安全防线。

(一)强化安全管理责任。

各地区各部门按照职责分工,统筹做好数字政府建设安全和保密工作,落实主体责任和监督责任,构建全方位、多层级、一体化安全防护体系,形成跨地区、跨部门、跨层级的协同联动机制。建立数字政府安全评估、责任落实和重大事件处置机制,加强对参与政府信息化建设、运营企业的规范管理,确保政务系统和数据安全管理边界清晰、职责明确、责任落实。

(二)落实安全制度要求。

建立健全数据分类分级保护、风险评估、检测认证等制度,加强数据全生命周期安全管理和技术防护。加大对涉及国家秘密、工作秘密、商业秘密、个人隐私和个人信息等数据的保护力度,完善相应问责机制,依法加强重要数据出境安全管理。加强关键信息基础设施安全保护和网络安全等级保护,建立健全网络安全、保密监测预警和密码应用安全性评估的机制,定期开展网络安全、保密和密码应用检查,提升数字政府领域关键信息基础设施保护水平。

(三)提升安全保障能力。

建立健全动态监控、主动防御、协同响应的数字政府安全技术保障体系。充分运用主动监测、智能感知、威胁预测等安全技术,强化日常监测、通报预警、应急处置,拓展网络安全态势感知监测范围,加强大规模网络安全事件、网络泄密事件预警和发现能力。

(四)提高自主可控水平。

加强自主创新,加快数字政府建设领域关键核心技术攻关,强化安全可靠技术和产品应用,切实提高自主可控水平。强化关键信息基础设施保护,落实运营者主体责任。开展对新技术新应用的安全评估,建立健全对算法的审核、运用、监督等管理制度和技术措施。

四、构建科学规范的数字政府建设制度规则体系

以数字化改革促进制度创新,保障数字政府建设和运行整体协同、智能高效、平稳有序,实现政府治理方式变革和治理能力提升。

(一)以数字化改革助力政府职能转变。

推动政府履职更加协同高效。充分发挥数字技术创新变革优势，优化业务流程，创新协同方式，推动政府履职效能持续优化。坚持以优化政府职责体系引领政府数字化转型，以数字政府建设支撑加快转变政府职能，推进体制机制改革与数字技术应用深度融合，推动政府运行更加协同高效。健全完善与数字化发展相适应的政府职责体系，强化数字经济、数字社会、数字和网络空间等治理能力。助力优化营商环境。加快建设全国行政许可管理等信息系统，实现行政许可规范管理和高效办理，推动各类行政权力事项网上运行、动态管理。强化审管协同，打通审批和监管业务信息系统，形成事前事中事后一体化监管能力。充分发挥全国一体化政务服务平台作用，促进政务服务标准化、规范化、便利化水平持续提升。

（二）创新数字政府建设管理机制。

明确运用新技术进行行政管理的制度规则，推进政府部门规范有序运用新技术手段赋能管理服务。推动技术部门参与业务运行全过程，鼓励和规范政产学研用等多方力量参与数字政府建设。健全完善政务信息化建设管理会商机制，推进建设管理模式创新，鼓励有条件的地方探索建立综合论证、联合审批、绿色通道等项目建设管理新模式。做好数字政府建设经费保障，统筹利用现有资金渠道，建立多渠道投入的资金保障机制。推动数字普惠，加大对欠发达地区数字政府建设的支持力度，加强对农村地区资金、技术、人才等方面的支持，扩大数字基础设施覆盖范围，优化数字公共产品供给，加快消除区域间"数字鸿沟"。依法加强审计监督，强化项目绩效评估，避免分散建设、重复建设，切实提高数字政府建设成效。

（三）完善法律法规制度。

推动形成国家法律和党内法规相辅相成的格局，全面建设数字法治政府，依法依规推进技术应用、流程优化和制度创新，消除技术歧视，保障个人隐私，维护市场主体和人民群众利益。持续抓好现行法律法规贯彻落实，细化完善配套措施，确保相关规定落到实处、取得实效。推动及时修订和清理现行法律法规中与数字政府建设不相适应的条款，将经过实践检验行之有效的做法及时上升为制度规范，加快完善与数字政府建设相适应的法律法规框架体系。

（四）健全标准规范。

推进数据开发利用、系统整合共享、共性办公应用、关键政务应用等标准制定，持续完善已有关键标准，推动构建多维标准规范体系。加大数字政府标准推广执行力度，建立评估验证机制，提升应用水平，以标准化促进数字政府建设规范化。研究设立全国数字政府标准化技术组织，统筹推进数字政府标准化工作。

（五）开展试点示范。

坚持加强党的领导和尊重人民首创精神相结合，坚持全面部署和试点带动相促进。立足服务党和国家工作大局，聚焦基础性和具有重大牵引作用的改革举措，探索开展综合性改革试点，为国家战略实施创造良好条件。围绕重点领域、关键环节、共性需求等有序开展试点示范，鼓励各地区各部门开展应用创新、服务创新和模式创新，实现"国家统筹、一地创新、各地复用"。科学把握时序、节奏和步骤，推动创新试点工作总体可控、走深走实。

五、构建开放共享的数据资源体系

加快推进全国一体化政务大数据体系建设，加强数据治理，依法依规促进数据高效共享和有序开发利用，充分释放数据要素价值，确保各类数据和个人信息安全。

（一）创新数据管理机制。

强化政府部门数据管理职责，明确数据归集、共享、开放、应用、安全、存储、归档等责任，形成推动数据开放共享的高效运行机制。优化完善各类基础数据库、业务资源数据库和相关专题库，加快构建标准统一、布局合理、管理协同、安全可靠的全国一体化政务大数据体系。加强对政务数据、公共数据和社会数据的统筹管理，全面提升数据共享服务、资源汇聚、安全保障等一体化水平。加强数据治理和全生命周期质量管理，确保政务数据真实、准确、完整。建立健全数据质量管理机制，完善数据治理标准规范，制定数据分类分级标准，提升数据治理水平和管理能力。

（二）深化数据高效共享。

充分发挥政务数据共享协调机制作用，提升数据共享统筹协调力度和服务管理水平。建立全国标准统一、动态管理的政务数据目录，实行"一数一源一标准"，实现数据资源清单化管理。充分发挥全国一体化政务服务平台的数据共享枢纽作用，持续提升国家数据共享交换平台支撑保障能力，实现政府信息系统与党委、人大、政协、法院、检察院等信息系统互联互通和数据按需共享。有序推进国务院部门垂直管理业务系统与地方数据平台、业务系统数据双向共享。以应用场景为牵引，建立健全政务数据供需对接机制，推动数据精准高效共享，大力提升数据共享的实效性。

（三）促进数据有序开发利用。

编制公共数据开放目录及相关责任清单，构建统一规范、互联互通、安全可控的国家公共数据开放平台，分类分级开放公共数据，有序推动公共数据资源开发利用，提升各行业各领域运用公共数据推动经济社会发展的能力。推进社会数据“统采共用”,实现数据跨地区、跨部门、跨层级共享共用,提升数据资源使用效益。推进公共数据、社会数据融合应用,促进数据流通利用。

六、构建智能集约的平台支撑体系

强化安全可信的信息技术应用创新,充分利用现有政务信息平台,整合构建结构合理、智能集约的平台支撑体系,适度超前布局相关新型基础设施,全面夯实数字政府建设根基。

(一)强化政务云平台支撑能力。

依托全国一体化政务大数据体系,统筹整合现有政务云资源,构建全国一体化政务云平台体系,实现政务云资源统筹建设、互联互通、集约共享。国务院各部门政务云纳入全国一体化政务云平台体系统筹管理。各地区按照省级统筹原则开展政务云建设,集约提供政务云服务。探索建立政务云资源统一调度机制,加强一体化政务云平台资源管理和调度。

(二)提升网络平台支撑能力。

强化电子政务网络统筹建设管理,促进高效共建共享,降低建设运维成本。推动骨干网扩容升级,扩大互联网出口带宽,提升网络支撑能力。提高电子政务外网移动接入能力,强化电子政务外网服务功能,并不断向乡镇基层延伸,在安全可控的前提下按需向企事业单位拓展。统筹建立安全高效的跨网数据传输机制,有序推进非涉密业务专网向电子政务外网整合迁移,各地区各部门原则上不再新建业务专网。

(三)加强重点共性应用支撑能力。

推进数字化共性应用集约建设。依托身份认证国家基础设施、国家人口基础信息库、国家法人单位信息资源库等认证资源,加快完善线上线下一体化统一身份认证体系。持续完善电子证照共享服务体系,推动电子证照扩大应用领域和全国互通互认。完善电子印章制发、管理和使用规范,健全全国统一的电子印章服务体系。深化电子文件资源开发利用,建设数字档案资源体系,提升电子文件(档案)管理和应用水平。发挥全国统一的财政电子票据政务服务平台作用,实现全国财政电子票据一站式查验,推动财政电子票据跨省报销。开展各级非税收入收缴相关平台建设,推动非税收入收缴电子化全覆盖。完善信用信息公共服务平台功能,提升信息查询和智能分析能力。推进地理信息协同共享,提升公共服务能力,更好发挥地理信息的基础性支撑作用。

七、以数字政府建设全面引领驱动数字化发展

围绕加快数字化发展、建设数字中国重大战略部署,持续增强数字政府效能,更好激发数字经济活力,优化数字社会环境,营造良好数字生态。

（一）助推数字经济发展。

以数字政府建设为牵引，拓展经济发展新空间，培育经济发展新动能，提高数字经济治理体系和治理能力现代化水平。准确把握行业和企业发展需求，打造主动式、多层次创新服务场景，精准匹配公共服务资源，提升社会服务数字化普惠水平，更好满足数字经济发展需要。完善数字经济治理体系，探索建立与数字经济持续健康发展相适应的治理方式，创新基于新技术手段的监管模式，把监管和治理贯穿创新、生产、经营、投资全过程。壮大数据服务产业，推动数字技术在数据汇聚、流通、交易中的应用，进一步释放数据红利。

（二）引领数字社会建设。

推动数字技术和传统公共服务融合，着力普及数字设施、优化数字资源供给，推动数字化服务普惠应用。推进智慧城市建设，推动城市公共基础设施数字转型、智能升级、融合创新，构建城市数据资源体系，加快推进城市运行"一网统管"，探索城市信息模型、数字孪生等新技术运用，提升城市治理科学化、精细化、智能化水平。推进数字乡村建设，以数字化支撑现代乡村治理体系，加快补齐乡村信息基础设施短板，构建农业农村大数据体系，不断提高面向农业农村的综合信息服务水平。

（三）营造良好数字生态。

建立健全数据要素市场规则，完善数据要素治理体系，加快建立数据资源产权等制度，强化数据资源全生命周期安全保护，推动数据跨境安全有序流动。完善数据产权交易机制，规范培育数据交易市场主体。规范数字经济发展，健全市场准入制度、公平竞争审查制度、公平竞争监管制度，营造规范有序的政策环境。不断夯实数字政府网络安全基础，加强对关键信息基础设施、重要数据的安全保护，提升全社会网络安全水平，为数字化发展营造安全可靠环境。积极参与数字化发展国际规则制定，促进跨境信息共享和数字技术合作。

八、加强党对数字政府建设工作的领导

以习近平总书记关于网络强国的重要思想为引领，始终把党的全面领导作为加强数字政府建设、提高政府管理服务能力、推进国家治理体系和治理能力现代化的根本保证，坚持正确政治方向，把党的政治优势、组织优势转化为数字政府建设的强大动力和坚强保障，确保数字政府建设重大决策部署贯彻落实。

（一）加强组织领导。

加强党中央对数字政府建设工作的集中统一领导。各级党委要切实履行领导责任，及时研究解决影响数字政府建设重大问题。各级政府要在党委统一领导下，履行数字政府建设主体责任，谋划落实好数字政府建设各项任务，主动向党委报告数字政府建设推进中的重大问题。各级政府及有关职能部门要履职尽责,将数字政府建设工作纳入重要议事日程,结合实际抓好组织实施。

(二)健全推进机制。

成立数字政府建设工作领导小组,统筹指导协调数字政府建设,由国务院领导同志任组长,办公室设在国务院办公厅,具体负责组织推进落实。各地区各部门要建立健全数字政府建设领导协调机制,强化统筹规划,明确职责分工,抓好督促落实,保障数字政府建设有序推进。发挥我国社会主义制度集中力量办大事的政治优势,建立健全全国一盘棋的统筹推进机制,最大程度凝聚发展合力,更好服务党和国家重大战略,更好服务经济社会发展大局。

(三)提升数字素养。

着眼推动建设学习型政党、学习大国,搭建数字化终身学习教育平台,构建全民数字素养和技能培育体系。把提高领导干部数字治理能力作为各级党校(行政学院)的重要教学培训内容,持续提升干部队伍数字思维、数字技能和数字素养,创新数字政府建设人才引进培养使用机制,建设一支讲政治、懂业务、精技术的复合型干部队伍。深入研究数字政府建设中的全局性、战略性、前瞻性问题,推进实践基础上的理论创新。成立数字政府建设专家委员会,引导高校和科研机构设置数字政府相关专业,加快形成系统完备的数字政府建设理论体系。

(四)强化考核评估。

在各级党委领导下,建立常态化考核机制,将数字政府建设工作作为政府绩效考核的重要内容,考核结果作为领导班子和有关领导干部综合考核评价的重要参考。建立完善数字政府建设评估指标体系,树立正确评估导向,重点分析和考核统筹管理、项目建设、数据共享开放、安全保障、应用成效等方面情况,确保评价结果的科学性和客观性。加强跟踪分析和督促指导,重大事项及时向党中央、国务院请示报告,促进数字政府建设持续健康发展。

国务院部门规章

正常类飞机适航规定

（2022年5月6日交通运输部令2022年第16号公布　自2022年8月1日起施行　国司备字[2022006380]）

目　　录

A章　总　　则

第23.2000条　适用范围及定义

第23.2005条　正常类飞机审定

第23.2010条　可接受的符合性方法

B章　飞　　行

第一节　性　　能

第23.2100条　重量和重心

第23.2105条　性能数据

第23.2110条　失速速度

第23.2115条　起飞性能

第23.2120条　爬升要求

第23.2125条　爬升性能数据

第23.2130条　着　　陆

第二节　飞行特性

第23.2135条　操纵性

第23.2140条　配　　平

第23.2145条　稳定性

第23.2150条　失速特性、失速警告和尾旋

第23.2155条　地面和水上操纵特性

第23.2160条　振动、抖振和高速特性

第23.2165条　在结冰条件下飞行所要求的性能和飞行特性

C章　结　　构
第一节　一般规定
第23.2200条　结构设计包线
第23.2205条　系统和结构的相互影响
第二节　结构载荷
第23.2210条　结构设计载荷
第23.2215条　飞行载荷情况
第23.2220条　地面载荷和水载荷情况
第23.2225条　部件载荷情况
第23.2230条　限制和极限载荷
第三节　结构性能
第23.2235条　结构强度
第23.2240条　结构耐久性
第23.2245条　气动弹性
第四节　设　　计
第23.2250条　设计和构造原理
第23.2255条　结构保护
第23.2260条　材料和工艺
第23.2265条　特殊安全系数
第五节　结构乘员保护
第23.2270条　应急情况
D章　设计和构造
第23.2300条　飞行操纵系统
第23.2305条　起落架系统
第23.2310条　水上飞机和水陆两用飞机的浮力
第一节　乘员系统设计保护
第23.2315条　撤离设施和应急出口
第23.2320条　乘员物理环境
第二节　防火和高能保护
第23.2325条　防　　火
第23.2330条　指定火区和邻近区域的防火
第23.2335条　闪电防护
E章　动力装置
第23.2400条　动力装置安装

第 23.2405 条　功率或推力控制系统
第 23.2410 条　动力装置安装危害性评估
第 23.2415 条　动力装置防冰
第 23.2420 条　反推力系统
第 23.2425 条　动力装置工作特性
第 23.2430 条　燃油系统
第 23.2435 条　动力装置进气和排气系统
第 23.2440 条　动力装置防火

F 章　设　　备

第 23.2500 条　飞机级系统要求
第 23.2505 条　功能和安装
第 23.2510 条　系统、设备和安装
第 23.2515 条　电子和电气系统闪电防护
第 23.2520 条　高强辐射场(HIRF)防护
第 23.2525 条　电源和配电系统
第 23.2530 条　外部和驾驶舱照明
第 23.2535 条　安全设备
第 23.2540 条　在结冰条件下飞行
第 23.2545 条　增压系统元件
第 23.2550 条　含高能转子的设备
第 23.2555 条　驾驶舱话音记录器
第 23.2560 条　飞行数据记录器

G 章　飞行机组界面和其他信息

第 23.2600 条　飞行机组界面
第 23.2605 条　安装和使用
第 23.2610 条　仪表标记、操纵器件标记及标牌
第 23.2615 条　飞行、导航和动力装置仪表
第 23.2620 条　飞机飞行手册
第 23.2625 条　持续适航文件

H 章　电动飞机动力装置补充要求

第 23.2700 条　电推进系统
第 23.2705 条　电池和配电系统
第 23.2710 条　电池和电动力系统防火

I 章　附　　则

第 23.2800 条　施　　行
附录 A　持续适航文件编制要求
A23.1　一般规定
A23.2　格　　式
A23.3　内　　容
A23.4　适航限制章节

A 章　总　　则

第 23.2000 条　适用范围及定义

(a)本规定规定了颁发和更改正常类飞机型号合格证的适航要求。

(b)以下定义适用于本规定：

继续安全飞行和着陆是指在可能使用应急程序、不需要特殊驾驶技能和体力的情况下，飞机有能力继续可控飞行和着陆；着陆时，飞机可能出现因失效情况而导致一些损坏。

第 23.2005 条　正常类飞机审定

(a)乘客座位设置为 19 座(局方另有规定除外)或者以下且最大审定起飞重量为 8,618 公斤(19,000 磅)或者以下的飞机，可按正常类进行审定。

(b)按设置的最大乘客座位数，将飞机分为如下审定等级：

(1)1 级：最大乘客座位设置为 0 至 1 座的飞机；

(2)2 级：最大乘客座位设置为 2 至 6 座的飞机；

(3)3 级：最大乘客座位设置为 7 至 9 座的飞机；

(4)4 级：最大乘客座位设置为 10 至 19 座(局方另有规定除外)的飞机。

(c)按飞行速度，将飞机分为如下性能等级：

(1)低速：V_{NO} 和 $V_{MO} \leq 463$ 公里/小时(250 节)校准空速(CAS)且 $M_{MO} \leq 0.6$ 的飞机；

(2)高速：V_{NO} 或者 $V_{MO} > 463$ 公里/小时(250 节)校准空速(CAS)或者 $M_{MO} > 0.6$ 的飞机。

其中：V_{NO} 为最大结构巡航速度，V_{MO} 和 M_{MO} 分别为空速和马赫数表示的最大使用限制速度。

(d)按本规定审定的飞机，可申请进行特技飞行审定。按特技飞行审定的飞机，可不受限制地用于做机动，但按本规定 G 章制定的限制除外。未按特技飞行审定的飞机，则只可用于做正常飞行所需的各种机动，含失速(不包括尾冲失速)和坡度不大于 60 度的缓 8 字飞行、急上升转弯和急转弯。

第 23.2010 条　可接受的符合性方法

(a)申请人应当采用局方可接受的符合性方法,表明对本规定的符合性。局方可接受的符合性方法,包括公认标准和局方接受的其他标准。

(b)申请人应当按局方规定的格式和方式提交符合性方法。

B 章　飞　　行

第一节　性　　能

第 23.2100 条　重量和重心

(a)申请人应当制定飞机可安全运行的重量和重心限制。

(b)申请人应当用重量和重心临界组合来符合本章各条要求,这些临界组合应当在飞机配载状态内确定,并符合局方可接受的允差。

(c)用于确定空机重量和重心的飞机状态,应当明确界定且易于复现。

第 23.2105 条　性能数据

(a)除非另有规定,飞机应当按下列条件满足本章的性能要求:

(1)对于所有飞机,按静止空气和海平面标准大气条件;

(2)对于 1 级和 2 级飞机中的高速飞机及 3 级和 4 级中的所有飞机,按使用包线范围内的环境大气条件。

(b)除非另有规定,申请人应当按下列条件制定本章要求的性能数据:

(1)机场高度从海平面到 3,048 米(10,000 英尺);

(2)使用限制范围内,标准温度之上和之下对性能有不利影响的温度。

(c)用于确定起飞和着陆距离的程序,在服役中预期遇到的大气条件下,应当可由具有一般技能水平的驾驶员一贯地执行。

(d)依据本条(b)款确定的性能数据,应当考虑由于大气条件、冷却需求和其他动力需求引起的损失。

第 23.2110 条　失速速度

申请人应当为正常运行中使用的每个飞行构型确定失速速度或者最小定常飞行速度,正常运行包括起飞、爬升、巡航、下降、进近和着陆。确定失速速度或者最小定常飞行速度时,应当考虑下列功率设定的每个飞行构型的最不利状态:

(a)对于主要用于提供推力的推进系统,功率设定为慢车或者零推力;

(b)对于除提供推力外还用于飞行操纵或者增升装置的推进系统,功率设定为名义推力。

第 23. 2115 条　起飞性能

(a)申请人应当确定飞机起飞性能,确定时应当考虑:

(1)失速速度安全裕度;

(2)最小操纵速度;

(3)爬升梯度。

(b)对单发飞机及 1 级、2 级和 3 级飞机中的低速多发飞机,起飞性能包括地面滑跑加上初始爬升到起飞表面上方 15 米(50 英尺)的距离。

(c)对 1 级、2 级和 3 级飞机中的高速多发飞机及 4 级飞机中的多发飞机,起飞性能包括突然失去临界推力后的下列距离:

(1)临界速度时中断起飞距离;

(2)地面滑跑加上初始爬升到起飞表面上方 10. 7 米(35 英尺)的距离;

(3)净起飞飞行航迹。

第 23. 2120 条　爬升要求

设计应当符合下列无地效最小爬升性能:

(a)全发工作并处于初始爬升构型:

(1)对于 1 级和 2 级飞机中的低速飞机,陆上飞机应当具有 8. 3%的爬升梯度,水上飞机和水陆两用飞机应当具有 6. 7%的爬升梯度;

(2)1 级和 2 级飞机中的高速飞机,以及所有 3 级飞机和 4 级飞机中的单发飞机,起飞后应当具有 4%的爬升梯度。

(b)多发飞机失去临界推力后:

(1)不满足单发适坠性要求的 1 级和 2 级飞机中的低速飞机,巡航构型下,在 1,524 米(5,000 英尺)气压高度应当具有 1. 5%的爬升梯度;

(2)1 级和 2 级飞机中的高速飞机及 3 级飞机中的低速飞机,起落架收起且襟翼处于起飞构型状态下,在高于起飞表面 122 米(400 英尺)应当具有 1%的爬升梯度;

(3)对 3 级飞机中的高速飞机和所有 4 级飞机,起落架收起且襟翼处于进近构型状态下,在高于起飞表面 122 米(400 英尺)应当具有 2%的爬升梯度。

(c)对于中断着陆,起落架放下且襟翼处于着陆构型状态下,应当具有 3%的爬升梯度,并且不会导致驾驶员工作负荷过量。

第 23. 2125 条　爬升性能数据

(a)申请人应当针对运行限制内的每个重量、高度及外界温度确定下列爬升性能:

(1)所有单发飞机的爬升性能;

(2)1 级和 2 级飞机中的高速多发飞机及 3 级飞机中的多发飞机，在起飞阶段，初始爬升构型下失去临界推力后的爬升性能；

(3)所有多发飞机，在航路飞行阶段，巡航构型下全发工作的爬升性能及失去临界推力后的爬升性能。

(b)申请人应当确定单发飞机完全失去推力后的滑翔性能。

第 23.2130 条　着陆

申请人应当针对运行限制范围内的重量和高度临界组合，确定标准温度下的下述性能数据：

(a)从高于着陆表面 15 米(50 英尺)到停止所需要的着陆距离；

(b)进近和着陆速度、构型和程序。一般技能水平的驾驶员使用该速度、构型和程序能够一贯地在拟公布的着陆距离内着陆，不会造成飞机损坏或者人员伤害。当需要中断着陆时，考虑下列因素，能够安全过渡到本规定中的中断着陆情况：

(1)失速速度安全裕度；

(2)最小操纵速度(V_{MC})。

第二节　飞 行 特 性

第 23.2135 条　操纵性

(a)下述情况下，在运行包线内，飞机应当是可以操纵和机动的，且无需特殊的驾驶技能、警觉或者体力：

(1)申请审定的所有配载情况；

(2)所有飞行阶段；

(3)可逆飞行操纵或者推进系统的可能失效；

(4)构型改变期间。

(b)使用经批准的最陡进近梯度程序并提供低于参考着陆速度(V_{REF})或者高于进近攻角的合理裕度情况下，飞机应当能够安全着陆，而不导致飞机重大损伤或者人员严重伤害。

(c)对多发飞机，如果适用，申请人应当针对起飞和着陆时使用的最临界构型确定最小操纵速度(V_{MC})。

(d)申请按特技飞行审定的飞机，申请人应当演示申请审定的特技机动并确定可开始进行相应特技机动的速度。

第 23.2140 条　配平

(a)下列状态中，在驾驶员或者飞行操纵系统不对主操纵系统或者相应配平操纵进一步施加力或者位移情况下，飞机应当保持横向和航向配平：

(1)对于1级、2级和3级飞机,巡航状态;

(2)对于4级飞机,正常运行状态。

(b)下列状态中,在驾驶员或者飞行操纵系统不对主操纵系统或者相应配平操纵进一步施加力或者位移的情况下,飞机应当保持纵向配平:

(1)爬升;

(2)平飞;

(3)下降;

(4)进近。

(c)在飞机正常运行和可能的非正常或者应急运行期间(包括多发飞机失去临界推力情况),剩余操纵力不得使驾驶员疲劳或者分散精力。

第23.2145条　稳定性

(a)不按特技飞行审定的飞机,应当:

(1)在正常运行时,具有纵向、横向和航向静稳定性;

(2)在正常运行时,具有短周期模态和荷兰滚模态动稳定性;

(3)在整个使用包线内,提供稳定的操纵力反馈。

(b)飞机不得出现导致驾驶员工作负荷增加或者危及飞机及其乘员的发散的纵向稳定性特性。

第23.2150条　失速特性、失速警告和尾旋

(a)飞机在直线飞行、转弯飞行和加快转弯飞行过程中应当具有可控的失速特性,并有清晰可辨的失速警告,失速警告应当提供足够的余量以防止无意进入失速。

(b)未按特技飞行审定的单发飞机,不得有无意偏离可控飞行状态的趋势。

(c)未按特技飞行审定的1级和2级飞机中的多发飞机,在失去临界推力后的不对称推力状态,不得有无意偏离可控飞行状态的趋势。

(d)按含尾旋的特技飞行审定的飞机,应当具有可控的失速特性,并且在作出首个改出操纵动作后,能够用不超过一圈半的附加旋转,从尾旋的任意一点上改出,期间保持在飞机的运行限制范围内。在开始改出操纵前的飞机旋转不超过六圈或者申请审定的更多圈数。

(e)对于按含尾旋的特技飞行审定的飞机,其尾旋特性应当使得在不超出限制的情况下可以改出尾旋,并且不会因下列情况出现不可改出尾旋:

(1)飞行操纵或者发动机功率操纵的典型使用;

(2)驾驶员迷失方向或者失能。

第 23.2155 条　地面和水上操纵特性

预期在陆上或者水上运行的飞机，在滑行、起飞和着陆运行期间应当具有纵向和航向可操纵性。

第 23.2160 条　振动、抖振和高速特性

(a)达到设计俯冲速度(V_D/M_D，以空速或者马赫数表示)前，振动和抖振不得影响飞机的操纵或者导致飞行机组过度疲劳，满足此要求的失速告警抖振是允许的。

(b)对于高速飞机和最大运行高度大于 7,620 米(25,000 英尺)气压高度的所有飞机，以巡航构型处于 1g 状态时，速度达到 V_{MO}/M_{MO} 前，除失速抖振外，不得有可感知的抖振。

(c)对于高速飞机，应当确定正机动载荷系数，在运行包线范围内，当飞机使用巡航构型并达到该载荷系数时，开始出现可感知的抖振。可能的无意中超出该边界不得导致结构损坏。

(d)从任何可能的速度直至 V_{MO}/M_{MO}，发生下列情况后，高速飞机应当具有不会导致结构损伤或者失去控制的恢复特性：

(1)无意的增速；

(2)对于动压可能损害纵向配平系统工作的飞机，高速失配平。

第 23.2165 条　在结冰条件下飞行所要求的性能和飞行特性

(a)申请按《运输类飞机适航标准》(以下称为 CCAR-25 部)附录 C 第 I 部分定义的结冰条件下飞行进行审定，或者申请按这些结冰条件及其他附加大气结冰条件下飞行进行审定时，申请人应当在申请审定的结冰条件、结冰保护系统正常工作情况下进行下列工作：

(1)表明对本章每个要求的符合性，但不包括适用于尾旋的要求和任何需在超过下列速度下进行演示的要求：

(i)463 公里/小时(250 节)校准空速；

(ii)V_{MO}/ M_{MO} 或者不可超越速度(V_{NE})；

(iii)申请人演示机身不会结冰的速度。

(2)表明在结冰条件下飞行的失速警告方式与非结冰条件时相同。

(b)如果申请结冰条件下飞行的审定，则申请人应当提供探测超出申请审定结冰条件的措施，并表明飞机具有避开或者脱离该结冰条件的能力。

(c)申请人应当制定运行限制，禁止有意进入未审定的结冰条件飞行，包括起飞和着陆。

C章　结　构

第一节　一般规定

第23.2200条　结构设计包线

申请人应当确定结构设计包线，该包线规定了飞机设计和运行参数的范围及限制，并被用于表明符合本章要求。申请人应当考虑可能影响结构载荷、强度、耐久性以及气动弹性的飞机所有设计和运行参数，包括：

(a)用以表明符合本章要求的结构设计空速、着陆下沉速度和任何其他空速限制。结构设计空速应当：

(1)充分大于飞机失速速度，防止飞机在湍流中失控；

(2)为制定实际使用限制空速提供足够的裕度。

(b)设计机动载荷系数，该系数不得小于服役经验表明的结构设计包线内可能出现的机动载荷系数。

(c)惯性属性，包括重量、重心以及质量惯性矩，考虑：

(1)从飞机空重到最大重量的每一临界重量；

(2)乘员、商载及燃油的重量和分布。

(d)飞机操纵系统的特性，包括操纵面、增升装置或者其他可动面的运动范围和允差。

(e)直到最大高度的每一临界高度。

第23.2205条　系统和结构的相互影响

如果飞机安装了某个系统，该系统改变结构性能、缓解本章要求的影响或者提供满足本章要求的符合性方法，在表明对本章要求的符合性时，申请人应当考虑该系统的影响和失效。

第二节　结构载荷

第23.2210条　结构设计载荷

(a)申请人应当在结构设计包线内和边界上，针对参数的所有临界组合，确定可能由内部或者外部施加的压力、力或者力矩引起的相关结构设计载荷。这些压力、力或者力矩可能发生在空中、地面和水上运行时，地面和水上操纵时，以及飞机处于停放或者系留时。

(b)本条要求的相关结构设计载荷的大小和分布，应当基于物理原理。

第 23.2215 条　飞行载荷情况

申请人应当确定由下列飞行情况产生的结构设计载荷：

(a)大气突风，其大小和梯度基于测量的突风统计数据；

(b)对称和非对称机动；

(c)临界发动机失效引起的非对称推力。

第 23.2220 条　地面载荷和水载荷情况

申请人应当在飞机处于各种正常和不利的姿态和构型下，确定它在适用的表面上滑行、起飞、着陆和操作情况下产生的结构设计载荷。

第 23.2225 条　部件载荷情况

申请人应当确定：

(a)作用于每个发动机架及其支承结构的结构设计载荷，使其能承受：

(1)动力装置工作引起的载荷与飞行突风和机动载荷的组合；

(2)非活塞式动力装置突然停车引起的载荷。

(b)由下列因素引起的、作用于每个飞行操纵面和增升面及其相连系统和支承结构的结构设计载荷：

(1)每个操纵面和增升面以及所连接配重的惯性；

(2)飞行突风和机动；

(3)驾驶员或者自动系统的输入；

(4)系统引起的情况，包括卡阻和摩擦；

(5)在适用的表面上滑行、起飞和着陆，包括顺风滑行和地面突风。

(c)作用于增压舱的下列结构设计载荷：

(1)从零到最大释压压力的压差引起的载荷与突风和机动载荷的组合；

(2)如果飞机可能在座舱增压情况下着陆，从零到最大释压压力的压差引起的载荷与地面或者水载荷的组合；

(3)不考虑所有其他载荷情况下，最大释压压力压差引起的载荷乘以 1.33。

第 23.2230 条　限制和极限载荷

申请人应当确定：

(a)限制载荷，除非另有规定，限制载荷等于结构设计载荷；

(b)极限载荷，除非另有规定，极限载荷等于限制载荷乘以安全系数 1.5。

第三节　结 构 性 能

第 23.2235 条　结构强度

结构应当承受：

(a)限制载荷,不会妨碍飞机的安全运行或者出现有害的永久变形;

(b)极限载荷。

第 23.2240 条　结构耐久性

(a)申请人应当制定检查程序或者其他程序,以防止由于可预见原因的强度降低而导致的结构失效,这些结构失效可能导致严重或者致命的伤害,或者导致长时间的降低安全裕度的运行。按本条制定的程序应当纳入本规定第 23.2625 条要求的持续适航文件的适航限制章节中。

(b)对于 4 级飞机,为符合本条(a)款所制定的程序,应当能够在结构损伤导致结构失效前检查出损伤。

(c)对于增压飞机:

(1)在座舱突然失压后,包括门和窗失效导致的突然失压后,飞机应当能够继续安全飞行和着陆;

(2)对于最大运行高度大于 12,497 米(41,000 英尺)的飞机,为符合本条(a)款而制定的程序,应当能够在损伤可能导致将造成严重或者致命伤害的快速失压前,检查出增压舱结构的损伤。

(d)非包容发动机或者旋转机械失效产生高能碎片引起结构损伤时,飞机设计应当将此损伤对飞机的危害减至最小。

第 23.2245 条　气动弹性

(a)在下列条件下,飞机不得发生颤振、操纵反效和发散:

(1)结构设计包线内和包线外足够范围内的所有速度;

(2)任何构型和运行情况;

(3)考虑临界自由度;

(4)考虑任何临界失效或者故障。

(b)申请人应当对影响颤振的所有参数量值制定允差。

第四节　设　　计

第 23.2250 条　设计和构造原理

(a)申请人应当按照飞机预期的运行条件,设计每个零件、部件和组件。

(b)设计数据应当充分定义零件、部件或者组件构型,其设计特征,以及使用的所有材料和工艺。

(c)申请人应当确定对飞机运行安全有重要影响的每个设计细节和零件的适用性。

(d)当飞机承受预期的限制气动载荷时,操纵系统不得有卡滞、过度摩擦和过度变形。

(e)除非表明在飞行中打开不会造成危害,否则应当防止每一舱门、座舱盖和出口在飞行中被无意打开。

第 23.2255 条　结构保护

(a)申请人应当保护飞机的每个零件,包括小零件,如紧固件,以防止其在预期使用环境中由于任何可能原因引起性能降低或者强度丧失。

(b)飞机的每个零件应当有足够的通风和排水措施。

(c)对需要维修、预防性维修或者勤务的每个零件,申请人应当在飞机设计中采取适当的措施,以便完成这些工作。

第 23.2260 条　材料和工艺

(a)对于其失效可能妨碍继续安全飞行和着陆的零件、部件和组件,申请人应当在考虑服役中预期可能环境条件影响的情况下,确定所用材料的适用性和耐久性。

(b)制造和装配所采用的方法或者工艺应当能持续生产出完好的结构。如果某种制造工艺需要严格控制才能达到此目的,则申请人应当按照批准的工艺规范执行。

(c)除本条(f)款和(g)款的规定外,申请人应当选择设计值,该设计值应当确保考虑了结构元件关键性的带概率的材料强度。设计值应当考虑因材料变异性引起的结构失效的概率。

(d)如果对材料强度性能有要求,这些性能的确定应当以足够的材料试验为依据(材料应当符合规范),在试验统计的基础上制定设计值。

(e)对于在正常运行条件下热影响显著的关键部件或者结构,申请人应当确定温度对设计许用应力的影响。

(f)对于一般只能用保证最小值的情况,如果在使用前对每一单项取样进行试验,确认该特定项目的实际强度性能等于或者大于设计使用值,则这样材料采用的设计值可以大于本条要求的最小值。

(g)经局方同意,申请人可以使用其他材料设计值。

第 23.2265 条　特殊安全系数

(a)对于关键设计值不确定的每个零件、部件或者组件,以及符合下述任一条件的每个零件、部件或者组件,申请人应当为其每个关键设计值确定特殊安全系数:

(1)在正常更换前,其强度在服役中很可能降低;

(2)由于制造工艺或者检查方法中的不确定因素,其强度容易有显著变化。

(b)申请人应当使用考虑了下列因素的质量控制和规范来确定特殊安全

系数：

（1）应用的种类；

（2）检查方法；

（3）结构试验要求；

（4）取样百分比；

（5）工艺和材料控制。

（c）在设计每个结构零件时，申请人应当将每一限制载荷和极限载荷，乘以最高的相应特殊安全系数。如果没有对应的限制载荷，则仅考虑极限载荷。

第五节　结构乘员保护

第23.2270条　应急情况

（a）即使在应急着陆时损坏，飞机也应当保护每位乘员在下列情况下免受导致无法撤离的伤害：

（1）正确使用设计中规定的安全设备和特性；

（2）乘员经受在应急着陆时可能产生的极限静惯性载荷；

（3）可能对乘员造成伤害的座舱内部或者后部的质量项目，包括发动机或者辅助动力装置，经受在应急着陆时可能产生的极限静惯性载荷。

（b）本条（a）款（1）项和（a）款（2）项规定的应急着陆情况，应当满足下列要求：

（1）包括在应急着陆时可能产生的动态情况；

（2）乘员经受的因约束或者与机内物体接触产生的载荷，不得超过根据人体耐受能力而确定的人体伤害判据。

（c）在可能的飞行、地面和应急着陆情况下，飞机应当为所有乘员提供保护。

（d）每个乘员保护系统应当能够实现其预期功能，且不能产生对乘员造成二次伤害的危害。不使用时，乘员保护系统不得妨碍乘员撤离或者干扰飞机运行。

（e）每个行李舱和货舱应当符合下列要求：

（1）根据其最大装载重量以及按本规定确定的飞行和地面载荷情况所对应的最大载荷系数下的临界载荷分布来设计；

（2）有措施防止舱内装载物移动致使乘员受到伤害或者对飞机造成危害；

（3）任何操纵装置、电线、管路、设备或者附件，如果破坏或者损伤可能会影响安全使用的，则应当加以保护。

D 章　设计和构造

第 23.2300 条　飞行操纵系统

(a)飞行操纵系统设计应当：

(1)操作简便、平滑稳和确切，以完成其功能；

(2)防止可能的危害。

(b)如果安装配平系统，其设计应当：

(1)防止无意的、不正确的或者粗猛的配平操作；

(2)提供一种方式，用于指示：

(i)与飞机运动相关的配平操纵器件的运动方向；

(ii)对应于配平可调范围的配平位置；

(iii)横向和航向配平的中立位置；

(iv)在申请批准的所有重心范围和构型下起飞的配平范围。

第 23.2305 条　起落架系统

(a)起落架设计应当：

(1)在地面运行期间，为飞机提供稳定的支撑和控制；

(2)考虑可能的系统失效和可能的运行环境(包括预期的超出限制和应急程序)。

(b)所有飞机应当有可靠的使其停止的装置，该装置应当具有足够的吸收着陆动能的能力。要求验证中断起飞能力的飞机应当考虑此附加动能。

(c)具备起落架作动系统的飞机，其设计：

(1)应当具有将起落架保持在着陆位置的可靠措施；

(2)当起落架处于未完全放下状态有危害时，应当具有能够将起落架放下到着陆位置的备用措施。

第 23.2310 条　水上飞机和水陆两用飞机的浮力

预期进行水上运行的飞机，应当符合下列要求：

(a)提供比在淡水中承托该飞机最大重量所需浮力大 80%的浮力；

(b)具有足够的裕度，当浮筒或者船体可能浸水时，飞机能浮在平静的水面上而不倾覆。

第一节　乘员系统设计保护

第 23.2315 条　撤离设施和应急出口

(a)对于起飞或者着陆情况下允许有乘员的座舱，其飞机设计应当满足下列要求：

(1)在应急着陆后可能出现的情况下，便于乘员快速和安全地撤离，此处应急着陆不包括1级、2级和单发3级飞机的水上迫降；

(2)配备撤离设施(开口，出口或者应急出口)，从飞机内部和外部可以容易地定位和打开该设施。打开方式应当简单明了，并在飞机内部和外部进行标识；

(3)应急出口应当易于接近。

(b)批准特技飞行的飞机，应当有在空中撤离飞机的措施。

第23.2320条　乘员物理环境

(a)飞机设计应当符合下列要求：

(1)飞行机组与乘客能够清晰交流；

(2)保护驾驶员和飞行操纵系统免受螺旋桨伤害和损伤；

(3)保护乘员免受风挡、窗户和舱盖损坏引起的严重伤害。

(b)对于4级飞机，在最大进近襟翼速度时，位于驾驶员正前方的风挡及其支承结构应当能承受相当于2磅鸟的撞击而不被击穿。

(c)在正常运行和可能的失效期间，飞机应当给每位乘员提供压力适宜的空气，并且没有危险浓度的气体、蒸气和烟雾。

(d)如果飞机上安装了增压系统，该增压系统设计应当防止发生下列情况：

(1)失压至不安全水平；

(2)过大压差。

(e)如果飞机上安装了氧气系统，该氧气系统应当具备下列能力：

(1)有效地为每个使用者提供氧气，避免缺氧；

(2)氧气系统的本身、使用方法以及对其他部件的影响均无危害。

第二节　防火和高能保护

第23.2325条　防火

(a)下列材料，应当是自熄的：

(1)电线和电缆的绝缘层；

(2)对于1级、2级和3级飞机，飞行中不可接近的行李舱和货舱内的材料；

(3)对于4级飞机，驾驶舱、客舱、行李舱和货舱内的材料。

(b)下列材料，应当是阻燃的：

(1)对于1级、2级和3级飞机，飞行中可接近的每个隔舱内的材料；

(2)与电缆安装有关且电路过载或者故障时可能过热的任何设备。

(c)机身上安装的隔热和隔音材料,不得有火焰蔓延的危害。

(d)每个行李舱和货舱内能够引燃邻近物品的热源,应当予以屏蔽和隔绝,以防止引燃。

(e)对于4级飞机,每个行李舱和货舱应当符合下列要求:

(1)行李舱和货舱应当布置在驾驶员能看见着火的位置,否则应当安装火警探测系统和警告系统;

(2)可以接近进行人工灭火,或者有内置灭火系统,或者其构造和密封能将任何火情包容在该舱内。

(f)应当有扑灭座舱内任何火情的设施,该设施应当满足下列要求:

(1)驾驶员坐在座位上能方便地取用灭火设施;

(2)对于3级和4级飞机,客舱内有供乘客使用的灭火设施。

(g)凡可能因液体系统渗漏而逸出可燃液体或者蒸气的区域,应当符合下列要求:

(1)确定其部位和范围;

(2)应当有措施尽量减少液体和蒸气被点燃的概率以及被点燃后的危害。

(h)燃烧加温器的安装应当防止非包容火情。

第23.2330条　指定火区和邻近区域的防火

(a)位于指定火区内或者邻近区域的飞行操纵系统、发动机架和其他飞行结构应当能经受住着火的影响。

(b)出现火情时,指定火区的发动机应当与飞机保持连接。

(c)指定火区内,应急程序期间使用的接线端、设备和电缆应当是耐火的。

第23.2335条　闪电防护

飞机的设计应当保护飞机免受闪电造成的灾难性后果。

E章　动力装置

第23.2400条　动力装置安装

(a)就本章而言,飞机动力装置安装应当包括推进所必需的、影响推进安全的每个部件和为飞机提供辅助动力的每个部件。

(b)安装在飞机上的发动机和螺旋桨,应当具有型号合格证或者按照局方接受的标准随飞机型号合格证获得批准,该标准包含的适航准则应当适用于该发动机或者螺旋桨的特定设计和预期用途,并达到局方可接受的安全水平。

(c)动力装置安装的构造和布置应当考虑:

(1)可能的运行条件,包括外来物威胁;

(2)运动部件与飞机其他部件及地面等周围环境具有足够的间隙;

(3)运行中可能出现的危害,包括对地面人员的危害;

(4)振动和疲劳。

(d)液体、蒸气或者燃气的危险积聚应当与飞机和人员舱隔离,并能被安全地包容住或者排出。

(e)动力装置部件应当符合其部件限制要求和安装说明,或者表明不会造成危害。

第 23.2405 条　功率或者推力控制系

功率或者推力控制系统,是指对通过直接设定控制的功率或者推力进行调节的系统。

(a)功率或者推力控制系统应当设计成,在系统正常运行时不得导致不安全状况。

(b)功率或者推力控制系统的任何单一失效或者可能的失效组合不得妨碍飞机继续安全飞行和着陆。

(c)应当防止飞行机组对功率或者推力控制系统的误动,除非不会导致不安全状况。

(d)除非功率或者推力自动控制系统的失效概率为极少发生,否则系统应当:

(1)为飞行机组提供确认系统处于工作状态的措施;

(2)为飞行机组提供超控自动功能的措施,若系统带来的危害超过安全收益;

(3)防止被无意解除。

第 23.2410 条　动力装置安装危害性评估

申请人应当对每个动力装置系统进行单独评估及关联其他系统和安装进行评估,以表明动力装置系统、部件或者附件任何可能的失效所导致的有害后果不会导致下列情况:

(a)妨碍飞机继续安全飞行和着陆,或者如果无法保证继续安全飞行和着陆,应当使危害减至最小;

(b)造成可以避免的严重伤害;

(c)要求机组成员为了余下的任何动力装置系统继续运行而立即采取行动。

第 23.2415 条　动力装置防冰

(a)飞机的设计,包括进气系统,应当防止出现对动力装置运行有不利影响的可预见的积冰或者积雪。

(b)动力装置安装的设计,应当防止在申请审定的结冰条件下出现对动力装置运行有不利影响的任何积冰或者积雪。

第 23.2420 条　反推力系统

每个反推力系统应当设计成:

(a)在系统正常运行中不会出现不安全状况;

(b)在反推力系统出现任何单一失效、可能的失效组合或者故障后,飞机能够继续安全飞行和着陆。

第 23.2425 条　动力装置工作特性

(a)在飞机和发动机运行限制范围内的正常和应急运行期间,动力装置不得出现危险特性。

(b)应当使驾驶员能够在空中停止动力装置,并在制定的工作包线内再起动动力装置。

第 23.2430 条　燃油系统

(a)每个燃油系统应当满足下列要求:

(1)对于有多套燃油储存及供应系统的,应当设计和布置成各系统之间具有独立性,使得一套系统内的任一部件失效不会导致其他系统燃油储存或者供应的丧失;

(2)设计和布置成能够防止系统内燃油被直接闪击或者扫掠雷击高发区域内的直接闪击或者扫掠雷击点燃,或者在燃油通气口处被电晕放电和流光点燃;

(3)为确保每个动力装置和辅助动力装置在所有可能的运行情况下正常工作提供必需的燃油;

(4)为飞行机组提供用于确定可用燃油总量的措施,并且在燃油系统正常工作时,在考虑燃油可能波动的情况下,能够不间断供应此可用燃油;

(5)提供将系统内储存的燃油从飞机上安全排出或者隔离的措施;

(6)设计成在任何可能运行情况下能够保存燃油,并将任何可生存应急着陆期间对乘员的危害降至最低。对于 4 级飞机,应当考虑着陆系统因过载导致的失效;

(7)防止供应给每个动力装置和辅助动力装置的燃油受到有害污染。

(b)每个燃油储存系统应当满足下列要求:

(1)能够承受可能的运行条件下的载荷而不失效;

(2)与人员舱隔离并免受因非预期温度影响造成的危害；

(3)设计成防止燃油在储存或者供应系统间转输中，或者在可能的运行条件下，从任一通气系统大量流失；

(4)提供在最大连续功率或者推力下至少工作半小时的燃油；

(5)在着陆有要求时能够安全地应急放油。

(c)每个加油系统应当满足下列要求：

(1)防止不当加油；

(2)防止储存的燃油在可能的运行情况下受到污染；

(3)防止加油期间对飞机或者人员造成任何危害。

第23.2435条　动力装置进气和排气系统

(a)每个动力装置或者辅助动力装置及其附件的进气系统，应当满足下列要求：

(1)在可能的运行情况下，为动力装置或者辅助动力装置及其附件提供所需要的空气；

(2)设计成防止着火或者回火时可能导致的危害；

(3)将外来物的吸入减至最少；

(4)在主进气口容易堵塞的情况下提供一个备用进气口。

(b)排气系统，包括每个动力装置或者辅助动力装置的排气热交换器，应当满足下列要求：

(1)提供安全地排放潜在有害物质的措施；

(2)设计成能够防止热、腐蚀或者堵塞产生的可能危害。

第23.2440条　动力装置防火

(a)包含可燃流体和用于点燃该流体的点火源的动力装置、辅助动力装置或者燃烧加温器应当安装在指定火区内。

(b)每个指定火区，在其内部起火或者过热时，应当具备隔离和降低对飞机危害的措施。

(c)受起火影响的每个部件、导管、接头和控制器件应当满足下列要求：

(1)其设计和布置应当防止着火造成的危害，包括任何位于指定火区附近可能受到火区内着火影响的部件、导管、接头和控制器件；

(2)输送可燃液体、气体或者空气，或者要求在着火时工作的部件、导管、接头和控制器件是耐火的；

(3)储存可燃液体的部件、导管、接头和控制器件是防火的，或者用防火罩防护。

(d)申请人应当提供防止危险量可燃液体流入、流过指定火区或者在其内流动的措施，该措施应当满足下列要求：

(1)不得限制流量或者限制余下动力装置、辅助动力装置或者安全所必需设备的工作；

(2)应当防止被误动；

(3)应当位于火区外，除非位于火区内能够提供相同的安全等级。

(e)应当为下列指定火区提供快速探测着火的措施：

(1)探测措施能够降低可能危害的多发飞机的火区；

(2)含有灭火措施的火区。

(f)除燃烧加温器火区外，应当为下列火区提供灭火措施：

(1)位于驾驶员视线之外的任何火区；

(2)机身内的任何火区，该火区还应当有冗余的灭火措施；

(3)4 级飞机上的任何火区。

F 章　设　　备

第 23.2500 条　飞机级系统要求

本条款为对飞机上安装的设备和系统的总体要求，除非本规定其他条款对特定设备或者系统另有要求。

(a)飞机按其申请审定的运行类型(昼间 VFR、夜间 VFR、IFR)进行安全运行所要求的系统和设备的设计和安装应当满足下列要求：

(1)满足适用于审定等级和飞机性能等级要求的安全性水平；

(2)在飞机审定批准的运行和环境限制下完成预期的功能。

(b)本条(a)款中没有涵盖的系统和设备的设计和安装应当确保其运行不会对飞机及乘员造成不利影响。

第 23.2505 条　功能和安装

飞机上安装的每个设备，均应当按预期工作。

第 23.2510 条　系统、设备和安装

除本规定另有其他单独要求外，飞机每个系统、设备和安装应当满足下列要求：

(a)每个灾难性的失效状态发生的平均失效概率，是极不可能的；

(b)每个危险的失效状态发生的平均失效概率，是极少发生的；

(c)每个主要的失效状态发生的平均失效概率，是非常小的。

第 23.2515 条　电子和电气系统闪电防护

除非表明不太可能遭遇闪电，否则按仪表飞行规则(IFR)运行批准的飞

机,应当满足下列要求:

(a)对于功能失效会妨碍飞机继续安全飞行和着陆的每一个电子和电气系统,其设计和安装应当符合下列规定:

(1)当飞机遭遇闪电期间及之后,飞机级功能不会受到不利影响;

(2)除非该功能恢复与此系统其他运行或者功能要求相冲突,否则在飞机遭遇闪电后,系统应当及时地恢复该功能的正常运行。

(b)对于其功能失效会严重降低飞机或者飞行机组应对不利运行条件能力的每一电子和电气系统,其设计和安装应当确保当飞机遭遇闪电后,系统及时地恢复该功能的正常运行。

第 23.2520 条　高强辐射场(HIRF)防护

(a)对于功能失效会妨碍飞机继续安全飞行和着陆的每一个电子和电气系统,其设计和安装应当符合下列规定:

(1)当飞机暴露于高强辐射场(HIRF)环境期间及之后,飞机级功能不会受到不利影响;

(2)除非该功能恢复与此系统其他运行或者功能要求相冲突,否则在飞机脱离高强辐射场(HIRF)环境后,系统应当及时地恢复该功能的正常运行。

(b)按仪表飞行规则(IFR)批准的飞机,对于功能失效会严重降低飞机或者飞行机组应对不利运行条件能力的每一个电子和电气系统,其设计和安装应当确保当飞机脱离高强辐射场(HIRF)环境后,系统及时地恢复该功能的正常运行。

第 23.2525 条　电源和配电系统

为所有系统供电的电源和配电系统的设计和安装,应当确保:

(a)在所有预期运行条件下,为所连接的负载提供运行需要的电能;

(b)电源系统、配电系统或者其他用电系统不会出现由于单点失效或者故障导致系统不能为飞机继续安全飞行和着陆所需的重要负载供电的情况;

(c)主电源失效时,应当有足够的电能,在继续安全飞行和着陆所需时间内,为所有重要负载供电。

第 23.2530 条　外部和驾驶舱照明

(a)所有照明的设计和安装,应当尽量降低对飞行机组履行职责能力的不利影响。

(b)如安装航行灯和防撞灯,其光强、闪光频率、颜色、覆盖范围和其他特性,应当能为另一架航空器提供足够的时间避免碰撞。

(c)如安装航行灯,其应当包括一个在飞机左侧的红灯和一个在飞机右侧的绿灯。在空间允许的情况下,这两个灯的横向间距应当尽可能大。此外,还应当包括一个在飞机尾部或者翼尖上的后向白灯。

(d)滑行和着陆灯的设计和安装,应当能为夜间运行提供足够的照明。

(e)对于水上飞机或者水陆两用飞机,停泊灯应当在洁净大气条件下提供可见白光。

第 23.2535 条　安全设备

民用航空运行规章要求的安全和救生设备,应当可靠、易于接近和识别,并清晰地标识操作方法。

第 23.2540 条　在结冰条件下飞行

申请在 CCAR-25 部附录 C 中第 I 部分定义的结冰条件下飞行进行审定,或者申请在这些结冰条件及任何附加的大气结冰条件下飞行进行审定时,应当在申请审定的结冰条件下表明:

(a)结冰防护系统能够使得飞机安全运行;

(b)自动驾驶仪工作时,飞机设计应当提供防止失速的保护。

第 23.2545 条　增压系统元件

增压系统应当能够承受适当的验证压力和破坏压力。

第 23.2550 条　含高能转子的设备

含高能转子的设备的设计和安装,应当保护乘员和飞机免受非包容性碎片的危害。

第 23.2555 条　驾驶舱话音记录器

(a)民用航空运行规章所要求的驾驶舱话音记录器应当按照本规章要求经过批准,并且在其安装后,应当能够记录下列信息:

(1)通过无线电在飞机上发出或者收到的通话;

(2)驾驶舱内飞行机组成员的对话;

(3)驾驶舱内飞行机组成员使用飞机内话系统时的通话;

(4)进入耳机或者扬声器中的导航或者进近助航设施的话音或者音频识别信号;

(5)飞行机组成员使用旅客广播系统时的通话(如果装有旅客广播系统,并根据本条(c)款(4)项(ii)目的要求有第四通道可用);

(6)如果安装了数据链通信设备,所有的数据链通信使用经批准的数据信息格式。数据链信息应当作为通信设备的输出信号被记录,该通信设备将信号转换为可用数据。

(b)应当在驾驶舱内安装一只区域话筒来满足本条(a)款(2)项的记录要求。话筒要安装在最佳位置,能够记录第一名和第二名驾驶员工作位置上进行的对话,以及记录驾驶舱内其他机组成员面向上述工作位置时的对话。话筒的定位,应当使得在飞行中驾驶舱噪声条件下所记录和重放的录音通信的可懂度尽可能高,如果有必要,应当对记录器的前置放大器和滤波器进行调整或者补偿。可以通过记录反复重放,来评价可懂程度。

(c)每台驾驶舱话音记录器的安装,应当将本条(a)款规定的通话或者音频信号,根据不同声源分别记录在下列通道上:

(1)第一通道,来自第一名驾驶员工作位置上的每个吊杆式、氧气面罩式或者手持式话筒、耳机或者扬声器;

(2)第二通道,来自第二名驾驶员工作位置上的每个吊杆式、氧气面罩式或者手持式话筒、耳机或者扬声器;

(3)第三通道,来自安装在驾驶舱内的区域话筒;

(4)第四通道:

(i)来自第三和第四名机组成员工作位置上的每个吊杆式、氧气面罩式或者手持式的话筒、耳机或者扬声器;

(ii)来自驾驶舱内与旅客广播系统一起使用的每个话筒,如果此信号未被别的通道所拾起(条件是不要求配置本条(c)款(4)项(i)目中规定的工作位置或者该工作位置的信号由另一通道所拾取)。

(5)不论按压发话开关(机内通话—无线电发射机)处于何种位置,应当将本条(c)款(1)、(2)和(4)项所述的话筒接收到的所有声音尽可能不间断地记录下来。该设计应当保证只有在使用机内通话机、旅客广播系统或者无线电发射机时,才会对飞行机组产生侧音。

(d)每台驾驶舱话音记录器的安装应当符合下列规定:

(1)(i)其供电应当来自对驾驶舱话音记录器的工作最为可靠的汇流条,而不危及对重要负载或者应急负载的供电;

(ii)其应当尽可能长时间地保持其供电,而不危及飞机的应急工作。

(2)应当备有自动装置,在撞损冲击后10分钟内,能使记录器停止工作并停止各抹音装置的功能;

(3)应当备有音响或者目视手段,用于在飞行前检查记录器工作是否正常;

(4)记录器外部任何单一的电气失效不能使驾驶舱话音记录器和飞行数据记录器都不工作;

(5)具有一个独立的电源:

(i)为驾驶舱话音记录器和驾驶舱区域话筒的操作提供10±1分钟的电源;

(ii)尽可能的靠近驾驶舱话音记录器;

(iii)在所有其他给驾驶舱话音记录器供电的电源中断的情况下,无论是正常关断还是为其供电的汇流条因其他原因断电,驾驶舱话音记录器和驾驶舱区域话筒能够自动切换到这个独立电源上。

(6)当驾驶舱话音记录器和飞行数据记录器都需要的时候,驾驶舱话音记录器要在一个与飞行数据记录器分开的容器里。如果只用来符合驾驶舱话音记录器的要求,可以安装一个组合单元。

(e)记录容器的位置和安装,应当能将撞损冲击使该容器破裂,以及随之起火而导致记录器热损坏的概率减至最小:

(1)除了本条(e)款(2)项外,记录容器的位置应当尽可能靠近飞机的后部,但不必装在增压舱之外,并且不得安装在冲击时尾吊发动机可能撞坏容器的位置;

(2)如果安装两个单独的组合式数字飞行数据记录器和驾驶舱话音记录器单元,而不是一个驾驶舱话音记录器和一个数字飞行数据记录器,安装用来符合驾驶舱话音记录器要求的组合单元,可以位于驾驶舱附近。

(f)如果驾驶舱话音记录器装有批量抹音装置,其安装应当设计成该装置误动和在撞损冲击过程中动作的概率减至最小。

(g)每个记录器容器应当符合下列规定:

(1)外观为鲜橙色或者鲜黄色;

(2)在其外表面固定有反射条,以利于发现它在水下的位置;

(3)当民用航空运行规章有要求时,在容器上装有或者靠近容器处装有水下定位装置,其固定方式要保证在撞损冲击时不大可能分离。

第 23.2560 条　飞行数据记录器

(a)民用航空运行规章所要求的飞行数据记录器的安装,应当满足下列要求:

(1)从满足本规定第 23.2500 条的飞机级系统要求和功能的数据源,获取空速、高度和方向数据;

(2)垂直加速度传感器应当刚性固定,其纵向位置应在批准的飞机重心范围之内,或者在这些限制向前或者向后距离不超过 25%飞机平均气动弦长的范围内;

(3)(i)其供电应当来自对飞行数据记录器的工作最为可靠的汇流条,且不危及对重要负载或者应急负载的供电;

(ii)尽可能长时间地保持其供电,且不危及飞机的应急操作。

(4)应当备有音响或者目视手段,用于在飞行前检查记录器存储介质的数据记录是否正常;

(5)除仅由发动机驱动的发电机系统单独供电的记录器外,应当备有自动装置，在撞损冲击后 10 分钟内，能使具有数据抹除装置的记录器停止工作并同时停止各抹除装置的功能；

(6) 记录器外部任何单一的电气失效不能使驾驶舱话音记录器和飞行数据记录器都不工作；

(7) 当驾驶舱话音记录器和飞行数据记录器都需要的时候，飞行数据记录器要在一个与驾驶舱话音记录器分开的容器里。如果只用来符合飞行数据记录器的要求，可以安装一个组合单元。如果一个组合单元作为驾驶舱话音记录器安装，用来符合本规定第 23.2555 条(e)款(2)项要求，则另一个组合单元应当符合本飞行数据记录器要求。

(b) 每个非弹出式记录器容器的位置和安装应当能将撞损冲击导致的该容器破裂以及随之起火而毁坏记录器的概率减至最小。为满足这一要求，该容器应当尽可能靠后安装，但不必装在增压舱之外，且不得装在冲击时尾吊发动机可能撞坏容器的位置。

(c) 应当建立飞行数据记录器的空速、高度和航向读数与第一名驾驶员仪表上的相应读数(考虑修正系数)之间的相互关系。此关系应当能覆盖飞机运行的空速范围、高度限制范围和 360 度航向范围。相互关系可在地面上用合适的方法确定。

(d) 每个记录器应当符合下列规定：

(1) 外观为鲜橙色或者鲜黄色；

(2) 在其外表面固定有反射条，以利于发现它在水下的位置；

(3) 当民用航空运行规章有要求时，在容器上或者贴近容器处装有水下定位装置，其固定方式要保证在撞损冲击时不大可能分离。

(e) 应当对飞机任何新颖独特的设计或者使用特性进行评价，以决定是否有专用参数必须记录在飞行数据记录器上，以增加或者代替现有要求。

G 章　飞行机组界面和其他信息

第 23.2600 条　飞行机组界面

(a) 驾驶舱及其设备和布局(包括驾驶员视界的设计)应当使得每个驾驶员都能够履行其职责，包括滑行、起飞、爬升、巡航、下降、进近和着陆，以及在飞机运行包线内进行任何机动，而无过多的专注、技能、警觉或者疲劳。

(b) 申请人应当安装飞行、导航、监视及动力装置的操纵器件和显示设备，以便具备资格的飞行机组可以监控并执行规定的与系统和设备预期功能相关的任务。系统和设备的设计，应当将可能导致额外危害的飞行机组差错，减至最小。

(c)对于4级飞机，飞行机组界面设计应当保证当通过任一风挡玻璃的视界丧失后，仍能继续安全飞行和着陆。

第23.2605条　安装和使用

(a)与飞行机组界面相关的每个已安装设备，都应当进行标识(如果适用)，说明其名称、功能或者使用限制，或者这些要素的组合。

(b)应当以可识别的方式向负有责任的机组成员提供操纵飞机所要求的系统工作参数，包括警告、戒备及正常指示。

(c)应当及时向负责采取纠正措施的机组成员提供涉及系统不安全运行状态的信息。这些信息应当足够清晰以避免可能的机组成员差错。

第23.2610条　仪表标记、操纵器件标记及标牌

(a)每架飞机应当醒目地显示运行所需的标牌和仪表标记。

(b)飞机设计应当清晰地标明除主操纵器件外驾驶舱内每个操纵器件的功能。

(c)飞机飞行手册中应当含有仪表标记和标牌信息的内容。

第23.2615条　飞行、导航和动力装置仪表

(a)安装的系统应当在每个飞行阶段为负责设置或者监控飞行、导航和动力装置参数的飞行机组成员提供所需的信息，使其能够设置或者监控飞行、导航和动力装置参数。

(1)信息给出的方式应当使得机组成员能够监控参数并判定其变化趋势(如果需要)，以操纵飞机；

(2)包括限制信息，除非在所有预期运行中不会超过这些限制。

(b)集成了操纵飞机所需或者运行规章所要求的飞行或者动力装置参数的指示系统，应当满足下列要求：

(1)在任何正常工作模式下，都不得抑制包括有任何飞行机组成员所必需的飞行或者动力装置参数的主显示；

(2)与其他系统结合设计和安装，以便在出现任一单独失效或者可能的失效组合后，仍能及时向飞行机组提供继续安全飞行和着陆所需的关键信息。

第23.2620条　飞机飞行手册

(a)飞机飞行手册，应当包含下列内容：

(1)飞机使用限制；

(2)飞机使用程序；

(3)性能资料；

(4)配载资料；

(5)飞机安全运行所需的其他资料。

(b)飞机飞行手册中的下列内容，应当由局方按规定的程序批准：

(1)对于1级和2级飞机中的低速飞机，飞机飞行手册中包含本条(a)款(1)项规定内容的部分；

(2)对于1级和2级飞机中的高速飞机及所有3级和4级飞机，飞机飞行手册中包含本条(a)款(1)项至(a)款(4)项规定内容的部分。

第23.2625条　持续适航文件

(a)申请人应当按本规定附录A，编制局方可接受的持续适航文件。

(b)如果有计划保证在交付第一架飞机或者颁发标准适航证之前，完成持续适航文件的编制，则持续适航文件在颁发型号合格证时，可以是不完备的。

H章　电动飞机动力装置补充要求

第23.2700条　电推进系统

安装在电动飞机上的电推进系统，应当按照局方接受的标准，随飞机型号合格证获得批准。该标准包含的适航准则，应当适用于该电推进系统特定设计和预期用途，并达到局方可接受的安全水平。

第23.2705条　电池和配电系统

(a)每个电池和配电系统，应当满足下列要求：

(1)对于有多套电池及配电系统的，应当设计和布置成各系统之间具有独立性，使得一套系统内的任一部件失效不会导致其他系统电池或者配电功能的丧失；

(2)应当设计和布置成当可能暴露在闪电环境时，能够防止由于闪电的直接影响或者间接影响而导致的灾难性事件；

(3)为动力装置安装提供有适当裕度的电能，以确保在所有允许的和可能的运行情况下，考虑可能的部件失效情况，能够安全工作；

(4)向飞行机组提供用于确定剩余可用电能总量的措施，并在系统正常工作时能不间断供电，此时应当考虑电源可能的波动情况；

(5)提供将系统内电池从飞机上安全移除或者隔离的措施；

(6)在任何可能运行情况下能够防止漏电，并将任何可生存应急着陆期间对乘员的危害降至最低。对于4级飞机，应当考虑着陆系统因过载导致的失效。

(b)每个电池系统应当满足下列要求：

(1)考虑安装情况,能够承受可能的运行条件下的载荷而不失效;

(2)与人员舱隔离并使人员免受其可能的危害;

(3)在最大连续功率或者推力下提供至少工作半小时的电能。

(c)每个充电系统的设计,应当满足下列要求:

(1)防止不当充电;

(2)防止在可能的工作期间损害电池;

(3)防止在充电期间对飞机或者人员造成危害。

(d)飞机地面操作期间可能发生的错误,不得导致电能的危险性损失。

第 23.2710 条　电池和电动力系统防火

对于电池或者电动力系统运行中可能的着火或者过热情况,应当具备隔离和降低其对飞机危害的措施。

I 章　附　　则

第 23.2800 条　施行

本规定自 2022 年 8 月 1 日起施行。原民航总局于 2004 年 10 月 12 日公布的《正常类、实用类、特技类和通勤类飞机适航规定》(民航总局令第 132 号)同时废止。

附录 A

持续适航文件编制要求

A23.1 一般规定

(a)本附录为持续适航文件编制要求。

(b)飞机的持续适航文件必须包含:发动机和螺旋桨(以下统称产品)的持续适航文件,涉及民航管理的规章所要求的设备的持续适航文件,以及所需的有关这些设备和产品与飞机相互联接关系的资料。如果装机设备或者产品的制造商未提供持续适航文件,则飞机持续适航文件应当包含上述对飞机持续适航必不可少的资料。

(c)申请人应当向局方提交一份文件,对如何分发申请人或者装机产品和设备的制造商提供的持续适航文件更改资料,进行说明。

A23.2 格式

(a)申请人应当根据所提供资料的数量,将持续适航文件编成一本或者多本手册。

(b)手册的编排格式必须实用。

A23.3 **内容**

手册的内容应当用中文或者局方接受的其他语言编写。持续适航文件应当包括下列手册或者章节以及下列资料:

(a)飞机维修手册或者章节

(1)概述性资料,包括在维修或者预防性维修所需范围内对飞机特点和数据的说明。

(2)飞机及其系统和安装(包括产品和设备)的说明。

(3)说明飞机部件和系统如何操作及工作的基本操作和使用资料(包括适用的特殊程序和限制)。

(4)关于下列细节内容的勤务资料:勤务点、油箱和流体容器的容量以及所用流体的类型、各系统的适用压力、检查和勤务的接近口盖位置、润滑点位置和使用的润滑剂、勤务所需设备、牵引说明和限制、系留、顶升和调水平的资料。

(b)维修说明

(1)飞机及其发动机、辅助动力装置、螺旋桨、附件、仪表和设备的每个零件的定期维修资料,该资料提供上述各项应当予清洗、检查、调整、试验和润滑的荐用周期,并提供检查的程度、适用的磨损允差和在这些周期内推荐的工作内容。但是,如果申请人表明某项附件、仪表或者设备非常复杂,需要专业化的维修技术、测试设备或者专家才能处理,则申请人可以指明向该件的制造商索取上述资料。荐用的翻修周期和与适航限制章节的相互参照也应当列入。此外,申请人应当提交一份包含飞机持续适航所需检查频次和范围的检查大纲。

(2)说明可能发生的故障、如何判别这些故障以及对这些故障采取补救措施的检查排故资料。

(3)说明拆卸与更换产品和零件的顺序和方法以及应当采取的必要防范措施的资料。

(4)其他通用程序说明,包括系统地面运转试验、对称检查、称重和确定重心、顶升和支撑以及存放限制程序。

(c)结构接近口盖图,无接近口盖时应当提供接近检查所需的资料。

(d)如果规定做特种检查(包括射线和超声波检验),提供如何进行特种检查的细节资料。

(e)检查后对结构进行防护处理所需的资料。

(f)关于结构紧固件的所有资料,如标识、报废建议和拧紧力矩。

(g)所需专用工具清单。

(h)此外,对于4级飞机,必须提供下列资料:

(1)各系统的电气负载;

(2)操纵面的平衡方法;

(3)主要结构和次要结构的区别;

(4)适用于该型飞机的专门修理方法。

A23.4 适航限制章节

持续适航文件必须包含标题为适航限制的章节,该章节应当单独编排并与文件的其他部分明显地区分开来。该章节必须规定型号合格审定所要求的强制性更换时间、结构检查时间间隔和有关的结构检查程序。如果持续适航文件由多本文件组成,则本条要求的适航限制章节内容应当列入主要手册中。申请人应当在该章节显著位置清晰声明:"本适航限制章节已经中国民用航空局批准,规定了涉及民航管理的规章有关维修和运行的条款所要求的维修内容,如果局方已另行批准使用替代的大纲则除外。"

病死畜禽和病害畜禽产品无害化处理管理办法

(2022年5月11日农业农村部令2022年第3号公布　自2022年7月1日起施行　国司备字[2022006376])

第一章　总　　则

第一条　为了加强病死畜禽和病害畜禽产品无害化处理管理,防控动物疫病,促进畜牧业高质量发展,保障公共卫生安全和人体健康,根据《中华人民共和国动物防疫法》(以下简称《动物防疫法》),制定本办法。

第二条　本办法适用于畜禽饲养、屠宰、经营、隔离、运输等过程中病死畜禽和病害畜禽产品的收集、无害化处理及其监督管理活动。

发生重大动物疫情时,应当根据动物疫病防控要求开展病死畜禽和病害畜禽产品无害化处理。

第三条　下列畜禽和畜禽产品应当进行无害化处理:

(一)染疫或者疑似染疫死亡、因病死亡或者死因不明的;

（二）经检疫、检验可能危害人体或者动物健康的；

（三）因自然灾害、应激反应、物理挤压等因素死亡的；

（四）屠宰过程中经肉品品质检验确认为不可食用的；

（五）死胎、木乃伊胎等；

（六）因动物疫病防控需要被扑杀或销毁的；

（七）其他应当进行无害化处理的。

第四条 病死畜禽和病害畜禽产品无害化处理坚持统筹规划与属地负责相结合、政府监管与市场运作相结合、财政补助与保险联动相结合、集中处理与自行处理相结合的原则。

第五条 从事畜禽饲养、屠宰、经营、隔离等活动的单位和个人，应当承担主体责任，按照本办法对病死畜禽和病害畜禽产品进行无害化处理，或者委托病死畜禽无害化处理场处理。

运输过程中发生畜禽死亡或者因检疫不合格需要进行无害化处理的，承运人应当立即通知货主，配合做好无害化处理，不得擅自弃置和处理。

第六条 在江河、湖泊、水库等水域发现的死亡畜禽，依法由所在地县级人民政府组织收集、处理并溯源。

在城市公共场所和乡村发现的死亡畜禽，依法由所在地街道办事处、乡级人民政府组织收集、处理并溯源。

第七条 病死畜禽和病害畜禽产品收集、无害化处理、资源化利用应当符合农业农村部相关技术规范，并采取必要的防疫措施，防止传播动物疫病。

第八条 农业农村部主管全国病死畜禽和病害畜禽产品无害化处理工作。

县级以上地方人民政府农业农村主管部门负责本行政区域病死畜禽和病害畜禽产品无害化处理的监督管理工作。

第九条 省级人民政府农业农村主管部门结合本行政区域畜牧业发展规划和畜禽养殖、疫病发生、畜禽死亡等情况，编制病死畜禽和病害畜禽产品集中无害化处理场所建设规划，合理布局病死畜禽无害化处理场，经本级人民政府批准后实施，并报农业农村部备案。

鼓励跨县级以上行政区域建设病死畜禽无害化处理场。

第十条 县级以上人民政府农业农村主管部门应当落实病死畜禽无害化处理财政补助政策和农机购置与应用补贴政策，协调有关部门优先保障病死畜禽无害化处理场用地、落实税收优惠政策，推动建立病死畜禽无害化处理和保险联动机制，将病死畜禽无害化处理作为保险理赔的前提条件。

第二章 收 集

第十一条 畜禽养殖场、养殖户、屠宰厂(场)、隔离场应当及时对病死畜禽和病害畜禽产品进行贮存和清运。

畜禽养殖场、屠宰厂(场)、隔离场委托病死畜禽无害化处理场处理的,应当符合以下要求:

(一)采取必要的冷藏冷冻、清洗消毒等措施;

(二)具有病死畜禽和病害畜禽产品输出通道;

(三)及时通知病死畜禽无害化处理场进行收集,或自行送至指定地点。

第十二条 病死畜禽和病害畜禽产品集中暂存点应当具备下列条件:

(一)有独立封闭的贮存区域,并且防渗、防漏、防鼠、防盗,易于清洗消毒;

(二)有冷藏冷冻、清洗消毒等设施设备;

(三)设置显著警示标识;

(四)有符合动物防疫需要的其他设施设备。

第十三条 专业从事病死畜禽和病害畜禽产品收集的单位和个人,应当配备专用运输车辆,并向承运人所在地县级人民政府农业农村主管部门备案。备案时应当通过农业农村部指定的信息系统提交车辆所有权人的营业执照、运输车辆行驶证、运输车辆照片。

县级人民政府农业农村主管部门应当核实相关材料信息,备案材料符合要求的,及时予以备案;不符合要求的,应当一次性告知备案人补充相关材料。

第十四条 病死畜禽和病害畜禽产品专用运输车辆应当符合以下要求:

(一)不得运输病死畜禽和病害畜禽产品以外的其他物品;

(二)车厢密闭、防水、防渗、耐腐蚀,易于清洗和消毒;

(三)配备能够接入国家监管监控平台的车辆定位跟踪系统、车载终端;

(四)配备人员防护、清洗消毒等应急防疫用品;

(五)有符合动物防疫需要的其他设施设备。

第十五条 运输病死畜禽和病害畜禽产品的单位和个人,应当遵守下列规定:

(一)及时对车辆、相关工具及作业环境进行消毒;

(二)作业过程中如发生渗漏,应当妥善处理后再继续运输;

(三)做好人员防护和消毒。

第十六条 跨县级以上行政区域运输病死畜禽和病害畜禽产品的，相关区域县级以上地方人民政府农业农村主管部门应当加强协作配合，及时通报紧急情况，落实监管责任。

第三章 无害化处理

第十七条 病死畜禽和病害畜禽产品无害化处理以集中处理为主，自行处理为补充。

病死畜禽无害化处理场的设计处理能力应当高于日常病死畜禽和病害畜禽产品处理量，专用运输车辆数量和运载能力应当与区域内畜禽养殖情况相适应。

第十八条 病死畜禽无害化处理场应当符合省级人民政府病死畜禽和病害畜禽产品集中无害化处理场所建设规划并依法取得动物防疫条件合格证。

第十九条 畜禽养殖场、屠宰厂（场）、隔离场在本场（厂）内自行处理病死畜禽和病害畜禽产品的，应当符合无害化处理场所的动物防疫条件，不得处理本场（厂）外的病死畜禽和病害畜禽产品。

畜禽养殖场、屠宰厂（场）、隔离场在本场（厂）外自行处理的，应当建设病死畜禽无害化处理场。

第二十条 畜禽养殖场、养殖户、屠宰厂（场）、隔离场委托病死畜禽无害化处理场进行无害化处理的，应当签订委托合同，明确双方的权利、义务。

无害化处理费用由财政进行补助或者由委托方承担。

第二十一条 对于边远和交通不便地区以及畜禽养殖户自行处理零星病死畜禽的，省级人民政府农业农村主管部门可以结合实际情况和风险评估结果，组织制定相关技术规范。

第二十二条 病死畜禽和病害畜禽产品集中暂存点、病死畜禽无害化处理场应当配备专门人员负责管理。

从事病死畜禽和病害畜禽产品无害化处理的人员，应当具备相关专业技能，掌握必要的安全防护知识。

第二十三条 鼓励在符合国家有关法律法规规定的情况下，对病死畜禽和病害畜禽产品无害化处理产物进行资源化利用。

病死畜禽和病害畜禽产品无害化处理场所销售无害化处理产物的，应当严控无害化处理产物流向，查验购买方资质并留存相关材料，签订销售合同。

第二十四条 病死畜禽和病害畜禽产品无害化处理应当符合安全生产、环境保护等相关法律法规和标准规范要求，接受有关主管部门监管。

病死畜禽无害化处理场处理本办法第三条之外的病死动物和病害动物产品的,应当要求委托方提供无特殊风险物质的证明。

第四章　监 督 管 理

第二十五条　农业农村部建立病死畜禽无害化处理监管监控平台,加强全程追溯管理。

从事畜禽饲养、屠宰、经营、隔离及病死畜禽收集、无害化处理的单位和个人,应当按要求填报信息。

县级以上地方人民政府农业农村主管部门应当做好信息审核,加强数据运用和安全管理。

第二十六条　农业农村部负责组织制定全国病死畜禽和病害畜禽产品无害化处理生物安全风险调查评估方案,对病死畜禽和病害畜禽产品收集、无害化处理生物安全风险因素进行调查评估。

省级人民政府农业农村主管部门应当制定本行政区域病死畜禽和病害畜禽产品无害化处理生物安全风险调查评估方案并组织实施。

第二十七条　根据病死畜禽无害化处理场规模、设施装备状况、管理水平等因素,推行分级管理制度。

第二十八条　病死畜禽和病害畜禽产品无害化处理场所应当建立并严格执行以下制度:

(一)设施设备运行管理制度;

(二)清洗消毒制度;

(三)人员防护制度;

(四)生物安全制度;

(五)安全生产和应急处理制度。

第二十九条　从事畜禽饲养、屠宰、经营、隔离以及病死畜禽和病害畜禽产品收集、无害化处理的单位和个人,应当建立台账,详细记录病死畜禽和病害畜禽产品的种类、数量(重量)、来源、运输车辆、交接人员和交接时间、处理产物销售情况等信息。

病死畜禽和病害畜禽产品无害化处理场所应当安装视频监控设备,对病死畜禽和病害畜禽产品进(出)场、交接、处理和处理产物存放等进行全程监控。

相关台账记录保存期不少于二年,相关监控影像资料保存期不少于三十天。

第三十条 病死畜禽和病害畜禽产品无害化处理场所应当于每年一月底前向所在地县级人民政府农业农村主管部门报告上一年度病死畜禽和病害畜禽产品无害化处理、运输车辆和环境清洗消毒等情况。

第三十一条 县级以上地方人民政府农业农村主管部门执行监督检查任务时,从事病死畜禽和病害畜禽产品收集、无害化处理的单位和个人应当予以配合,不得拒绝或者阻碍。

第三十二条 任何单位和个人对违反本办法规定的行为,有权向县级以上地方人民政府农业农村主管部门举报。接到举报的部门应当及时调查处理。

第五章 法律责任

第三十三条 未按照本办法第十一条、第十二条、第十五条、第十九条、第二十二条规定处理病死畜禽和病害畜禽产品的,按照《动物防疫法》第九十八条规定予以处罚。

第三十四条 畜禽养殖场、屠宰厂(场)、隔离场、病死畜禽无害化处理场未取得动物防疫条件合格证或生产经营条件发生变化,不再符合动物防疫条件继续从事无害化处理活动的,分别按照《动物防疫法》第九十八条、第九十九条处罚。

第三十五条 专业从事病死畜禽和病害畜禽产品运输的车辆,未经备案或者不符合本办法第十四条规定的,分别按照《动物防疫法》第九十八条、第九十四条处罚。

第三十六条 违反本办法第二十八条、第二十九条规定,未建立管理制度、台账或者未进行视频监控的,由县级以上地方人民政府农业农村主管部门责令改正;拒不改正或者情节严重的,处二千元以上二万元以下罚款。

第六章 附 则

第三十七条 本办法下列用语的含义:

(一)畜禽,是指《国家畜禽遗传资源目录》范围内的畜禽,不包括用于科学研究、教学、检定以及其他科学实验的畜禽。

(二)隔离场所,是指对跨省、自治区、直辖市引进的乳用种用动物或输入到无规定动物疫病区的相关畜禽进行隔离观察的场所,不包括进出境隔离观察场所。

（三）病死畜禽和病害畜禽产品无害化处理场所，是指病死畜禽无害化处理场以及畜禽养殖场、屠宰厂（场）、隔离场内的无害化处理区域。

第三十八条 病死水产养殖动物和病害水产养殖动物产品的无害化处理，参照本办法执行。

第三十九条 本办法自2022年7月1日起施行。

文化和旅游部关于修改《娱乐场所管理办法》的决定

（2022年5月13日文化和旅游部令第10号公布 自公布之日起施行 国司备字[2022006377]）

文化和旅游部决定对《娱乐场所管理办法》作如下修改：

一、将第六条第一款第四项修改为"《中华人民共和国未成年人保护法》规定的学校、幼儿园周围"，第二款修改为"娱乐场所与学校、幼儿园、医院、机关距离及其测量方法由省级人民政府文化和旅游主管部门规定"。

二、将第七条第二项"环境噪声"修改为"噪声污染防治"。

三、将第九条中的"中外合资经营、中外合作经营"修改为"外商投资"。

四、将第十一条第一款第三项"身份证明"修改为"有效身份证件"；删去第十一条第一款第六项，将第二款修改为"有关法律、行政法规规定需要办理消防、卫生、环境保护等审批手续的，从其规定"。

五、将第十五条修改为"娱乐场所改建、扩建营业场所或者变更场地的，变更投资人员以及娱乐经营许可证载明事项的，应当向原发证机关申请重新核发娱乐经营许可证"。

六、将第十九条修改为"娱乐场所法定代表人或者主要负责人是维护本场所经营秩序的第一责任人，是本场所安全生产的第一责任人"。

七、将第二十四条修改为"娱乐场所应当在显著位置悬挂娱乐经营许可证、未成年人禁入或者限入标志，标志应当注明举报电话"。

八、将第二十六条修改为"文化和旅游主管部门应当建立娱乐场所信用管理档案，记录被文化和旅游主管部门、公安机关、市场监督管理部门、消防救援机构、负有噪声污染防治监督管理职责的部门实施处罚的情况以及娱乐场所法定代表人、主要负责人、投资人等信息"。

九、将第二十八条修改为"违反《条例》规定，擅自从事娱乐场所经营活动的，由县级以上人民政府文化和旅游主管部门依照《条例》第四十一条采取责令关闭等方式予以取缔，有违法所得的，依照《中华人民共和国行政处罚法》第二十八条予以没收；符合严重失信主体情形的，依照有关规定予以认定并实施相应信用管理措施”。

十、将第四条、第八条、第九条、第十条、第十二条、第十三条、第十四条、第二十一条、第二十二条、第二十三条、第二十五条、第二十七条、第二十九条、第三十条、第三十一条、第三十二条、第三十三条、第三十四条等中的“文化主管部门”修改为“文化和旅游主管部门”。

十一、将第十七条中的“工商营业执照”修改为“营业执照”；将第十八条中的“工商行政管理部门”修改为“市场监督管理部门”。

本决定自公布之日起施行。

《娱乐场所管理办法》根据本决定作相应修改，重新公布。

娱乐场所管理办法

（2013年2月4日文化部令第55号发布　根据2017年12月15日《文化部关于废止和修改部分部门规章的决定》第一次修订　根据2022年5月13日《文化和旅游部关于修改〈娱乐场所管理办法〉的决定》第二次修订）

第一条　为了加强娱乐场所经营活动管理，维护娱乐场所健康发展，满足人民群众文化娱乐消费需求，根据《娱乐场所管理条例》（以下简称《条例》），制定本办法。

第二条　《条例》所称娱乐场所，是指以营利为目的，向公众开放、消费者自娱自乐的歌舞、游艺等场所。歌舞娱乐场所是指提供伴奏音乐、歌曲点播服务或者提供舞蹈音乐、跳舞场地服务的经营场所；游艺娱乐场所是指通过游戏游艺设备提供游戏游艺服务的经营场所。

其他场所兼营以上娱乐服务的，适用本办法。

第三条　国家鼓励娱乐场所传播民族优秀文化艺术，提供面向大众的、健康有益的文化娱乐内容和服务；鼓励娱乐场所实行连锁化、品牌化经营。

第四条　县级以上人民政府文化和旅游主管部门负责所在地娱乐场所经营活动的监管，负责娱乐场所提供的文化产品的内容监管，负责指导所在地娱乐场所行业协会工作。

第五条 娱乐场所行业协会应当依照国家有关法规和协会章程的规定，制定行业规范，加强行业自律，维护行业合法权益。

第六条 娱乐场所不得设立在下列地点：

（一）房屋用途中含有住宅的建筑内；

（二）博物馆、图书馆和被核定为文物保护单位的建筑物内；

（三）居民住宅区；

（四）《中华人民共和国未成年人保护法》规定的学校、幼儿园周围；

（五）依照《医疗机构管理条例》及实施细则规定取得《医疗机构执业许可证》的医院周围；

（六）各级中国共产党委员会及其所属各工作部门、各级人民代表大会机关、各级人民政府及其所属各工作部门、各级政治协商会议机关、各级人民法院、检察院机关、各级民主党派机关周围；

（七）车站、机场等人群密集的场所；

（八）建筑物地下一层以下（不含地下一层）；

（九）与危险化学品仓库毗连的区域，与危险化学品仓库的距离必须符合《危险化学品安全管理条例》的有关规定。

娱乐场所与学校、幼儿园、医院、机关距离及其测量方法由省级人民政府文化和旅游主管部门规定。

第七条 依法登记的娱乐场所申请从事娱乐场所经营活动，应当符合以下条件：

（一）有与其经营活动相适应的设施设备，提供的文化产品内容应当符合文化产品生产、出版、进口的规定；

（二）符合国家治安管理、消防安全、噪声污染防治等相关规定；

（三）法律、法规和规章规定的其他条件。

第八条 省级人民政府文化和旅游主管部门可以结合本地区实际，制定本行政区域内娱乐场所使用面积和消费者人均占有使用面积的最低标准。

第九条 依法登记的娱乐场所申请从事娱乐场所经营活动，应当向所在地县级人民政府文化和旅游主管部门提出申请；依法登记的外商投资娱乐场所申请从事娱乐场所经营活动，应当向所在地省级人民政府文化和旅游主管部门提出申请，省级人民政府文化和旅游主管部门可以委托所在地县级以上文化和旅游主管部门进行实地检查。

第十条 依法登记的娱乐场所申请从事娱乐场所经营活动前，可以向负责审批的文化和旅游主管部门提交咨询申请，文化和旅游主管部门应当提供行政指导。

第十一条 依法登记的娱乐场所申请从事娱乐场所经营活动，应当提交以下文件：

（一）申请书；

（二）营业执照；

（三）投资人、法定代表人、主要负责人的有效身份证件以及无《条例》第四条、第五条、第五十三条规定情况的书面声明；

（四）房产权属证书，租赁场地经营的，还应当提交租赁合同或者租赁意向书；

（五）经营场所地理位置图和场所内部结构平面图。

有关法律、行政法规规定需要办理消防、卫生、环境保护等审批手续的，从其规定。

第十二条 文化和旅游主管部门受理申请后，应当对设立场所的位置、周边环境、面积等进行实地检查。符合条件的，应当在设立场所、文化和旅游主管部门办公场所显著位置向社会公示10日，并依法组织听证。

第十三条 文化和旅游主管部门应当对歌舞娱乐场所使用的歌曲点播系统和游艺娱乐场所使用的游戏游艺设备进行内容核查。

第十四条 文化和旅游主管部门应当根据听证和文化产品内容核查结果作出行政许可决定。予以批准的，核发娱乐经营许可证；不予批准的，应当书面告知申请人并说明理由。

第十五条 娱乐场所改建、扩建营业场所或者变更场地的，变更投资人员以及娱乐经营许可证载明事项的，应当向原发证机关申请重新核发娱乐经营许可证。

第十六条 歌舞娱乐场所新增、变更歌曲点播系统，游艺娱乐场所新增、变更游戏游艺设备的，应当符合本办法第七条第（一）项规定。

第十七条 娱乐经营许可证有效期2年。娱乐经营许可证有效期届满30日前，娱乐场所经营者应当持许可证、营业执照副本以及营业情况报告到原发证机关申请换发许可证。原发证机关应当在有效期届满前做出是否准予延续的决定，逾期未做决定的，视为准予延续。

第十八条 娱乐经营许可证有效期届满未延续的，由原发证机关向社会公告注销娱乐经营许可证，并函告公安机关、市场监督管理部门。

第十九条 娱乐场所法定代表人或者主要负责人是维护本场所经营秩序的第一责任人，是本场所安全生产的第一责任人。

第二十条 歌舞娱乐场所经营应当符合以下规定：

（一）播放、表演的节目不得含有《条例》第十三条禁止内容；

（二）不得将场所使用的歌曲点播系统连接至境外曲库。

第二十一条 游艺娱乐场所经营应当符合以下规定：

（一）不得设置未经文化和旅游主管部门内容核查的游戏游艺设备；

（二）进行有奖经营活动的，奖品目录应当报所在地县级文化和旅游主管部门备案；

（三）除国家法定节假日外，设置的电子游戏机不得向未成年人提供。

第二十二条 娱乐场所不得为未经文化和旅游主管部门批准的营业性演出活动提供场地。

娱乐场所招用外国人从事演出活动的，应当符合《营业性演出管理条例》及《营业性演出管理条例实施细则》的规定。

第二十三条 娱乐场所应当建立文化产品内容自审和巡查制度，确定专人负责管理在场所内提供的文化产品和服务。巡查情况应当记入营业日志。

消费者利用娱乐场所从事违法违规活动的，娱乐场所应当制止，制止无效的应当及时报告文化和旅游主管部门或者公安机关。

第二十四条 娱乐场所应当在显著位置悬挂娱乐经营许可证、未成年人禁入或者限入标志，标志应当注明举报电话。

第二十五条 娱乐场所应当配合文化和旅游主管部门的日常检查和技术监管措施。

第二十六条 文化和旅游主管部门应当建立娱乐场所信用管理档案，记录被文化和旅游主管部门、公安机关、市场监督管理部门、消防救援机构、负有噪声污染防治监督管理职责的部门实施处罚的情况以及娱乐场所法定代表人、主要负责人、投资人等信息。

第二十七条 文化和旅游主管部门应当定期组织文化和旅游主管部门工作人员、娱乐场所第一责任人和内容管理专职人员进行政策法规培训。

第二十八条 违反《条例》规定，擅自从事娱乐场所经营活动的，由县级以上人民政府文化和旅游主管部门依照《条例》第四十一条采取责令关闭等方式予以取缔，有违法所得的，依照《中华人民共和国行政处罚法》第二十八条予以没收；符合严重失信主体情形的，依照有关规定予以认定并实施相应信用管理措施。

第二十九条 歌舞娱乐场所违反本办法第二十条规定的，由县级以上人民政府文化和旅游主管部门依照《条例》第四十八条予以处罚。

第三十条 游艺娱乐场所违反本办法第二十一条第（一）项、第（二）项规定的，由县级以上人民政府文化和旅游主管部门责令改正，并处5000元以上1万元以下的罚款；违反本办法第二十一条第（三）项规定的，由县级以上人民政府文化和旅游主管部门依照《条例》第四十八条予以处罚。

第三十一条 娱乐场所违反本办法第二十二条第一款规定的，由县级以上人民政府文化和旅游主管部门责令改正，并处5000元以上1万元以下罚款。

第三十二条 娱乐场所违反本办法第二十三条规定对违法违规行为未及时采取措施制止并依法报告的，由县级以上人民政府文化和旅游主管部门依照《条例》第五十条予以处罚。

第三十三条 娱乐场所违反本办法第二十四条规定的，由县级以上人民政府文化和旅游主管部门责令改正，予以警告。

第三十四条 娱乐场所违反本办法第二十五条规定的，由县级以上人民政府文化和旅游主管部门予以警告，并处5000元以上1万元以下罚款。

第三十五条 本办法自2013年3月11日起施行。

文化和旅游部关于修改《营业性演出管理条例实施细则》的决定

（2022年5月13日文化和旅游部令第9号公布　自公布之日起施行　国司备字[2022006378]）

文化和旅游部决定对《营业性演出管理条例实施细则》作如下修改：

一、将第七条第二款“（三）演出行业协会颁发的演员资格证明”删除。

二、将第十条修改为：“香港特别行政区、澳门特别行政区投资者在内地依法登记的演出经纪机构，台湾地区投资者在大陆依法登记的演出经纪机构，外国投资者在中国境内依法登记的演出经纪机构，申请从事营业性演出经营活动，适用本实施细则第八条规定。”

三、将第十一条修改为：“香港特别行政区、澳门特别行政区投资者在内地依法登记的演出场所经营单位，台湾地区投资者在大陆依法登记的演出场所经营单位，外国投资者在中国境内依法登记的演出场所经营单位，申请从事演出场所经营活动，应当提交下列文件：

“（一）申请书；

“（二）营业执照；

“（三）法定代表人或主要负责人有效身份证件；

“（四）依照《条例》第七条应当提交的其他材料。”

四、将第十三条修改为:“香港特别行政区、澳门特别行政区投资者在内地依法投资设立的由内地方控股的文艺表演团体申请从事营业性演出活动,除提交本实施细则第七条规定的材料外,还应当提交投资信息报告回执等材料。”

五、删除第十四条、第十五条。

六、增加一条,作为第三十五条:“国家对演出经纪人员实行职业资格认定制度。国务院文化和旅游主管部门对全国演出经纪人员的资格认定、从业活动实施监督管理。各级人民政府文化和旅游主管部门对本行政区域内演出经纪人员的从业活动实施监督管理。

“演出经纪机构举办营业性演出活动,应当安排专职演出经纪人员负责。”

七、将第三十七条改为第三十六条,修改为:“演出行业协会应当依据章程开展业务活动,加强行业自律,维护其成员的合法权益。”

八、将第四十四条改为第四十三条,修改为:“违反本实施细则第十七条规定,经省级人民政府文化和旅游主管部门批准的涉外演出在批准的时间内增加演出地,未到演出所在地省级人民政府文化和旅游主管部门备案的,由县级人民政府文化和旅游主管部门责令改正,给予警告,可以并处3万元以下罚款。”

九、将“文化部”修改为“国务院文化和旅游主管部门”、“省级文化主管部门”修改为“省级人民政府文化和旅游主管部门”、“县级文化主管部门”修改为“县级人民政府文化和旅游主管部门”、“各级文化主管部门”修改为“各级人民政府文化和旅游主管部门”、“文化主管部门”修改为“文化和旅游主管部门”、“文化行政执法机构”修改为“文化市场综合执法机构”、“工商行政管理部门”修改为“市场监督管理部门”。

十、将“证照”修改为“营业执照”、“身份证明”修改为“有效身份证件”、“演出经纪人员资格证明”修改为“演出经纪人员资格证”、“安全责任保险”修改为“安全生产责任保险”、“文化市场行政执法证件”修改为“行政执法证”。

此外,对条文顺序和个别文字作相应调整和修改。

本决定自公布之日起施行。

《营业性演出管理条例实施细则》根据本决定作相应修改,重新公布。

营业性演出管理条例实施细则

（2009年8月28日文化部令第47号公布　根据2017年12月15日《文化部关于废止和修改部分部门规章的决定》第一次修订　根据2022年5月13日《文化和旅游部关于修改〈营业性演出管理条例实施细则〉的决定》第二次修订）

第一章　总　　则

第一条　根据《营业性演出管理条例》（以下简称《条例》），制定本实施细则。

第二条　《条例》所称营业性演出是指以营利为目的、通过下列方式为公众举办的现场文艺表演活动：

（一）售票或者接受赞助的；

（二）支付演出单位或者个人报酬的；

（三）以演出为媒介进行广告宣传或者产品促销的；

（四）以其他营利方式组织演出的。

第三条　国家依法维护营业性演出经营主体、演职员和观众的合法权益，禁止营业性演出中的不正当竞争行为。

第二章　营业性演出经营主体

第四条　文艺表演团体是指具备《条例》第六条规定条件，从事文艺表演活动的经营单位。

第五条　演出经纪机构是指具备《条例》第六条规定条件，从事下列活动的经营单位：

（一）演出组织、制作、营销等经营活动；

（二）演出居间、代理、行纪等经纪活动；

（三）演员签约、推广、代理等经纪活动。

第六条　演出场所经营单位是指具备《条例》第七条规定条件，为演出活动提供专业演出场地及服务的经营单位。

第七条　依法登记的文艺表演团体申请从事营业性演出活动，应当向文化和旅游主管部门提交下列文件：

（一）申请书；

（二）营业执照和从事的艺术类型；

（三）法定代表人或者主要负责人的有效身份证件；

（四）演员的艺术表演能力证明；

（五）与业务相适应的演出器材设备书面声明。

前款第四项所称演员的艺术表演能力证明，可以是下列文件之一：

（一）中专以上学校文艺表演类专业毕业证书；

（二）职称证书；

（三）其他有效证明。

第八条 依法登记的演出经纪机构申请从事营业性演出经营活动，应当向文化和旅游主管部门提交下列文件：

（一）申请书；

（二）营业执照；

（三）法定代表人或者主要负责人的有效身份证件；

（四）演出经纪人员资格证。

法人或者其他组织申请增设演出经纪机构经营业务的，应当提交前款第一项、第四项规定的文件。

第九条 依法登记的演出场所经营单位，应当自领取营业执照之日起20日内，持营业执照和有关消防、卫生批准文件，向所在地县级人民政府文化和旅游主管部门备案，县级人民政府文化和旅游主管部门应当出具备案证明。备案证明式样由国务院文化和旅游主管部门设计，省级人民政府文化和旅游主管部门印制。

个体演员可以持个人有效身份证件和本实施细则第七条第二款规定的艺术表演能力证明，个体演出经纪人可以持个人有效身份证件和演出经纪人员资格证，向户籍所在地或者常驻地县级人民政府文化和旅游主管部门申请备案，文化和旅游主管部门应当出具备案证明。备案证明式样由国务院文化和旅游主管部门设计，省级人民政府文化和旅游主管部门印制。

第十条 香港特别行政区、澳门特别行政区投资者在内地依法登记的演出经纪机构，台湾地区投资者在大陆依法登记的演出经纪机构，外国投资者在中国境内依法登记的演出经纪机构，申请从事营业性演出经营活动，适用本实施细则第八条规定。

第十一条 香港特别行政区、澳门特别行政区投资者在内地依法登记的演出场所经营单位，台湾地区投资者在大陆依法登记的演出场所经营单位，外国投资者在中国境内依法登记的演出场所经营单位，申请从事演出场所经营活动，应当提交下列文件：

（一）申请书；

（二）营业执照；

（三）法定代表人或主要负责人有效身份证件；

（四）依照《条例》第七条应当提交的其他材料。

第十二条 香港特别行政区、澳门特别行政区的演出经纪机构经批准可以在内地设立分支机构，分支机构不具有企业法人资格。

香港特别行政区、澳门特别行政区演出经纪机构在内地的分支机构可以依法从事营业性演出的居间、代理活动，但不得从事其他演出经营活动。香港特别行政区、澳门特别行政区的演出经纪机构对其分支机构的经营活动承担民事责任。

香港特别行政区、澳门特别行政区的演出经纪机构在内地设立分支机构，必须在内地指定负责该分支机构的负责人，并向该分支机构拨付与其所从事的经营活动相适应的资金。

第十三条 香港特别行政区、澳门特别行政区投资者在内地依法投资设立的由内地方控股的文艺表演团体申请从事营业性演出活动，除提交本实施细则第七条规定的材料外，还应当提交投资信息报告回执等材料。

第三章 演出管理

第十四条 申请举办营业性演出，应当在演出日期 3 日前将申请材料提交负责审批的文化和旅游主管部门。

申请举办营业性涉外或者涉港澳台演出，应当在演出日期 20 日前将申请材料提交负责审批的文化和旅游主管部门。

第十五条 申请举办营业性演出，应当持营业性演出许可证或者备案证明，向文化和旅游主管部门提交符合《条例》第十六条规定的文件。

申请举办临时搭建舞台、看台的营业性演出，还应当提交符合《条例》第二十条第二、三项规定的文件。

对经批准的临时搭建舞台、看台的演出活动，演出举办单位还应当在演出前向演出所在地县级人民政府文化和旅游主管部门提交符合《条例》第二十条第一项规定的文件，不符合规定条件的，演出活动不得举行。

《条例》第二十条所称临时搭建舞台、看台的营业性演出是指符合《大型群众性活动安全管理条例》规定的营业性演出活动。

《条例》第二十条第一项所称演出场所合格证明，是指由演出举办单位组织有关承建单位进行竣工验收，并作出的验收合格证明材料。

申请举办需要未成年人参加的营业性演出，应当符合国家有关规定。

第十六条 申请举办营业性涉外或者涉港澳台演出，除提交本实施细则第十五条规定的文件外，还应当提交下列文件：

（一）演员有效身份证件复印件；

（二）2年以上举办营业性演出经历的证明文件；

（三）近2年内无违反《条例》规定的书面声明。

文化和旅游主管部门审核涉外或者涉港澳台营业性演出项目，必要时可以依法组织专家进行论证。

第十七条 经省级人民政府文化和旅游主管部门批准的营业性涉外演出，在批准的时间内增加演出地的，举办单位或者与其合作的具有涉外演出资格的演出经纪机构，应当在演出日期10日前，持省级人民政府文化和旅游主管部门批准文件和本实施细则第十五条规定的文件，到增加地省级人民政府文化和旅游主管部门备案，省级人民政府文化和旅游主管部门应当出具备案证明。

第十八条 经批准到艺术院校从事教学、研究工作的外国或者港澳台艺术人员从事营业性演出的，应当委托演出经纪机构承办。

第十九条 歌舞娱乐场所、旅游景区、主题公园、游乐园、宾馆、饭店、酒吧、餐饮场所等非演出场所经营单位需要在本场所内举办营业性演出的，应当委托演出经纪机构承办。

在上述场所举办驻场涉外演出，应当报演出所在地省级人民政府文化和旅游主管部门审批。

第二十条 申请举办含有内地演员和香港特别行政区、澳门特别行政区、台湾地区演员以及外国演员共同参加的营业性演出，可以报演出所在地省级人民政府文化和旅游主管部门审批，具体办法由省级人民政府文化和旅游主管部门制定。

国家另有规定的，从其规定。

第二十一条 在演播厅外从事电视文艺节目的现场录制，符合本实施细则第二条规定条件的，应当依照《条例》和本实施细则的规定办理审批手续。

第二十二条 举办募捐义演，应当依照《条例》和本实施细则的规定办理审批手续。

参加募捐义演的演职人员不得获取演出报酬；演出举办单位或者演员应当将扣除成本后的演出收入捐赠给社会公益事业，不得从中获取利润。

演出收入是指门票收入、捐赠款物、赞助收入等与演出活动相关的全部收入。演出成本是指演职员食、宿、交通费用和舞台灯光音响、服装道具、场地、宣传等费用。

募捐义演结束后10日内,演出举办单位或者演员应当将演出收支结算报审批机关备案。

举办其他符合本实施细则第二条所述方式的公益性演出,参照本条规定执行。

第二十三条 营业性演出经营主体举办营业性演出,应当履行下列义务:

(一)办理演出申报手续;

(二)安排演出节目内容;

(三)安排演出场地并负责演出现场管理;

(四)确定演出票价并负责演出活动的收支结算;

(五)依法缴纳或者代扣代缴有关税费;

(六)接受文化和旅游主管部门的监督管理;

(七)其他依法需要承担的义务。

第二十四条 举办营业性涉外或者涉港澳台演出,举办单位应当负责统一办理外国或者港澳台文艺表演团体、个人的入出境手续,巡回演出的还要负责其全程联络和节目安排。

第二十五条 营业性演出活动经批准后方可出售门票。

第二十六条 营业性演出不得以假唱、假演奏等手段欺骗观众。

前款所称假唱、假演奏是指演员在演出过程中,使用事先录制好的歌曲、乐曲代替现场演唱、演奏的行为。

演出举办单位应当派专人对演唱、演奏行为进行监督,并作出记录备查。记录内容包括演员、乐队、曲目的名称和演唱、演奏过程的基本情况,并由演出举办单位负责人和监督人员签字确认。

第二十七条 举办营业性演出,应当根据舞台设计要求,优先选用境内演出器材。

第二十八条 举办营业性演出,举办单位或者个人可以为演出活动投保安全生产责任保险。

第二十九条 鼓励演出经营主体协作经营,建立演出院线,共享演出资源。

第三十条 各级人民政府文化和旅游主管部门应当将营业性演出的审批事项向社会公布。

第三十一条 文化和旅游主管部门对体现民族特色和国家水准的演出,应当依照有关规定给予补助和支持。

县级以上人民政府有关部门可以依照《条例》的有关规定和财务管理制度，鼓励和支持体现民族特色和国家水准的演出。

第三十二条 文化和旅游主管部门或者文化市场综合执法机构检查营业性演出现场，应当出示行政执法证，演出举办单位应当配合。

第三十三条 文化和旅游主管部门可以采用技术手段，加强对营业性演出活动的监管。

第三十四条 各级人民政府文化和旅游主管部门应当建立演出经营主体基本信息登记和公布制度、演出信息报送制度、演出市场巡查责任制度，加强对演出市场的管理和监督。

第三十五条 国家对演出经纪人员实行职业资格认定制度。国务院文化和旅游主管部门对全国演出经纪人员的资格认定、从业活动实施监督管理。各级人民政府文化和旅游主管部门对本行政区域内演出经纪人员的从业活动实施监督管理。

演出经纪机构举办营业性演出活动，应当安排专职演出经纪人员负责。

第三十六条 演出行业协会应当依据章程开展业务活动，加强行业自律，维护其成员的合法权益。

第四章 演出证管理

第三十七条 文艺表演团体和演出经纪机构的营业性演出许可证包括 1 份正本和 2 份副本，有效期为 2 年。

营业性演出许可证由国务院文化和旅游主管部门设计，省级人民政府文化和旅游主管部门印制，发证机关填写、盖章。

第三十八条 文化和旅游主管部门吊销文艺表演团体或者演出经纪机构的营业性演出许可证，应当通知市场监督管理部门变更其经营范围或者吊销营业执照。

文艺表演团体和演出经纪机构的营业性演出许可证，除文化和旅游主管部门可以依法暂扣或者吊销外，其他任何单位和个人不得收缴、扣押。

第三十九条 吊销、注销文艺表演团体营业性演出许可证的，应当报省级人民政府文化和旅游主管部门备案。吊销、注销演出经纪机构营业性演出许可证的，应当报国务院文化和旅游主管部门备案。

第四十条 文化和旅游主管部门对文艺表演团体和演出经纪机构实施行政处罚的，应当将处罚决定记录在营业性演出许可证副本上并加盖处罚机关公章，同时将处罚决定通知发证机关。

第五章　罚　　则

第四十一条　违反本实施细则第十五条的规定，未在演出前向演出所在地县级人民政府文化和旅游主管部门提交《条例》第二十条规定的演出场所合格证明而举办临时搭建舞台、看台营业性演出的，由县级人民政府文化和旅游主管部门依照《条例》第四十四条第一款的规定给予处罚。

第四十二条　举办营业性涉外或者涉港澳台演出，隐瞒近 2 年内违反《条例》规定的记录，提交虚假书面声明的，由负责审批的文化和旅游主管部门处以 3 万元以下罚款。

第四十三条　违反本实施细则第十七条规定，经省级人民政府文化和旅游主管部门批准的涉外演出在批准的时间内增加演出地，未到演出所在地省级人民政府文化和旅游主管部门备案的，由县级人民政府文化和旅游主管部门责令改正，给予警告，可以并处 3 万元以下罚款。

第四十四条　违反本实施细则第十八条规定，经批准到艺术院校从事教学、研究工作的外国或者港澳台艺术人员擅自从事营业性演出的，由县级人民政府文化和旅游主管部门依照《条例》第四十三条规定给予处罚。

第四十五条　违反本实施细则第十九条规定，非演出场所经营单位擅自举办演出的，由县级人民政府文化和旅游主管部门依照《条例》第四十三条规定给予处罚。

第四十六条　非演出场所经营单位为未经批准的营业性演出提供场地的，由县级人民政府文化和旅游主管部门移送有关部门处理。

第四十七条　违反本实施细则第二十一条规定，在演播厅外从事符合本实施细则第二条规定条件的电视文艺节目的现场录制，未办理审批手续的，由县级人民政府文化和旅游主管部门依照《条例》第四十三条规定给予处罚。

第四十八条　违反本实施细则第二十二条规定，擅自举办募捐义演或者其他公益性演出的，由县级以上人民政府文化和旅游主管部门依照《条例》第四十三条规定给予处罚。

第四十九条　违反本实施细则第二十三条、第二十四条规定，在演出经营活动中，不履行应尽义务，倒卖、转让演出活动经营权的，由县级人民政府文化和旅游主管部门依照《条例》第四十五条规定给予处罚。

第五十条　违反本实施细则第二十五条规定，未经批准，擅自出售演出门票的，由县级人民政府文化和旅游主管部门责令停止违法活动，并处 3 万元以下罚款。

第五十一条 违反本实施细则第二十六条规定,演出举办单位没有现场演唱、演奏记录的,由县级人民政府文化和旅游主管部门处以3000元以下罚款。

以假演奏等手段欺骗观众的,由县级人民政府文化和旅游主管部门依照《条例》第四十七条的规定给予处罚。

第五十二条 县级以上人民政府文化和旅游主管部门或者文化市场综合执法机构检查营业性演出现场,演出举办单位拒不接受检查的,由县级以上人民政府文化和旅游主管部门或者文化市场综合执法机构处以3万元以下罚款。

第五十三条 上级人民政府文化和旅游主管部门在必要时,可以依照《条例》和本实施细则的规定,调查、处理由下级人民政府文化和旅游主管部门调查、处理的案件。

下级人民政府文化和旅游主管部门认为案件重大、复杂的,可以请求移送上级人民政府文化和旅游主管部门调查、处理。

第六章 附 则

第五十四条 本实施细则由国务院文化和旅游主管部门负责解释。

第五十五条 本实施细则自2009年10月1日起施行,2005年8月30日发布的《营业性演出管理条例实施细则》同时废止。

统计严重失信企业信用管理办法

(2022年5月19日国家统计局令第35号公布 自公布之日起施行 国司备字[2022006379])

第一章 总 则

第一条 为推进统计领域信用建设,规范统计严重失信企业信用管理,按照党中央、国务院关于推进诚信建设、完善失信约束决策部署,根据《中华人民共和国统计法》《中华人民共和国统计法实施条例》等相关法律法规规定,制定本办法。

第二条 本办法适用于统计机构对企业的统计严重失信行为及其信息进行认定、记录、归集、共享、公开、惩戒和信用修复等活动。

本办法所称统计机构,是指国家统计局及其派出的调查机构、县级以上地方人民政府统计机构。

本办法所称企业,是指在各级人民政府、县级以上人民政府统计机构和有关部门组织实施的统计活动中,承担统计资料报送义务的企业。

第三条 统计严重失信企业信用管理坚持"谁认定、谁管理、谁负责"的原则,按照依法依规、保护权益、审慎适度的总体思路组织实施。

第四条 国家统计局统一领导全国统计严重失信企业信用管理工作。

县级以上地方人民政府统计机构负责本行政区域内统计严重失信企业的信用管理工作。国家统计局派出的调查机构组织实施的统计调查活动中发生的统计严重失信行为,由组织实施该项统计调查的调查机构负责有关企业的信用管理工作。

县级以上人民政府有关部门对其组织实施的统计调查活动中发现的统计严重失信行为线索,应当移送同级人民政府统计机构依法处理。

第五条 统计机构应当归集、保存履职过程中采集的统计严重失信企业信息,按国家有关规定实施共享。

第二章 认定条件和程序

第六条 企业有下列统计违法行为之一,且属于《中华人民共和国统计法实施条例》第五十条所列情节严重的,统计机构应当认定其为统计严重失信企业。

(一)拒绝提供统计资料或者经催报后仍未按时提供统计资料的;

(二)提供不真实或者不完整的统计资料的;

(三)拒绝答复或者不如实答复统计检查查询书的;

(四)拒绝、阻碍统计调查、统计检查的;

(五)转移、隐匿、篡改、毁弃或者拒绝提供原始记录和凭证、统计台账、统计调查表及其他相关证明和资料的;

(六)其他统计严重失信行为。

第七条 统计机构对符合统计严重失信认定条件的企业,应当在该企业行政处罚决定生效后5个工作日内制作统计严重失信企业认定告知书,告知事由、依据、后果以及享有的陈述、申辩权利,依照《中华人民共和国民事诉讼法》规定的送达方式送达。

第八条 企业自收到统计严重失信认定告知书之日起 5 个工作日内,可以向作出认定的统计机构提出陈述、申辩。

统计机构认为企业提交的陈述、申辩材料不完整的,应当告知企业在规定时限内补充相关材料。

统计机构应当充分听取企业的意见,对企业提出的事实、理由和证据进行复核;企业提出的事实、理由或者证据成立的,统计机构应当采纳。

第九条 统计机构应当在企业提交陈述、申辩材料时限截止之日起 7 个工作日内作出决定。统计机构认定企业为统计严重失信企业的,应当制作统计严重失信企业认定决定书,载明以下事项:

(一)企业名称及其法定代表人或者负责人;

(二)统一社会信用代码;

(三)认定事由、依据;

(四)公示渠道、期限和其他严重失信惩戒措施;

(五)信用修复条件和程序;

(六)申请行政复议和提起行政诉讼的途径和期限;

(七)作出认定决定的统计机构名称和认定日期。

统计严重失信企业认定决定书应当依照《中华人民共和国民事诉讼法》规定的送达方式送达。

第三章 信用惩戒和修复

第十条 统计机构应当自作出统计严重失信企业认定决定之日起 10 个工作日内向社会公示统计严重失信信息,包括:

(一)企业基本信息,包括企业名称、地址、统一社会信用代码、法定代表人或者负责人等;

(二)统计违法行为;

(三)依法处理情况;

(四)其他相关信息。

第十一条 公示统计严重失信企业信息不得泄露国家秘密、商业秘密、个人隐私,不得危害国家安全和社会公共利益。

第十二条 统计机构应当在本机构门户网站建立统计严重失信企业信息公示专栏公示统计严重失信信息,并将公示信息推送到上一级统计机构公示专栏。

未开通门户网站的统计机构,应当将本机构认定的统计严重失信企业信息在上一级统计机构公示专栏公示。

省级统计机构应当及时搜集本机构及市、县级统计机构认定的统计严重失信企业信息,按要求在认定后10个工作日内报送国家统计局,由国家统计局统一按规定推送至全国信用信息共享平台和国家企业信用信息公示系统,并在“信用中国”网站公示。

第十三条 统计严重失信企业的公示期为1年。公示期限届满3日内,统计机构应当将统计严重失信信息移出统计机构门户网站,并同步将移出信息推送至全国信用信息共享平台和国家企业信用信息公示系统。

被认定为统计严重失信企业之日起2年内,企业再次被认定为统计严重失信企业的,自再次认定之日起公示3年。

第十四条 公示期间,作出认定的统计机构应当加强对统计严重失信企业的日常监管,适当提高抽查频次,指导企业改正统计违法行为。

第十五条 统计严重失信企业公示满6个月后,已经履行行政处罚决定、改正统计违法行为且未再发生统计违法行为的,可以向作出认定的统计机构提出信用修复申请。

第十六条 申请信用修复的企业,应当向作出认定的统计机构提交信用修复申请书,包括履行行政处罚决定、整改到位证明材料及统计守信承诺等内容。

第十七条 统计机构应当在收到企业信用修复申请书之日起20个工作日内,对统计严重失信企业的整改情况进行核实,并作出决定。

同意信用修复的,统计机构应当及时将统计严重失信信息移出统计机构门户网站,并同步将修复信息推送至全国信用信息共享平台和国家企业信用信息公示系统。

不同意信用修复的,统计机构应当书面告知企业,并说明理由。

第十八条 统计严重失信企业弄虚作假骗取信用修复的,作出认定的统计机构应当撤销信用修复的决定,并自撤销之日起重新公示1年。

第四章　救济和监督

第十九条 作出认定的统计机构发现统计严重失信企业认定的依据或者公示的信息不准确,应当在2个工作日内更正。

上级统计机构发现下级统计机构认定的依据或者公示的信息不准确,应当要求下级统计机构在2个工作日内更正。

统计严重失信企业有证据证明其被认定的依据或者公示的信息不准确,

可以要求作出认定决定的统计机构进行更正。统计机构经核实确认信息不准确的，应当在 2 个工作日内更正。

第二十条 统计严重失信企业对统计机构作出的认定决定或者信用修复决定不服，可以依法申请行政复议或者提起行政诉讼。

第二十一条 任何单位和个人有权举报企业统计严重失信行为和统计机构在统计严重失信企业信用管理工作中的违法行为。

第二十二条 统计机构未按本办法履行职责的，由上一级统计机构责令改正；情节严重的，对负有责任的主管人员和其他直接责任人员依法依规追究责任。

第五章　附　　则

第二十三条 县级以上地方人民政府统计机构、国家统计局派出的调查机构，可以根据工作职责结合本地区、本系统实际情况对企业开展统计信用评价，实行信用分级管理。

第二十四条 本办法由国家统计局负责解释。省级地方人民政府统计机构、国家统计局调查总队可以根据本办法制定本地区、本系统统计严重失信企业信用管理实施细则，并报国家统计局备案。

第二十五条 本办法自公布之日起实施。《企业统计信用管理办法》（国统字〔2019〕33 号）、《统计从业人员统计信用档案管理办法》（国统字〔2019〕34 号）同时废止。

公开募集证券投资基金管理人监督管理办法

（2022 年 5 月 20 日中国证券监督管理委员会令第 198 号公布　自 2022 年 6 月 20 日起施行　国司备字[2022006496]）

目　　录

第一章　总　　则
第二章　公募基金管理人的准入
第三章　公募基金管理人的内部控制和业务规范

第四章　基金管理公司的治理和经营
第五章　公募基金管理人的退出
第六章　监督管理
第七章　法律责任
第八章　附　　则

第一章　总　　则

第一条　为规范公开募集证券投资基金(以下简称公募基金)管理业务,加强对公募基金管理人的监督管理,保护基金份额持有人及相关当事人合法权益,促进公募基金行业健康发展,根据《证券投资基金法》《证券法》《公司法》和其他有关法律、行政法规,制定本办法。

第二条　公募基金管理人由基金管理公司或者经中国证券监督管理委员会(以下简称中国证监会)核准取得公募基金管理业务资格的其他资产管理机构(以下简称其他公募基金管理人)担任。

本办法所称基金管理公司,是指经中国证监会批准,在中华人民共和国境内设立,从事公募基金管理业务和中国证监会批准或者认可的其他业务的营利法人。

本办法所称其他资产管理机构,包括在境内设立的从事资产管理业务的证券公司资产管理子公司、保险资产管理公司、商业银行理财子公司、在中国证券投资基金业协会(以下简称基金业协会)登记的专门从事非公开募集证券投资基金管理业务的机构以及中国证监会规定的其他机构。

未取得公募基金管理业务资格的机构,不得从事公募基金管理业务。

第三条　公募基金管理人应当遵守法律、行政法规、中国证监会的规定和自律规则,恪尽职守,履行诚实信用、谨慎勤勉的义务,为基金份额持有人的利益运用基金财产,保护基金份额持有人合法权益,不得损害国家利益、社会公共利益和他人合法权益。

第四条　中国证监会及其派出机构依据法律、行政法规和中国证监会的规定,根据审慎监管原则,对基金管理公司及其业务活动、其他公募基金管理人的公募基金管理业务活动实施监督管理,并对基金管理公司股权实施穿透式监管和分类监管。

第五条　基金业协会依据法律、行政法规、中国证监会的规定和自律规则,对基金管理公司及其业务活动、其他公募基金管理人的公募基金管理业务活动实施自律管理。

第二章　公募基金管理人的准入

第六条　设立基金管理公司,应当具备下列条件:

(一)股东、实际控制人符合《证券投资基金法》和本办法的规定;

(二)有符合《证券投资基金法》《公司法》以及中国证监会规定的章程;

(三)注册资本不低于1亿元人民币,且股东必须以来源合法的自有货币资金实缴,境外股东应当以可自由兑换货币出资;

(四)有符合法律、行政法规和中国证监会规定的董事、监事、高级管理人员以及研究、投资、运营、销售、合规等岗位职责人员,取得基金从业资格的人员原则上不少于30人;

(五)有符合要求的公司名称、营业场所、安全防范设施和与业务有关的其他设施;

(六)设置了分工合理、职责清晰的组织机构和工作岗位;

(七)有符合中国证监会规定的内部管理制度;

(八)经国务院批准的中国证监会规定的其他条件。

第七条　根据持股比例和对基金管理公司经营管理的影响,基金管理公司股东包括以下三类:

(一)主要股东,指持有基金管理公司25%以上股权的股东,如任一股东持股均未达25%的,则主要股东为持有5%以上股权的第一大股东,中国证监会另有规定的除外;

(二)持有基金管理公司5%以上股权的非主要股东;

(三)持有基金管理公司5%以下股权的非主要股东。

第八条　持有基金管理公司5%以下股权的非主要股东,不得存在下列情形:

(一)最近3年存在重大违法违规记录或者重大不良诚信记录;因故意犯罪被判处刑罚、刑罚执行完毕未逾3年;因涉嫌重大违法违规正在被调查或者处于整改期间;

(二)存在长期未实际开展业务、停业、破产清算、治理结构缺失、内部控制失效等影响行使股东权利或者履行股东义务的情形;存在可能严重影响持续经营的担保、诉讼、仲裁或者其他重大事项;

(三)股权结构不清晰,不能逐层穿透至最终权益持有人;股权结构中存在资产管理产品,中国证监会认可的情形除外;

(四)因不诚信或者不合规行为引发社会重大质疑或者产生严重社会负

面影响且影响尚未消除；对所投资企业经营失败负有重大责任未逾3年；挪用客户资产等损害客户利益的行为；

（五）中国证监会规定的其他情形。

第九条 持有基金管理公司5%以上股权的非主要股东，应当符合下列条件，中国证监会另有规定的除外：

（一）本办法第八条的规定；

（二）股东为法人或者非法人组织的，自身及所控制的机构具有良好的诚信合规记录；最近1年净资产不低于1亿元人民币或者等值可自由兑换货币，资产质量和财务状况良好；公司治理规范，内部控制机制健全，风险管控良好，能够为提升基金管理公司的综合竞争力提供支持；

（三）股东为自然人的，正直诚实，品行良好，最近1年个人金融资产不低于1000万元人民币，具备5年以上境内外证券资产管理行业从业经历，从业经历中具备3年以上专业的证券投资经验且业绩良好或者3年以上公募基金业务管理经验。

第十条 基金管理公司的主要股东，应当符合下列条件：

（一）本办法第九条的规定；

（二）主要股东为法人或者非法人组织的，应当为依法经营金融业务的机构或者管理金融机构的机构，具有良好的管理业绩和社会信誉，最近1年净资产不低于2亿元人民币或者等值可自由兑换货币，最近3年连续盈利；入股基金管理公司与其长期战略协调一致，有利于服务其主营业务发展；

（三）主要股东为自然人的，最近3年个人金融资产不低于3000万元人民币，具备10年以上境内外证券资产管理行业从业经历，从业经历中具备8年以上专业的证券投资经验且业绩良好或者8年以上公募基金行业高级管理人员从业经验；

（四）对完善基金管理公司治理、推动基金管理公司长期发展，有切实可行的计划安排；具备与基金管理公司经营业务相匹配的持续资本补充能力；

（五）对保持基金管理公司经营管理的独立性、防范风险传递及不当利益输送等，有明确的自我约束机制；

（六）对基金管理公司可能发生风险导致无法正常经营的情况，制定合理有效的风险处置预案。

管理金融机构的机构担任基金管理公司主要股东的，其管理的金融机构至少一家应当符合本条第（二）项以及中国证监会的相关规定。

第十一条 基金管理公司的实际控制人应当符合本办法第八条、第十条第（四）至（六）项的规定，同时不得存在净资产低于实收资本的50%、或有负债达到净资产的50%、不能清偿到期债务等情形。

第十二条 基金管理公司由自然人作为主要股东发起设立的,其他股东应当为符合条件的自然人、金融机构或者管理金融机构的机构,中国证监会另有规定的除外。基金管理公司单一自然人股东直接持股和与其存在一致行动关系或者关联关系的股东合计持有基金管理公司股权的比例不得超过2/3。

公募基金管理人可以依法实施专业人士持股计划。

第十三条 外商投资基金管理公司的境外股东还应当符合下列条件:

(一)依所在国家或者地区法律设立、合法存续的具有金融资产管理经验的金融机构或者管理金融机构的机构,具有完善的内部控制机制,最近3年主要监管指标符合所在国家或者地区法律的规定和监管机构的要求;

(二)所在国家或者地区具有完善的证券法律和监管制度,其证券监管机构已与中国证监会或者中国证监会认可的其他机构签订证券监管合作谅解备忘录,并保持有效的监管合作关系;

(三)具备良好的国际声誉和经营业绩,最近3年金融资产管理业务规模、收入、利润、市场占有率等指标居于国际前列,最近3年长期信用均保持在高水平;

(四)累计持股比例或者拥有权益的比例(包括直接持有和间接持有)符合国家关于证券业对外开放的安排;

(五)法律、行政法规及经国务院批准的中国证监会规定的其他条件。

香港特别行政区、澳门特别行政区和台湾地区的机构比照适用前款规定。

基金管理公司股东的实际控制人为境外机构或者自然人的,适用本条规定。

第十四条 其他资产管理机构申请公募基金管理业务资格,应当符合下列条件:

(一)公司治理规范,内部控制机制健全,风险管控良好;管理能力、资产质量和财务状况良好,最近3年经营状况良好,具备持续盈利能力;资产负债和杠杆水平适度,具备与公募基金管理业务相匹配的资本实力;

(二)具备良好的诚信合规记录,最近3年不存在重大违法违规记录或者重大不良诚信记录;不存在因故意犯罪被判处刑罚、刑罚执行完毕未逾3年;不存在因涉嫌重大违法违规正在被调查或者处于整改期间;最近12个月主要监管指标符合监管要求;

(三)具备3年以上证券资产管理经验,管理的证券类产品运作规范稳健,业绩良好,未出现重大违规行为或者风险事件;

(四)有符合要求的内部管理制度、营业场所、安全防范设施、系统设备和与业务有关的其他设施；

（五）有符合法律、行政法规和中国证监会规定的董事、监事、高级管理人员和与公募基金管理业务有关的研究、投资、运营、销售、合规等岗位职责人员，取得基金从业资格的人员原则上不少于30人；组织机构和岗位分工设置合理、职责清晰；

（六）对保持公募基金管理业务的独立性、防范风险传递和不当利益输送等，有明确有效的约束机制；

（七）中国证监会规定的其他条件。

在基金业协会登记的专门从事非公开募集证券投资基金管理业务的机构申请公募基金管理业务资格的，该机构及其股东、实际控制人还应当分别符合本办法有关基金管理公司设立、股东、实际控制人的条件。

符合基金管理公司设立条件的其他公募基金管理人，经中国证监会认可，可以变更为基金管理公司。

第十五条 同一主体或者受同一主体控制的不同主体参股基金管理公司的数量不得超过2家，其中控制基金管理公司的数量不得超过1家。下列情形不计入参股、控制基金管理公司的数量：

（一）直接持有和间接控制基金管理公司股权的比例低于5%；

（二）为实施基金管理公司并购重组所做的过渡期安排；

（三）基金管理公司设立从事公募基金管理业务的子公司；

（四）中国证监会认可的其他情形。

第三章　公募基金管理人的内部控制和业务规范

第十六条 公募基金管理人应当按照法律、行政法规和中国证监会的规定，建立组织机构健全、职责划分清晰、制衡监督有效、激励约束合理的治理结构，确保独立、规范运作。公募基金管理人应当坚持稳健经营理念，业务开展应当与自身的公司治理情况、人员储备、投研和客户服务能力、信息技术系统承受能力、风险管理和内部控制水平、业务保障能力等相匹配，切实保护基金份额持有人的长远利益。

公募基金管理人应当遵循基金份额持有人利益优先原则。公募基金管理人及其股东、员工的利益和基金份额持有人利益发生冲突时，应当优先保障基金份额持有人的利益。

公募基金管理人及其董事、监事、高级管理人员和其他从业人员应当坚持长期投资、理性投资、专业投资，廉洁从业、诚实守信，加强文化道德建设，履行社会责任,遵从社会公德,不得为本人或者他人牟取不正当利益。

第十七条 公募基金管理人应当按照中国证监会的规定,建立覆盖全面、科学合理、控制严密、运行高效的内部控制机制和风险管理制度,对公募基金管理等业务实行集中统一管理,建立人员、业务、场地等方面的防火墙机制,保持经营运作合法、合规,保持内部控制健全、有效。

第十八条 公募基金管理人应当按照中国证监会的规定实施合规管理,建立健全合规负责人制度。

合规负责人作为高级管理人员,直接向董事会负责,对基金管理公司或者其他公募基金管理人的公募基金管理部门、业务及其人员的经营管理和执业行为等的合规性进行审查、监督和检查,发现重大风险或者违法违规行为的,应当告知总经理和其他有关高级管理人员,提出处理意见并督促整改,依法及时向董事会、中国证监会派出机构报告。

第十九条 公募基金管理人应当建立健全由授权、研究、决策、执行、评估、考核、监察、惩戒等环节构成的投资管理制度和流程,以及重大关联交易管理等利益冲突防范机制,采取有效措施保证研究和投资决策的科学专业、独立客观,防止投资管理人员越权从事投资活动或者从事内幕交易、市场操纵等违法违规行为,确保公平对待公司管理的不同基金财产和客户资产,充分保障基金份额持有人利益。

公募基金管理人应当从代表和保护基金份额持有人利益角度出发,依法行使诉讼权利、参与上市公司治理和实施其他法律行为,并建立健全相关制度和流程。

公募基金管理人及其股东、实际控制人等关联方应当遵守法律、行政法规和中国证监会的相关规定,不得与基金财产进行不当关联交易,不得利用基金财产为自身或者他人牟取利益,损害基金份额持有人利益。

第二十条 公募基金管理人应当建立公募基金财务核算与基金资产估值制度和流程,严格遵守国家有关规定,真实、及时、准确、完整地反映基金财产的状况。

第十一条 公募基金管理人应当按照中国证监会的规定加强基金销售管理,建立和完善投资者适当性管理制度,履行投资者适当性义务,保障销售资金安全,规范宣传推介活动,不得从事不正当销售或者不正当竞争行为。

第二十二条 公募基金管理人应当保持良好的财务状况,满足公司运营、业务发展和风险防范的需要。

公募基金管理人应当建立健全财务管理制度,严格执行国家财经法律、行政法规,相关资金或者资产必须列入符合规定的本单位会计账簿。

公募基金管理人应当按照规定提取、使用风险准备金，并按照要求对特定业务实施特别风险准备金制度。

第二十三条 公募基金管理人应当建立健全人力资源管理制度，规范组织机构、部门设置和岗位职责，强化员工任职培训和职业道德教育，加强关键岗位人员离职管理，构建完善长效激励约束机制，为公司经营管理和持续发展提供人力资源支持。

公募基金管理人应当建立科学的薪酬管理制度和考核机制，合理确定薪酬结构，规范薪酬支付行为，绩效考核应当与合规和风险管理等相挂钩，严格禁止短期考核和过度激励，建立基金从业人员和基金份额持有人利益绑定机制。

第二十四条 公募基金管理人应当遵守法律、行政法规、行业监管要求和技术标准，遵循可用、安全、合规原则，建立与公司发展和业务操作相匹配的信息技术系统，加强信息技术管理，保障充足的信息技术投入，对基金管理业务等活动依法安全运作提供支持。

第二十五条 公募基金管理人应当建立资料档案管理制度，妥善保存基金管理业务活动的记录、账册、报表和其他相关文件资料，保存期不少于20年。

第二十六条 公募基金管理人应当建立突发事件处理预案制度，对发生损害基金份额持有人利益、可能引起风险外溢或者系统性风险、影响社会稳定等的突发事件，按照预案妥善处理。

第二十七条 公募基金管理人可以按照中国证监会的规定和基金托管人签订协议，约定当公募基金出现巨额赎回等情形时，由基金托管人为其托管的公募基金提供短期融资支持。

第二十八条 公募基金管理人可以委托资质良好的基金服务机构，代为办理公募基金的份额登记、核算、估值、投资顾问、资产评估、不动产项目运营管理等业务，但公募基金管理人依法应当承担的责任不因委托而免除。公募基金管理人委托基金服务机构代为办理部分业务的，应当充分评估、审慎决策，确保参与相关业务的基金服务机构具备相应资质、已按照中国证监会的规定进行注册或者备案，并采取有效措施确保相关业务开展符合中国证监会的规定。

基金服务机构应当具备与服务范围相适应的展业能力和业务经验，公司治理和经营运作规范，资产质量和财务状况良好，内控制度和风险管控健全，有符合规定的组织机构、人员、场所、设施、系统和制度等，按照中国证监会的规定履行注册或者备案程序并开展业务。开展公募基金份额登记、估值等业务的基金服务机构,应当向中国证监会申请注册。

基金服务机构及其从业人员开展相关受托业务应当恪尽职守、诚实守信、谨慎勤勉,确保受托业务运作安全有效,并保守商业秘密,不得泄露或者利用通过受托业务知悉的非公开信息。基金服务机构不得再将受托业务委托其他机构办理,中国证监会另有规定的除外。

符合《证券法》规定的会计师事务所、律师事务所等机构接受公募基金管理人的委托出具审计报告、内部控制评价报告、法律意见书等文件的,应当勤勉尽责,对所依据的文件资料内容的真实性、准确性、完整性进行核查和验证,并符合中国证监会的有关规定。

第四章　基金管理公司的治理和经营

第二十九条　基金管理公司应当按照法律、行政法规和中国证监会的规定,建立包括股东(大)会、董事会、监事(会)、经理层等的公司治理结构,明确各方职责边界、履职要求,完善风险管控、制衡监督和激励约束机制,不断提升公司治理水平。

基金管理公司应当按照中国共产党章程的规定,设立党的组织机构,开展党的活动,并为党组织的活动提供必要条件。国有基金管理公司应当按照相关规定,将党的领导融入公司治理各个环节,并将党建工作要求写入公司章程,落实党组织在公司治理结构中的法定地位。

第三十条　基金管理公司股东、实际控制人应当遵守法律、行政法规和中国证监会的规定,秉承长期投资理念,依法行使权利、履行义务,推动完善公司治理、风险管理与内部控制,保障基金管理公司合规经营,保护基金份额持有人利益。基金管理公司股东、实际控制人不得存在下列情形:

(一)未采取有效措施防范基金管理公司与其或者受其控制的其他企业之间发生不当业务竞争;损害基金份额持有人、基金管理公司或者其他股东的合法权益;

(二)越过股东(大)会、董事会任免基金管理公司的董事、监事、高级管理人员,或者擅自干预基金管理公司的经营管理、基金财产的投资运作等活动;

(三)在证券承销、证券投资等业务中要求基金管理公司为其提供配合,损害基金份额持有人或者相关当事人的合法权益;

(四)为其他机构、个人代持基金管理公司的股权,或者委托其他机构、个人代持股权;占有或者转移基金管理公司资产;

(五)中国证监会认定的其他情形。

第三十一条 基金管理公司的股东应当保持公司股权结构稳定,股权相关方应当书面承诺在一定期限内不转让持有的基金管理公司股权,中国证监会另有规定的除外。

基金管理公司的股东处分其股权,应当诚实守信,遵守在认购、受让股权时所做的承诺及中国证监会的有关规定,不得损害基金份额持有人的合法权益。

第三十二条 基金管理公司应当加强股权事务管理,及时核查股东资质,履行向股东、拟入股股东等相关主体的合规告知义务。董事长是基金管理公司股权事务管理的第一责任人。

基金管理公司的董事、监事、高级管理人员、股东和相关各方,在基金管理公司主要股东不能正常经营或者基金管理公司股权转让期间,应当依法履行职责,恪尽职守,做好风险防范安排,保证公司正常经营和基金份额持有人利益不受损害。

第三十三条 基金管理公司的公司章程应当明确股东(大)会的职权范围和议事规则。

基金管理公司应当建立与股东之间的业务和客户关键信息隔离制度。基金管理公司的股东、实际控制人应当通过股东(大)会依法行使权利。

第三十四条 基金管理公司的公司章程应当明确董事会的职权范围和议事规则。董事会应当按照法律、行政法规和公司章程的规定,制定公司基本制度,决策重大事项。董事会和董事长不得越权干预经理层的具体经营活动。

董事会对经理层的考核,应当关注基金长期投资业绩、公司合规和风险管理等保护基金份额持有人利益的情况,不得以短期的基金管理规模、盈利增长等作为主要考核标准。

基金管理公司的公司章程应当明确规定董事会的人员构成,强化专业、独立、制衡、合作原则。基金管理公司的总经理应当为董事会成员。

第三十五条 基金管理公司应当建立健全独立董事制度,提供必要条件保障独立董事有效、独立履行职责。独立董事和独立董事人员配备应当符合中国证监会的规定。

独立董事应当独立于基金管理公司及其股东,坚持基金份额持有人利益优先原则,勤勉尽责,依法对基金财产和公司运作的重大事项作出独立客观、公正专业的判断。独立董事应当制作年度履职报告,经股东(大)会审议并留存备查。

第三十六条 基金管理公司的董事会审议下列事项,应当经 2/3 以上的独立董事通过:

（一）公司和公募基金投资运作中的重大关联交易；

（二）公司和公募基金审计事务，聘请或者更换会计师事务所；

（三）公司管理的公募基金的中期报告和年度报告；

（四）法律、行政法规和公司章程规定的其他事项。

第三十七条 基金管理公司的公司章程应当明确监事会或者执行监事的职权范围和议事规则。基金管理公司应当建立健全相关机制，加强监事会或者执行监事对公司财务、董事会履职等的监督。监事会或者执行监事的设置应当符合中国证监会的规定。

监事会和监事会主席、执行监事不得越权干预经理层的具体经营活动。

第三十八条 基金管理公司应当在公司章程中明确经理层职责、高级管理人员范围。基金管理公司的总经理负责公司的经营管理。基金管理公司的高级管理人员和其他从业人员应当忠实、勤勉履职，不得为股东、本人或者他人牟取不正当利益。

第三十九条 自然人股东兼任基金管理公司经营管理职务的，应当通过股东（大）会和董事会授权，在公司章程中明确职责和监督约束机制，并向中国证监会派出机构报告。

第四十条 基金管理公司应当主要从事公募基金管理业务。经中国证监会批准或者认可，基金管理公司可以从事私募资产管理业务和其他相关业务。

基金管理公司从事各项业务应当坚持审慎经营原则。基金管理公司申请增加业务的，现有业务经营管理状况应当保持良好，拟增加业务范围应当与公司治理结构、内部控制、合规管理、风险管理、人员构成、财务状况等相适应，符合审慎监管和保护基金份额持有人利益的要求。

第四十一条 基金管理公司可以设立子公司或者分公司等中国证监会规定形式的分支机构，按照中国证监会的规定从事相关业务。基金管理公司应当合理审慎构建和完善经营管理组织机构，充分评估并履行必要的决策程序。

经中国证监会批准或者认可，子公司可以从事资产管理相关业务，中国证监会另有规定的除外。

分公司或者中国证监会规定的其他形式的分支机构，可以从事基金管理公司授权的业务。

第四十二条 基金管理公司设立、关闭分支机构和变更分支机构负责人，应当在5个工作日内向分支机构所在地中国证监会派出机构备案，同时抄报基金管理公司主要办公地中国证监会派出机构。基金管理公司设立分支机构的，应当与公司治理水平、内控制度建立和执行情况、持续经营能力和稳定性等相匹配，且不得存在下列情形：

(一)最近3年存在重大违法违规记录或者重大不良诚信记录；

(二)因故意犯罪被判处刑罚、刑罚执行完毕未逾3年；

(三)因涉嫌重大违法违规正在被调查或者处于整改期间；

(四)中国证监会规定的其他情形。

基金管理公司的分支机构应当有符合规定的名称、场所、业务人员、业务范围、管理制度、安全防范设施和与业务有关的其他设施。

第四十三条 基金管理公司设立境内子公司的，应当符合本办法第四十二条第一款的规定，且符合下列条件：

(一)基金管理公司应当以自有资金出资设立子公司；原则上应当全资持有，中国证监会另有规定的除外；

(二)不得存在任何形式股权代持；

(三)基金管理公司具备与拟设子公司相适应的专业管理、合规及风险管理能力和经验；拥有足够的财务盈余，能够满足子公司业务发展需要；已建成能够覆盖子公司的管控机制和系统；具备较强的抗风险能力；

(四)基金管理公司对完善子公司治理结构、推动子公司长期发展，有切实可行的计划安排；对子公司可能无法正常经营等情况，有合理有效的风险处置预案；

(五)中国证监会规定的其他条件。

子公司注册资本应当与拟从事业务相匹配，且必须以货币资金实缴；子公司应当具备符合规定的名称、场所、业务人员、业务范围、管理制度、安全防范设施和与业务有关的其他设施。

第四十四条 基金管理公司应当强化对子公司和分支机构等的管控，建立健全覆盖整体的合规管理、风险管理和稽核审计体系。

基金管理公司应当将子公司和分支机构等的业务活动、合规管理、风险管理、信息技术系统、财务管理、人员考核等纳入统一管理体系，相关分工或者授权应当明确、合理，不得以承包、租赁、托管、合作等方式经营，不得让渡职责，保障母子公司稳健运营。

第四十五条 基金管理公司与其子公司、各子公司之间应当严格划分业务边界，建立有效的隔离制度，不得存在利益输送、损害投资人合法权益或者显失公平等情形，防止可能出现的风险传递和利益冲突。

第四十六条 基金管理公司应当按照中国证监会的规定，在保持公司正常运营的前提下，管理和运用固有资金。

基金管理公司财务指标和相关子公司风险控制指标应当符合中国证监会的规定。

第五章　公募基金管理人的退出

第四十七条　公募基金管理人依法履行解散、破产清算等程序的，应当在中国证监会注销其公募基金管理业务资格后进行。

第四十八条　公募基金管理人违法经营或者出现重大风险，严重损害基金份额持有人利益或者危害金融市场秩序的，中国证监会或者其派出机构可以对其启动风险处置程序。相关情形包括：

（一）违反《证券投资基金法》第二十条的规定；

（二）公司治理、合规内控、风险管理不符合规定，或者财务状况持续恶化，可能出现《企业破产法》第二条规定的情形，或者出现重大风险隐患等影响公募基金管理人相关业务持续正常经营的情形；

（三）本办法第七十一条（一）至（四）项规定的情形，且情节特别严重；

（四）中国证监会根据审慎监管原则认定的其他情形。

中国证监会或者其派出机构决定对公募基金管理人启动风险处置程序的，可以区分情形，对其采取风险监控、责令停业整顿、指定其他机构托管、接管、取消公募基金管理业务资格或者撤销等措施。

第四十九条　中国证监会或者其派出机构决定对公募基金管理人采取风险监控措施的，可以派出风险监控现场工作组对公募基金管理人进行检查，对公司的业务、人员、资产、资金、资料、系统等实施监控。

第五十条　中国证监会或者其派出机构决定责令公募基金管理人停业整顿的，公募基金管理人应当自责令停业整顿决定生效之日起 1 个月内提交整顿计划，并取得中国证监会或者其派出机构认可。停业整顿期间，公募基金管理人应当继续履行基金管理职责。

中国证监会或者其派出机构对公募基金管理人的停业整顿情况进行持续评估，整顿计划不符合要求或者整顿效果不及预期的，可以采取其他风险处置措施。

第五十一条　中国证监会或者其派出机构决定指定其他机构托管公募基金管理人的，指定机构应当组织专业人员成立托管组，保障被托管的公募基金管理人的公募基金管理等业务正常运营。

中国证监会或者其派出机构决定对公募基金管理人实施接管的，应当组织专业人员成立接管组，行使被接管基金管理公司或者其他公募基金管理人的公募基金管理业务相关部门的经营管理权。被接管公募基金管理人的原有组织机构以及董事、监事和高级管理人员应当按照接管组要求履行职责。

第五十二条　中国证监会或者其派出机构对公募基金管理人采取责令停业整顿、指定其他机构托管、接管等风险处置措施的，可以同时采取下列一种或者多种措施：

（一）《证券投资基金法》第二十四条第一款规定的措施；

（二）责令特定基金产品按照指定方式运作；

（三）责令将公募基金管理等业务转由中国证监会或者其派出机构指定的临时基金管理人代为履行管理职责；

（四）中国证监会或者其派出机构认为必要的其他措施。

第五十三条　公募基金管理人经风险监控、责令停业整顿、指定其他机构托管或者接管等风险处置措施，在规定期限内达到正常经营条件的，经中国证监会或者其派出机构检查验收，可以恢复正常经营；未达到正常经营条件的，中国证监会或者其派出机构应当撤销基金管理公司或者取消其他公募基金管理人的公募基金管理业务资格。

公募基金管理人违法经营情节严重或者出现重大风险，继续存续或者经营将严重损害基金份额持有人利益或者危害金融市场秩序的，中国证监会或者其派出机构可以直接做出取消公募基金管理业务资格或者撤销的决定。

公募基金管理人被取消公募基金管理业务资格或者被撤销的，基金份额持有人大会应当在6个月内选任新基金管理人；新基金管理人产生前，由中国证监会或者其派出机构指定临时基金管理人代为履行基金管理职责，并进行公示。临时基金管理人自动作为新基金管理人候选人。

第五十四条　公募基金管理人被取消公募基金管理业务资格或者被撤销的，应当自被取消公募基金管理业务资格或者被撤销决定生效之日起限期了结相关业务活动。

中国证监会或者其派出机构可以选择符合《证券法》规定的律师事务所、会计师事务所等专业机构成立行政清理组，对被撤销基金管理公司进行行政清理。被撤销基金管理公司按照《公司法》规定自行清算的，在存续业务全部妥善处置完毕并获中国证监会或者其派出机构认可前，不得分配清算财产。

第五十五条　公募基金管理人被采取风险处置措施、依法解散或者被依法宣告破产的，基金托管人应当承担共同受托责任，确保托管基金产品平稳有序运作，维护基金份额持有人利益，并在中国证监会或者其派出机构监督指导下履行下列职责：

（一）考察、提名临时基金管理人，并向中国证监会及其派出机构报告；

（二）在原基金管理人被采取取消公募基金管理业务资格或者被撤销决定生效之日起6个月内召开基金份额持有人大会并妥善处理相关事宜，由基金份额持有人大会选任新基金管理人；

（三）公募基金管理人无法正常履行职责的，由基金托管人履行相应职责，必要时组织基金财产清算小组进行基金清算；

（四）中国证监会或者其派出机构认定的其他职责。

第五十六条 基金管理公司解散、破产、被取消公募基金管理业务资格或者被撤销（以下简称退出）致使无法继续经营私募资产管理业务的，其私募资产管理业务的风险处置参照本办法执行。中国证监会另有规定的，从其规定。

基金管理公司退出致使无法继续经营除私募资产管理以外其他业务的，相关后续事项按照合同约定处理，合同无约定的，由各方当事人自主协商解决。法律、行政法规或者中国证监会另有规定的，从其规定。

第五十七条 公募基金管理人被采取风险处置措施的，公募基金管理人的主要股东应当召集其他股东和相关当事人，按照有利于基金份额持有人利益的原则妥善处理相关事宜；公募基金管理人及其股东、董事、监事、高级管理人员和关键岗位人员应当履行相关职责，不得擅自离岗、离职、离境。

第五十八条 基金管理公司退出致使无法继续经营子公司的，所持子公司股权应当依法处置并纳入清算财产。

基金管理公司子公司违法经营或者出现重大风险，将危害金融市场秩序、严重损害投资人合法权益的，中国证监会或者其派出机构可以对其采取风险监控、责令停业整顿、指定其他机构托管、接管、责令基金管理公司撤销子公司等措施。

基金管理公司撤销子公司的，基金管理公司和各相关方应当参照本办法执行，妥善处理子公司退出事宜，维护金融市场秩序，保障投资人合法权益。中国证监会另有规定的，从其规定。

第六章 监督管理

第五十九条 基金管理公司变更下列重大事项，应当报中国证监会批准，并依法公告：

（一）变更实际控制人、主要股东、持有5%以上股权的非主要股东；

（二）变更持股不足5%但对公司治理有重大影响的股东；

（三）设立从事资产管理及相关业务的境内子公司；

（四）公司合并、分立；

（五）中国证监会规定的其他重大事项。

基金管理公司增加注册资本，股东必须以来源合法的自有货币资金实缴。

基金管理公司股东不得通过变更股东实际控制人等方式变相规避重大事项报批要求。

第六十条 基金管理公司发生下列情形之一的,应当在5个工作日内向中国证监会派出机构备案:

(一)变更注册资本或者股权,且不属于本办法第五十九条规定的需批准的重大变更事项,中国证监会另有规定的除外;

(二)修改公司章程条款;

(三)关闭子公司或者子公司变更重大事项。

基金管理公司发生下列情形之一的,应当在5个工作日内向中国证监会派出机构报告:

(一)变更名称、住所、办公地;

(二)公司及其董事、监事、高级管理人员、其他从业人员被监管机构、司法机关立案调查,或者因重大违法违规行为受到刑事、行政处罚;

(三)财务状况发生重大不利变化或者其他重大风险;

(四)遭受重大投诉,或者面临重大诉讼、仲裁;

(五)可能对公司经营产生重大影响的其他情形。

发生前款规定需备案或者报告事项的,基金管理公司应当书面通知全体股东。

其他公募基金管理人发生本办法第五十九条、本条规定事项、公募基金管理业务相关部门设置重大变更等可能对公募基金管理业务产生重大影响的事项的,应当在5个工作日内向中国证监会派出机构报告。

第六十一条 基金管理公司股东、股东的实际控制人发生下列情形之一的,应当在10个工作日内向中国证监会派出机构报告,并书面通知基金管理公司:

(一)变更名称、住所;

(二)变更控股股东或者实际控制人;

(三)连续3年亏损或者出现较大数额的到期未清偿债务;

(四)所持基金管理公司股权成为诉讼、仲裁的标的,或者被司法机关采取诉讼财产保全、强制执行等措施;

(五)决定处分其股权,或者质押、解押其股权;

(六)发生合并、分立或者进行重大资产、债务重组;

(七)被监管机构或者司法机关立案调查,或者因重大违法违规行为受到刑事、行政处罚;

(八)被采取责令停业整顿、指定托管、接管或者撤销等措施或者进入破产清算程序；

（九）出现无法行使股东权利或者履行股东义务的情形；

（十）股东为员工持股平台的，员工持股平台成员或者其出资额发生变化；

（十一）可能对公司运作产生重大影响的其他情形。

其他公募基金管理人的控股股东、实际控制人发生前款规定情形的，其他公募基金管理人应当自收到控股股东、实际控制人通知起5个工作日内向中国证监会派出机构报告。

第六十二条　公募基金管理人应当建立健全信息报送机制，按照法律、行政法规和中国证监会的规定，向中国证监会及其派出机构报送经营管理信息和资料。中国证监会及其派出机构有权要求公募基金管理人及其股东、股东的实际控制人等相关主体在指定期限内提供有关信息和资料。

公募基金管理人及其股东、股东的实际控制人等相关主体向中国证监会及其派出机构报送或者提供的信息和资料，必须真实、准确、完整、及时。

第六十三条　公募基金管理人应当按照规定向中国证监会派出机构报送下列材料：

（一）经符合《证券法》规定的会计师事务所审计的年度报告；

（二）由符合《证券法》规定的会计师事务所出具的针对业务开展情况的内部控制年度评价报告、基金管理公司子公司内部控制年度评价报告；

（三）中国证监会及其派出机构根据审慎监管原则要求报送的其他材料。

第六十四条　中国证监会及其派出机构依照法律、行政法规、中国证监会的规定和审慎监管原则对公募基金管理人的公司治理、内部控制、经营运作、风险状况和相关业务活动进行非现场检查和现场检查。

中国证监会及其派出机构可以对公募基金管理人的股东、股东的实际控制人、基金服务机构等进行延伸检查。

第六十五条　中国证监会及其派出机构根据日常监管情况，可以进入公募基金管理人、基金管理公司子公司、分支机构或者基金服务机构等进行现场检查，确定检查的内容和频率，必要时可以聘请注册会计师、律师等外部专业人员提供专业支持，并可以采取下列措施：

（一）要求提供文件、会议记录、报表、凭证和其他资料；

（二）询问相关工作人员，要求作出说明；

（三）查阅、复制有关文件、资料，对可能被转移、隐匿或者毁损的文件、资料予以封存；

（四）检查信息技术系统，调阅相关数据；

（五）法律、行政法规或者中国证监会规定的其他措施。

被检查的机构和人员应当主动配合，在要求时限内如实提供有关文件和资料，不得拒绝、阻碍或者隐瞒。

第六十六条 中国证监会可以和其他国家或者地区的证券监督管理机构建立监督管理合作机制，实施跨境监督管理。

境外证券监督管理机构不得在中华人民共和国境内直接进行调查取证等活动。未经中国证监会和国务院有关主管部门同意，任何单位和个人不得擅自向境外提供与证券业务活动有关的文件和资料。

外商投资基金管理公司境外股东的主管当局对境外投资有备案要求的，该境外股东在依法取得中国证监会的批准文件后，如向其主管当局提交有关备案材料，应当同时将副本报送中国证监会。

第六十七条 中国证监会及其派出机构可以根据监管需要，建立公募基金管理人、基金管理公司子公司的风控指标监控体系和监管综合评价体系，实施分类监管；对不符合要求的公募基金管理人或者基金管理公司子公司，可以责令其限期改正，并可以采取要求公司增加注册资本、提高风险准备金提取比例、暂停部分或者全部业务等措施。

第七章 法律责任

第六十八条 公募基金管理人、基金管理公司子公司和前述机构的股东、股东的实际控制人等相关主体，基金托管人，基金服务机构违反法律、行政法规、本办法和中国证监会其他规定的，中国证监会及其派出机构可以对其采取监管谈话、出具警示函、责令公开说明、责令定期报告、责令改正、暂停部分或者全部业务、暂不受理与行政许可有关的文件等措施；对负有责任的董事、监事、高级管理人员、主管人员和直接责任人员，可以采取监管谈话、出具警示函、认定为不适当人选等措施。

公募基金管理人、基金管理公司子公司、基金托管人、基金服务机构的董事、监事、高级管理人员和其他从业人员违反法律、行政法规、本办法和中国证监会其他规定的，中国证监会及其派出机构可以对其采取监管谈话、出具警示函、认定为不适当人选等措施。

第六十九条 公募基金管理人财务状况恶化，净资产等指标不符合规定的，中国证监会及其派出机构可以采取暂停受理及审核其基金产品募集注册申请或者其他业务申请等措施，并要求其限期改善财务状况。财务状况持续恶化的，中国证监会可以责令其进行停业整顿。

第七十条 公募基金管理人、基金管理公司子公司和前述机构的股东、股东的实际控制人等相关主体，基金托管人，基金服务机构等行政许可申请人隐瞒相关情况或者提供虚假材料申请行政许可的，中国证监会不予受理，或者不予行政许可，已行政许可的，予以撤销；对负有责任的高级管理人员、主管人员和直接责任人员给予警告、撤销基金从业资格、证券市场禁入等措施，并处十万元以下的罚款，涉及金融安全且有危害后果的，并处二十万元以下的罚款。违反其他法律、行政法规、中国证监会的规定的，依照相关规定采取措施或者予以处罚。

第七十一条 公募基金管理人存在下列情形之一且逾期未改正，或者行为严重危及公募基金管理人的稳健运行、损害基金份额持有人合法权益的，依照《证券投资基金法》第二十四条采取措施；情节严重的，除法律、行政法规、中国证监会另有规定外，对公募基金管理人给予警告，并处十万元以下的罚款，涉及金融安全且有危害后果的，并处二十万元以下的罚款；对负有责任的高级管理人员、主管人员和直接责任人员，给予警告、证券市场禁入等措施，并处十万元以下的罚款，涉及金融安全且有危害后果的，并处二十万元以下的罚款：

（一）公司治理不健全，影响公司或者公募基金管理业务的独立性、完整性和统一性；

（二）未按照本办法规定建立或者有效执行相关制度，内部控制机制不完善，存在重大风险隐患或者发生较大风险事件；

（三）未谨慎勤勉管理子公司、分支机构，或者选聘的基金服务机构不具备资质条件，存在重大风险隐患或者发生较大风险事件；

（四）违规从事非公募基金管理业务，影响公募基金管理业务正常开展，或者导致基金份额持有人利益受损；

（五）长期未按照中国证监会的规定报送信息和数据资料，或者报送的信息和数据资料等存在虚假记载、误导性陈述或者重大遗漏；

（六）其他违法违规行为。

第七十二条 公募基金管理人的股东、实际控制人存在下列情形之一的，依照《证券投资基金法》第二十三条采取措施，并依照《证券投资基金法》第一百二十四条进行行政处罚：

（一）以非自有资金或者非法取得的资金向公募基金管理人出资或者增资；抽逃资本；违规持有或者实际控制公募基金管理人股权；违规处分股权，变相规避行政许可；

（二）未依法经股东（大）会或者董事会决议，任免公募基金管理人的董事、监事、高级管理人员，擅自干预公募基金管理人的经营管理或者基金财产投资运作等活动；

（三）要求公募基金管理人利用基金财产为自身或者他人牟取利益，损害基金份额持有人或者其他当事人的合法权益；占有或者转移公募基金管理人资产；违规要求公募基金管理人为其或者其关联方提供融资或者担保；

（四）中国证监会规定禁止的其他行为。

股东的实际控制人存在前款规定情形之一且情节严重的，除法律、行政法规、中国证监会另有规定外，给予警告，并处十万元以下的罚款，涉及金融安全且有危害后果的，并处二十万元以下的罚款；对直接负责的主管人员和其他直接责任人员，给予警告、证券市场禁入等措施，并处十万元以下的罚款，涉及金融安全且有危害后果的，并处二十万元以下的罚款。

第七十三条 基金服务机构及有关人员违反法律、行政法规、本办法和中国证监会的其他规定，损害基金份额持有人合法权益的，除法律、行政法规、中国证监会另有规定外，对基金服务机构，给予警告、责令改正、责令停止基金服务业务等措施，并处十万元以下的罚款，涉及金融安全且有危害后果的，并处二十万元以下的罚款；对负有责任的高级管理人员、主管人员和直接责任人员，给予警告、证券市场禁入等措施，并处十万元以下的罚款，涉及金融安全且有危害后果的，并处二十万元以下的罚款。

第七十四条 被采取风险处置措施的公募基金管理人及其股东、股东的实际控制人、基金管理公司子公司、基金托管人存在下列情形之一且情节严重的，除法律、行政法规、中国证监会另有规定外，给予警告，并处十万元以下的罚款，涉及金融安全且有危害后果的，并处二十万元以下的罚款；对负有责任的高级管理人员、主管人员和直接责任人员，给予警告、证券市场禁入等措施，并处十万元以下的罚款，涉及金融安全且有危害后果的，并处二十万元以下的罚款：

（一）拒绝配合现场工作组、托管组、接管组、行政清理组、临时基金管理人、新基金管理人依法履行职责；

（二）未按照规定移交财产、印章或者账簿、文书等资料；

（三）隐匿、销毁、伪造相关资料，或者故意提供虚假情况；

（四）隐匿财产，擅自转移、转让财产；

（五）妨碍基金业务运行；

（六）基金托管人未按照规定承担共同受托责任；

（七）妨碍风险处置工作的其他情形。

第七十五条 公募基金管理人及其股东、股东的实际控制人、基金管理公司子公司、基金托管人、基金服务机构及负有责任的董事、监事、高级管理人员、主管人员和直接责任人员违反本办法和其他相关规定，依法应予行政处罚的，依照有关规定进行行政处罚；涉嫌犯罪的，依法移送司法机关，追究其刑事责任。

第八章 附 则

第七十六条 其他公募基金管理人及其股东与公募基金管理业务有关的公司治理安排应当符合本办法第二十九条、第三十条、第三十三条至第三十九条的规定。

其他公募基金管理人开展公募基金管理业务，本办法未予规定的，适用《证券投资基金法》和其他相关法律、行政法规、中国证监会的其他规定。

第七十七条 符合中国证监会规定条件的持有基金管理公司5%以下股权的股东，不适用本办法第八条、第十三条、第三十一条、第三十二条、第六十一条的规定和第十二条关于“其他股东应当为符合条件的自然人、金融机构或者管理金融机构的机构”的规定。

第七十八条 本办法自2022年6月20日起施行。《证券投资基金管理公司管理办法》（证监会令第166号）《资产管理机构开展公募证券投资基金管理业务暂行规定》（证监会公告〔2013〕10号）同时废止。

证券登记结算管理办法

（2006年4月7日中国证券监督管理委员会令第29号公布　根据2009年11月20日中国证券监督管理委员会《关于修改〈证券登记结算管理办法〉的决定》第一次修正　根据2017年12月7日中国证券监督管理委员会《关于修改〈证券登记结算管理办法〉等七部规章的决定》第二次修正　根据2018年8月15日中国证券监督管理委员会《关于修改〈证券登记结算管理办法〉的决定》第三次修正　2022年5月6日中国证券监督管理委员会第4次委务会议修订　国司备字［2022006498］）

第一章 总 则

第一条 为了规范证券登记结算行为，保护投资者的合法权益，维护证券登记结算秩序，防范证券登记结算风险，保障证券市场安全高效运行，根据

《证券法》、《公司法》等法律、行政法规的规定，制定本办法。

第二条 在证券交易所和国务院批准的其他全国性证券交易场所（以下统称证券交易场所）交易的股票、债券、存托凭证、证券投资基金份额、资产支持证券等证券及证券衍生品种（以下统称证券）的登记结算，适用本办法。证券可以采用纸面形式、电子簿记形式或者中国证券监督管理委员会（以下简称中国证监会）规定的其他形式。

未在证券交易场所交易的证券，委托证券登记结算机构办理证券登记结算业务的，证券登记结算机构参照本办法执行。

境内上市外资股、存托凭证、内地与香港股票市场交易互联互通等的登记结算业务，法律、行政法规、中国证监会另有规定的，从其规定。

第三条 证券登记结算活动必须遵循公开、公平、公正、安全、高效的原则。

第四条 证券登记结算机构为证券交易提供集中登记、存管与结算服务，不以营利为目的，依法登记，取得法人资格。

证券登记结算业务采取全国集中统一的运营方式，由证券登记结算机构依法集中统一办理。

证券登记结算机构实行行业自律管理，依据业务规则对证券登记结算业务参与人采取自律管理措施。

第五条 证券登记结算业务参与人及其相关业务活动必须遵守法律、行政法规、中国证监会的规定以及证券登记结算机构依法制定的业务规则。

第六条 证券登记结算机构根据《中国共产党章程》设立党组织，发挥领导作用，把方向、管大局、保落实，依照规定讨论和决定证券登记结算机构重大事项，保证监督党和国家的方针、政策在证券登记结算机构得到全面贯彻落实。

第七条 中国证监会依法对证券登记结算机构及证券登记结算活动进行监督管理，负责对证券登记结算机构评估与检查。

第二章 证券登记结算机构

第八条 证券登记结算机构的设立和解散，必须经中国证监会批准。

第九条 证券登记结算机构履行下列职能：

（一）证券账户、结算账户的设立和管理；

（二）证券的存管和过户；

（三）证券持有人名册登记及权益登记；

(四)证券和资金的清算交收及相关管理；
(五)受证券发行人的委托办理派发证券权益等业务；
(六)依法提供与证券登记结算业务有关的查询、信息、咨询和培训服务；
(七)依法担任存托凭证存托人；
(八)中国证监会批准的其他业务。

第十条 证券登记结算机构不得从事下列活动：
(一)与证券登记结算业务无关的投资；
(二)购置非自用不动产；
(三)在本办法第七十条、第七十一条规定之外买卖证券；
(四)法律、行政法规和中国证监会禁止的其他行为。

第十一条 证券登记结算机构的下列事项，应当报中国证监会批准：
(一)章程、业务规则的制定和修改；
(二)董事长、副董事长、监事长、总经理和副总经理的任免；
(三)依法应当报中国证监会批准的其他事项。

前款第(一)项中所称的业务规则，是指证券登记结算机构的证券账户管理、证券登记、证券托管与存管、证券结算、结算参与人管理、自律管理等与证券登记结算业务有关的业务规则。

第十二条 证券登记结算机构的下列事项和文件，应当向中国证监会报告：
(一)业务实施细则；
(二)制定或修改业务管理制度、业务复原计划、紧急应对程序；
(三)办理新的证券品种的登记结算业务，变更登记结算业务模式；
(四)结算参与人和结算银行资格的取得和丧失等变动情况；
(五)发现重大业务风险和技术风险，发现重大违法违规行为，或涉及重大诉讼；
(六)有关经营情况和国家有关规定执行情况的年度工作报告；
(七)经会计师事务所审计的年度财务报告，财务预决算方案和重大开支项目，聘请或更换会计师事务所；
(八)与证券交易场所签订的主要业务合作协议，与证券发行人、结算参与人和结算银行签订的主要业务协议的样本格式；
(九)重大国际合作与交流活动、涉港澳台重大事务；
(十)与证券登记结算有关的主要收费项目和标准的制定或调整；
(十一)中国证监会要求报告的其他事项和文件。

第十三条 证券登记结算机构应当妥善保存登记、存管和结算的原始凭证及有关文件和资料。其保存期限不得少于20年。

第十四条 证券登记结算机构对其所编制的与证券登记结算业务有关的数据和资料进行专属管理;未经证券登记结算机构同意,任何组织和个人不得将其专属管理的数据和资料用于商业目的。

第十五条 证券登记结算机构及其工作人员依法对投资者的信息以及与证券登记结算业务有关的数据和资料负有保密义务。

对投资者的信息以及与证券登记结算业务有关的数据和资料,证券登记结算机构应当拒绝查询,但有下列情形之一的,证券登记结算机构应当依法办理:

(一)证券持有人查询其本人的有关证券资料;

(二)证券质权人查询与其本人有关质押证券;

(三)证券发行人查询其证券持有人名册及有关资料;

(四)证券交易场所、中国金融期货交易所、依照法律、行政法规或者中国证监会规定设立的投资者保护机构依法履行职责要求证券登记结算机构提供相关数据和资料;

(五)监察委员会、人民法院、人民检察院、公安机关和中国证监会依照法定的条件和程序进行查询和取证。

证券登记结算机构应当采取有效措施,方便证券持有人查询其本人证券的持有记录。

第十六条 证券登记结算机构应当公开业务规则、与证券登记结算业务有关的主要收费项目和标准。

证券登记结算机构制定或者变更业务规则、调整证券登记结算主要收费项目和标准等,应当征求相关市场参与人的意见。

第十七条 证券登记结算机构工作人员必须忠于职守、依法办事、不得利用职务便利谋取不正当利益,不得泄露所知悉的有关单位和个人的商业秘密。

证券登记结算机构违反《证券法》及本办法规定的,中国证监会依法予以行政处罚;对直接负责的主管人员和其他直接责任人员,依法给予行政处分。

第三章 证券账户的管理

第十八条 投资者通过证券账户持有证券,证券账户用于记录投资者持有证券的余额及其变动情况。

第十九条 证券应当记录在证券持有人本人的证券账户内,但依据法律、行政法规和中国证监会的规定,证券记录在名义持有人证券账户内的,从其规定。

证券登记结算机构为依法履行职责,可以要求名义持有人提供其名下证券权益拥有人的相关资料,名义持有人应当保证其所提供的资料真实、准确、完整。

第二十条 投资者应当在证券登记结算机构实名开立证券账户。

前款所称投资者包括中国公民、中国法人、中国合伙企业、符合规定的外国人及法律、行政法规、中国证监会规章规定的其他投资者。

外国人申请开立证券账户的具体办法,由证券登记结算机构制定,报中国证监会批准。

投资者申请开立证券账户应当保证其提交的开户资料真实、准确、完整。

第二十一条 证券登记结算机构可以直接为投资者开立证券账户,也可以委托证券公司等代为办理。

证券登记结算机构为投资者开立证券账户,应当遵循方便投资者和优化配置账户资源的原则。

第二十二条 证券公司等代理开立证券账户,应当向证券登记结算机构申请取得开户代理资格。

证券公司等代理开立证券账户,应当根据证券登记结算机构的业务规则,对投资者提供的有效身份证明文件原件及其他开户资料的真实性、准确性、完整性进行审核,并应当妥善保管相关开户资料,保管期限不得少于 20 年。

第二十三条 投资者应当使用实名开立的账户进行交易。

任何单位和个人不得违反规定,出借自己的证券账户或者借用他人的证券账户从事证券交易。

第二十四条 证券登记结算机构应当根据业务规则,对开户代理机构开立证券账户的活动进行监督。开户代理机构违反业务规则的,证券登记结算机构可以根据业务规则暂停、取消其开户代理资格,并提请中国证监会按照相关规定采取暂停或撤销其相关证券业务许可;对直接负责的主管人员和其他直接责任人员,单处或并处警告、罚款等处罚措施。

第二十五条 证券公司应当勤勉尽责,掌握其客户的资料及资信状况,并对其客户证券账户的使用情况进行监督。证券公司不得将投资者的证券账户提供给他人使用。

证券公司发现其客户在证券账户使用过程中存在违规行为的,应当按照证券登记结算机构的业务规则处理,并及时向证券登记结算机构和证券交易场所报告。涉及违法行为的,还应当向中国证监会报告,由中国证监会依法予以处罚。

第二十六条 投资者在证券账户开立和使用过程中存在违规行为的，证券登记结算机构应当依法对违规证券账户采取限制使用、注销等处置措施。

第四章 证券的登记

第二十七条 上市或挂牌证券的发行人应当委托证券登记结算机构办理其所发行证券的登记业务。

证券登记结算机构应当与委托其办理证券登记业务的证券发行人签订证券登记及服务协议，明确双方的权利义务。

证券登记结算机构应当制定并公布证券登记及服务协议的范本。

证券登记结算机构可以根据政府债券主管部门的要求办理上市政府债券的登记业务。

第二十八条 证券登记结算机构根据证券账户的记录，确认证券持有人持有证券的事实，办理证券持有人名册的登记。

证券登记结算机构出具的证券登记记录是证券持有人持有证券的合法证明。

证券记录在名义持有人证券账户内的，证券权益拥有人的证券持有记录由名义持有人出具。

第二十九条 证券上市或挂牌前，证券发行人应当向证券登记结算机构提交已发行证券的证券持有人名册及其他相关资料。证券登记结算机构据此办理证券持有人名册的初始登记。

第三十条 按照证券交易场所业务规则成交的证券买卖、出借、质押式回购等交易，证券登记结算机构应当依据证券交易场所的成交结果等办理相应清算交收和登记过户。

第三十一条 证券在证券交易场所交易的，证券登记结算机构应当根据证券交易的交收结果办理证券持有人名册的变更登记。

证券以协议转让、继承、捐赠、依法进行的财产分割、强制执行、行政划拨等方式转让，或因证券增发、配股、缩股等情形导致证券数量发生变化的，证券登记结算机构根据业务规则变更相关证券账户的余额，并相应办理证券持有人名册的变更登记。

证券因质押、锁定、冻结等原因导致其持有人权利受到限制的，证券登记结算机构应当在证券持有人名册或投资者证券持有记录上加以标记。

第三十二条 证券登记结算机构应当保证证券持有人名册和登记过户记

录真实、准确、完整,不得隐匿、伪造、篡改或者毁损。

证券登记申请人应当保证其所提交资料的合法、真实、准确、完整。证券登记结算机构不承担由于证券登记申请人原因导致证券持有人名册及其他相关资料有误而产生的损失和法律后果。

前款所称证券登记申请人包括证券发行人、证券持有人及证券登记结算机构认可的其他申请办理证券登记的主体。

第三十三条 证券登记结算机构应当按照业务规则和协议向证券发行人发送其证券持有人名册及有关资料。

证券发行人应当依法妥善管理、保存和使用证券持有人名册。因不当使用证券持有人名册导致的法律责任由证券发行人承担。

第三十四条 证券发行人申请办理权益分派等代理服务的,应当按照业务规则和协议向证券登记结算机构提交有关资料并支付款项。

证券发行人未及时履行上述义务的,证券登记结算机构有权推迟或不予办理,证券发行人应当及时发布公告说明有关情况。

第三十五条 证券终止上市或终止挂牌且不再由证券登记结算机构登记的,证券发行人或者其清算组等应当按照证券登记结算机构的规定办理退出登记手续。证券登记结算机构应当将持有人名册移出证券登记簿记系统并依法向其交付证券持有人名册及其他登记资料。

第五章 证券的托管和存管

第三十六条 投资者应当委托证券公司托管其持有的证券,证券公司应当将其自有证券和所托管的客户证券交由证券登记结算机构存管,但法律、行政法规和中国证监会另有规定的除外。

第三十七条 证券登记结算机构为证券公司设立客户证券总账和自有证券总账,用以统计证券公司交存的客户证券和自有证券。

证券公司应当委托证券登记结算机构维护其客户及自有证券账户,但法律、行政法规和中国证监会另有规定的除外。

第三十八条 投资者买卖证券,应当与证券公司签订证券交易、托管与结算协议。

证券登记结算机构应当制定和公布证券交易、托管与结算协议中与证券登记结算业务有关的必备条款。必备条款应当包括但不限于以下内容:

(一)证券公司根据客户的委托,按照证券交易规则提出交易申报,根据成交结果完成其与客户的证券和资金的交收,并承担相应的交收责任;客户应当同意集中交易结束后,由证券公司委托证券登记结算机构办理其证券账户与证券公司证券交收账户之间的证券划付。

(二)证券登记结算机构提供集中履约保障的质押式回购交易,投资者和证券公司应当按照业务规则的规定向证券登记结算机构提交用于回购的质押券。投资者和证券公司之间债权债务关系不影响证券登记结算机构按照业务规则对证券公司提交的质押券行使质押权。

(三)客户出现资金交收违约时,证券公司可以委托证券登记结算机构将客户净买入证券或质押品保管库中的回购质押券划付到其证券处置账户内,并要求客户在约定期限内补足资金。客户出现证券交收违约时,证券公司可以将相当于证券交收违约金额的资金暂不划付给该客户。

第三十九条 证券公司应当将其与客户之间建立、变更和终止证券托管关系的事项报送证券登记结算机构。

证券登记结算机构应当对上述事项加以记录。

第四十条 客户要求证券公司将其持有证券转由其他证券公司托管的,相关证券公司应当依据证券交易场所及证券登记结算机构有关业务规则予以办理,不得拒绝,但有关法律、行政法规和中国证监会另有规定的除外。

第四十一条 证券公司应当采取有效措施,保证其托管的证券的安全,禁止挪用、盗卖。

证券登记结算机构应当采取有效措施,保证其存管的证券的安全,禁止挪用、盗卖。

第四十二条 证券的质押、锁定、冻结或扣划,由托管证券的证券公司和证券登记结算机构按照证券登记结算机构的相关规定办理。

第六章 证券和资金的清算交收

第四十三条 证券公司、商业银行等参与证券和资金的集中清算交收,应当向证券登记结算机构申请取得结算参与人资格,与证券登记结算机构签订结算协议,明确双方的权利义务。

没有取得结算参与人资格的,应当与结算参与人签订委托结算协议,委托结算参与人代其进行证券和资金的集中清算交收。

证券登记结算机构应当制定并公布结算协议和委托结算协议范本。

第四十四条 证券登记结算机构应当根据业务需要选择符合条件的商业银行作为结算银行,办理结算资金存放、划付等证券资金结算业务。

结算银行的条件,由证券登记结算机构制定。

第四十五条　证券和资金结算实行分级结算原则。证券登记结算机构负责办理证券登记结算机构与结算参与人之间的集中清算交收;结算参与人负责办理结算参与人与客户之间的清算交收。

第四十六条　证券登记结算机构应当设立证券集中交收账户和资金集中交收账户,用以办理与结算参与人的证券和资金的集中清算交收。

结算参与人应当根据证券登记结算机构的规定,申请开立证券交收账户和资金交收账户用以办理证券和资金的交收。同时经营证券自营业务和经纪业务等业务的结算参与人,应当按照规定分别申请开立证券、资金交收账户用以办理自营业务、经纪业务等业务的证券、资金交收。

第四十七条　证券登记结算机构可以根据业务需要,为证券市场提供多边净额、逐笔全额、双边净额以及资金代收代付等结算业务。

前述结算业务中本办法未规定的,按照证券登记结算机构业务规则办理。

第四十八条　证券登记结算机构作为中央对手方提供证券结算服务的,是结算参与人共同的清算交收对手,按照货银对付的原则,以结算参与人为结算单位进行净额结算,并为证券交易提供集中履约保障。

结算参与人应当对证券登记结算机构承担交收责任。

第四十九条　证券登记结算机构与参与多边净额结算的结算参与人签订的结算协议应当包括下列内容:

(一)对于结算参与人负责结算的证券交易合同,该合同双方结算参与人向对手方结算参与人收取证券或资金的权利,以及向对手方结算参与人支付资金或证券的义务一并转让给证券登记结算机构;

(二)受让前项权利和义务后,证券登记结算机构享有原合同双方结算参与人对其对手方结算参与人的权利,并应履行原合同双方结算参与人对其对手方结算参与人的义务。

第五十条　证券登记结算机构进行多边净额清算时,应当计算结算参与人的应收应付证券数额和应收应付资金净额,并在清算结束后将清算结果及时通知结算参与人。

证券登记结算机构采取其他结算方式的,应当按照相关业务规则进行清算。

第五十一条　集中交收前,结算参与人应当向客户收取其应付的证券和资金,并在结算参与人证券交收账户、结算参与人资金交收账户留存足额证券和资金。

结算参与人与客户之间的证券划付,应当委托证券登记结算机构代为办理。

第五十二条 集中交收过程中,证券登记结算机构应当在最终交收时点,向结算参与人足额收取其应付的资金和证券,并交付其应收的证券和资金。

证券登记结算机构可在最终交收时点前设置多个交收批次,交收完成后不可撤销。

对于同时经营自营业务以及经纪业务或资产托管业务的结算参与人,如果其客户资金交收账户资金不足的,证券登记结算机构可以动用该结算参与人自营资金交收账户内的资金完成交收。

第五十三条 证券集中交收过程中,结算参与人足额交付资金前,应当按照证券登记结算机构业务规则申报标识证券及相应证券账户,证券登记结算机构按照业务规则对相应证券进行标识。被标识证券属于交收过程中的证券,不得被强制执行。

结算参与人足额履行资金交收义务的,证券登记结算机构按照业务规则取消相应证券的标识。

第五十四条 集中交收后,结算参与人应当向客户交付其应收的证券和资金。

结算参与人与客户之间的证券划付,应当委托证券登记结算机构代为办理。

第五十五条 证券登记结算机构应当在结算业务规则中对结算参与人与证券登记结算机构之间的交收时点做出规定。

结算参与人完成证券和资金的交收应当不晚于规定的最终交收时点。

采取多边净额结算方式的,结算参与人未能在最终交收时点足额履行应付证券或资金交收义务的,证券登记结算机构可以按照业务规则处理交收对价物。

第五十六条 因证券登记结算机构的原因导致清算结果有误的,结算参与人在履行交收责任后可以要求证券登记结算机构予以纠正,并承担结算参与人遭受的直接损失。

第七章 风险防范和交收违约处理

第一节 风险防范和控制措施

第五十七条 证券登记结算机构应当采取下列措施,加强证券登记结算业务的风险防范和控制:

(一)制定完善的风险防范制度和内部控制制度;

（二）建立完善的技术系统，制定由结算参与人共同遵守的技术标准和规范；

（三）建立完善的结算参与人和结算银行准入标准和风险评估体系；

（四）对结算数据和技术系统进行备份，制定业务紧急应变程序和操作流程。

第五十八条 证券登记结算机构应当与证券交易所相互配合，建立证券市场系统性风险的防范制度。

证券登记结算机构应当与证券交易所签订业务合作协议，明确双方的权利义务，并约定有关临时停市、暂缓交收等业务安排。证券登记结算机构可以根据证券交易所通知采取暂缓交收措施。

第五十九条 证券登记结算机构应当按照结算风险共担的原则，组织结算参与人建立证券结算保证金，用于保障交收的连续进行。

证券结算保证金的筹集、使用、管理和补缴办法，由证券登记结算机构在业务规则中规定。

第六十条 证券登记结算机构可以视结算参与人的风险状况，采取要求结算参与人提供交收担保等风险控制措施。

结算参与人提供交收担保的具体标准，由证券登记结算机构根据结算参与人的风险程度确定和调整。

证券登记结算机构应当将结算参与人提交的交收担保物与其自有资产隔离，严格按结算参与人分户管理，不得挪用。

结算参与人根据证券登记结算机构业务规则，向证券登记结算机构提供交收担保物。结算参与人提供交收担保物的，不得损害已履行清算交收责任客户的合法权益。

第六十一条 结算参与人可以在其资金交收账户内，存放证券结算备付金用于完成交收。

证券登记结算机构应当将结算参与人存放的结算备付金与其自有资金隔离，严格按结算参与人分户管理，不得挪用。

结算备付金的收取、使用和管理，由证券登记结算机构在业务规则中规定。

第六十二条 证券登记结算机构应当对提供集中履约保障的质押式回购实行质押品保管库制度，将结算参与人提交的用于融资回购担保的质押券转移到质押品保管库。

第六十三条 证券登记结算机构收取的下列资金和证券，只能按业务规则用于已成交的证券交易的清算交收，不得被强制执行：

（一）证券登记结算机构收取的证券结算风险基金、证券结算保证金，以及交收担保物、回购质押券等用于担保交收的资金和证券；

（二）证券登记结算机构根据本办法设立的证券集中交收账户、资金集中交收账户、专用清偿账户内的证券和资金以及根据业务规则设立的其他专用交收账户内的证券和资金；

（三）结算参与人证券交收账户、结算参与人证券处置账户等结算账户内的证券以及结算参与人资金交收账户内根据成交结果确定的应付资金；

（四）根据成交结果确定的投资者进入交收程序的证券和资金；

（五）证券登记结算机构在银行开设的结算备付金等专用存款账户、新股发行验资专户内的资金，以及证券发行人拟向投资者派发的债息、股息和红利等。

第六十四条 证券登记结算机构可以根据组织管理证券登记结算业务的需要，按照有关规定申请授信额度，或将专用清偿账户中的证券用于申请质押贷款，以保障证券登记结算活动的持续正常进行。

第二节 集中交收的违约处理

第六十五条 结算参与人未能在最终交收时点向证券登记结算机构足额交付证券或资金的，构成对证券登记结算机构证券或资金交收违约。

第六十六条 证券登记结算机构应当设立专用清偿账户，用于在结算参与人发生违约时存放暂不交付或扣划的证券和资金。

第六十七条 结算参与人发生资金交收违约时，应当按照以下程序办理：

（一）违约结算参与人应当根据证券登记结算机构业务规则规定，向证券登记结算机构发送暂不交付交收对价物或扣划已交付交收对价物以及申报其他证券用以处分的指令。

（二）证券登记结算机构应根据业务规则将上述交收对价物及其他用以处分的证券转入专用清偿账户，并通知该结算参与人在规定的期限内补足资金或提交交收担保。

证券登记结算机构在规定时间内未收到上述指令的，属于结算参与人重大交收违约情形。结算参与人发生重大交收违约或相关交收对价物不足以弥补违约金额的，证券登记结算机构有权根据业务规则对该结算参与人违约资金交收账户对应的交收对价物实施暂不交付或扣划，并可对该结算参与人的自营证券实施扣划，转入专用清偿账户，通知该结算参与人在规定的期限内补足资金或提交交收担保。

第六十八条 结算参与人发生资金交收违约的，证券登记结算机构应当按照下列顺序动用担保物和证券结算保证金，完成与对手方结算参与人的资金交收：

（一）违约结算参与人的担保物中的现金部分；

（二）证券结算保证金中违约结算参与人交纳的部分；

（三）证券结算保证金中其他结算参与人交纳的及证券登记结算机构划拨的部分。

按前款处理仍不能弥补结算参与人资金交收违约的，证券登记结算机构还可以动用下列资金：

（一）证券结算风险基金；

（二）商业银行等机构的授信支持；

（三）其他资金。

第六十九条　结算参与人发生证券交收违约时，证券登记结算机构有权暂不交付相当于违约金额的应收资金。

证券登记结算机构应当将暂不划付的资金划入专用清偿账户，并通知该结算参与人。结算参与人应当在规定的期限内补足证券，或者提供证券登记结算机构认可的担保。

第七十条　结算参与人发生证券交收违约的，证券登记结算机构可以动用下列证券，完成与对手方结算参与人的证券交收：

（一）违约结算参与人提交的用以冲抵的相同证券；

（二）以专用清偿账户中的资金买入的相同证券；

（三）其他来源的相同证券。

第七十一条　违约结算参与人未在规定的期间内补足资金、证券的，证券登记结算机构可以按照业务规则处分违约结算参与人所提供的担保物、质押品保管库中的回购质押券，卖出专用清偿账户内的证券、以专用清偿账户内的资金买入证券。

前款处置所得，用于补足违约结算参与人欠付的资金、证券和支付相关费用；有剩余的，应当归还该相关违约结算参与人；不足偿付的，证券登记结算机构应当向相关违约结算参与人追偿。

在规定期限内无法追偿的证券或资金，证券登记结算机构可以依法动用证券结算保证金和证券结算风险基金予以弥补。依法动用证券结算保证金和证券结算风险基金弥补损失后，证券登记结算机构应当继续向违约结算参与人追偿。

第七十二条　结算参与人发生资金交收违约或证券交收违约的，证券登记结算机构可以按照有关规定收取违约金。证券登记结算机构收取的违约金应当计入证券结算保证金。

第七十三条 结算参与人发生重大交收违约情形的，证券登记结算机构可以按照以下程序办理：

（一）暂停、终止办理其部分、全部结算业务，以及中止、撤销结算参与人资格，并提请证券交易场所采取停止交易措施。

（二）提请中国证监会按照相关规定采取暂停或撤销其相关证券业务许可；对直接负责的主管人员和其他直接责任人员，单处或并处警告、罚款的处罚措施。

证券登记结算机构提请证券交易场所采取停止交易措施的具体办法由证券登记结算机构商证券交易场所制订，报中国证监会批准。

第七十四条 证券登记结算机构依法动用证券结算保证金和证券结算风险基金，以及对违约结算参与人采取前条规定的处置措施的，应当在证券登记结算机构年度报告中列示。

第三节 结算参与人与客户交收的违约处理

第七十五条 结算参与人可以根据证券登记结算机构的规定，向证券登记结算机构申请开立证券处置账户，用以存放待处置的客户证券。

第七十六条 结算参与人可以视客户的风险状况，采取包括要求客户提供交收担保在内的风险控制措施。

客户提供交收担保的具体标准，由结算参与人与客户在证券交易、托管与结算协议中明确。

第七十七条 客户出现资金交收违约时，结算参与人在向证券登记结算机构履行资金交收义务后，可以发出指令，委托证券登记结算机构将客户净买入证券或质押品保管库中的回购质押券划付到其证券处置账户内，并要求客户在约定期限内补足资金。

证券登记结算机构可以根据结算参与人委托，协助结算参与人划转违约客户证券，具体事宜按照证券登记结算机构业务规则办理。

第七十八条 客户出现证券交收违约时，结算参与人可以将相当于证券交收违约金额的资金暂不划付给该客户。

第七十九条 客户未能按时履行其对结算参与人交付证券或资金的义务的，结算参与人可以根据其与客户的协议向违约客户进行追偿。

违约客户未在规定的期间内补足资金、证券的，结算参与人可以将证券处置账户内的相应证券卖出，或用暂不交付的资金补购相应证券。

前款处置所得，用于补足违约客户欠付的资金、证券和支付相关费用；有剩余的,应当归还该客户;尚有不足的,结算参与人有权继续向客户追偿。

第八十条 结算参与人未及时将客户应收资金支付给客户或未及时委托证券登记结算机构将客户应收证券从其证券交收账户划付到客户证券账户的,结算参与人应当对客户承担违约责任,给客户造成损失的,结算参与人应当依法承担对客户的赔偿责任。

第八十一条 客户对结算参与人交收违约的,结算参与人不能因此拒绝履行对证券登记结算机构的交收义务,也不得影响已经完成和正在进行的证券和资金的集中交收及证券登记结算机构代为办理的证券划付。

第八十二条 没有取得结算参与人资格的证券公司与其客户之间的结算权利义务关系,参照本办法执行。

第八章 附 则

第八十三条 本办法下列用语的含义是:

登记,是指证券登记结算机构接受证券登记申请人的委托,通过设立和维护证券持有人名册确认证券持有人持有证券事实的行为。

托管,是指证券公司接受客户委托,代其保管证券并提供代收红利等权益维护服务的行为。

存管,是指证券登记结算机构接受证券公司委托,集中保管证券公司的客户证券和自有证券,维护证券余额和持有状态的变动,并提供代收红利等权益维护服务的行为。

结算,是指清算和交收。

清算,是指按照确定的规则计算证券和资金的应收应付数额的行为。

交收,是指根据确定的清算结果,通过证券和资金的最终交付履行相关债权债务的行为。

交收对价物,是指结算参与人在清算交收过程中与其应付证券互为对价的资金,或与其应付资金互为对价的证券。

证券登记结算业务参与人,是指证券发行人、结算参与人、投资者等参与证券登记结算业务的主体。

名义持有人,是指受他人指定并代表他人持有证券的机构。

结算参与人,是指经证券登记结算机构核准,有资格参与集中清算交收的证券公司或其他机构。

中央对手方,是指在结算过程中,同时作为所有买方和卖方的交收对手,提供履约保障以保证交收顺利完成的主体。

货银对付,是指证券登记结算机构与结算参与人在交收过程中,证券和资金的交收互为条件,当且仅当结算参与人履行资金交收义务的,相应证券完成交收;结算参与人履行证券交收义务的,相应资金完成交收。

净额结算,是指对买入和卖出交易的证券或资金进行轧差,以计算出的净额进行交收。

多边净额结算,是指证券登记结算机构将每个结算参与人达成的所有交易进行轧差清算,计算出相对每个结算参与人的应收应付证券数额和应收应付资金净额,再按照清算结果与每个结算参与人进行交收。

逐笔全额结算,是指证券登记结算机构对每笔证券交易进行独立清算,对同一结算参与人应收和应付证券、应收和应付资金不进行轧差处理,按照清算结果为结算参与人办理交收。

双边净额结算,是指证券登记结算机构对买卖双方之间的证券交易进行轧差清算,分别形成结算参与人的应收应付证券数额、应收应付资金净额,按照清算结果为结算参与人办理交收。

资金代收代付结算,是指证券登记结算机构根据业务规则、结算参与人等主体的双方协议约定、指令等内容,代为进行资金收付划转处理。

证券集中交收账户,是指证券登记结算机构为办理多边交收业务,以自身名义开立的结算账户,用于办理结算参与人与证券登记结算机构之间的证券集中交收。

资金集中交收账户,是指证券登记结算机构为办理多边交收业务,以自身名义开立的结算账户,用于办理结算参与人与证券登记结算机构之间的资金集中交收。

结算参与人证券交收账户,是指结算参与人向证券登记结算机构申请开立的用于证券交收的结算账户。

结算参与人资金交收账户,是指结算参与人向证券登记结算机构申请开立的用于资金交收的结算账户。

专用清偿账户,是指证券登记结算机构开立的结算账户,用于存放结算参与人交收违约时证券登记结算机构暂未交付、扣划的证券和资金。

证券处置账户,是指结算参与人向证券登记结算机构申请开立的结算账户,用于存放客户交收违约时待处置的客户证券。

质押品保管库,是指证券登记结算机构开立的质押品保管专用账户,用于存放结算参与人提交的用于回购的质押券等质押品。

最终交收时点,是指证券登记结算机构确定的证券和资金交收的最晚时点。

证券结算备付金,是指结算参与人在其资金交收账户内存放的用于完成资金交收的资金。

证券结算保证金，是指全体结算参与人向证券登记结算机构缴纳的以及证券登记结算机构根据业务规则划拨的，用以提供流动性保障、弥补交收违约损失的资金。

第八十四条 证券公司以外的机构经中国证监会批准，可以接受证券登记结算机构委托为投资者开立证券账户、可以接受投资者委托托管其证券，或者申请成为结算参与人为客户办理证券和资金的清算交收，有关证券登记结算业务处理参照本办法执行。

第八十五条 本办法由中国证监会负责解释、修订。

第八十六条 本办法自2022年6月20日起施行。

特种设备安全监督检查办法

（2022年5月26日国家市场监督管理总局令第57号公布 自2022年7月1日起施行 国司备字[2022006389]）

第一章 总 则

第一条 为了规范特种设备安全监督检查工作，落实特种设备生产、经营、使用单位和检验、检测机构安全责任，根据《中华人民共和国特种设备安全法》《特种设备安全监察条例》等法律、行政法规，制定本办法。

第二条 市场监督管理部门对特种设备生产（包括设计、制造、安装、改造、修理）、经营、使用（含充装，下同）单位和检验、检测机构实施监督检查，适用本办法。

第三条 国家市场监督管理总局负责监督指导全国特种设备安全监督检查工作，可以根据需要组织开展监督检查。

县级以上地方市场监督管理部门负责本行政区域内的特种设备安全监督检查工作，根据上级市场监督管理部门部署或者实际工作需要，组织开展监督检查。

市场监督管理所依照市场监管法律、法规、规章有关规定以及上级市场监督管理部门确定的权限，承担相关特种设备安全监督检查工作。

第四条 特种设备安全监督检查工作应当遵循风险防控、分级负责、分类实施、照单履职的原则。

第二章　监督检查分类

第五条　特种设备安全监督检查分为常规监督检查、专项监督检查、证后监督检查和其他监督检查。

第六条　市场监督管理部门依照年度常规监督检查计划，对特种设备生产、使用单位实施常规监督检查。

常规监督检查的项目和内容按照国家市场监督管理总局的有关规定执行。

第七条　市级市场监督管理部门负责制定年度常规监督检查计划，确定辖区内市场监督管理部门任务分工，并分级负责实施。

年度常规监督检查计划应当报告同级人民政府。对特种设备生产单位开展的年度常规监督检查计划还应当同时报告省级市场监督管理部门。

第八条　常规监督检查应当采用"双随机、一公开"方式，随机抽取被检查单位和特种设备安全监督检查人员（以下简称检查人员），并定期公布监督检查结果。

常规监督检查对象库应当将取得许可资格且住所地在本辖区的特种设备生产单位和本辖区办理特种设备使用登记的使用单位全部纳入。

特种设备生产单位制造地与住所地不在同一辖区的，由制造地的市级市场监督管理部门纳入常规监督检查对象库。

第九条　市级市场监督管理部门应当根据特种设备安全状况，确定常规监督检查重点单位名录，并对重点单位加大抽取比例。

符合以下情形之一的，应当列入重点单位名录：

（一）学校、幼儿园以及医院、车站、客运码头、机场、商场、体育场馆、展览馆、公园、旅游景区等公众聚集场所的特种设备使用单位；

（二）近二年使用的特种设备发生过事故并对事故负有责任的；

（三）涉及特种设备安全的投诉举报较多，且经调查属实的；

（四）市场监督管理部门认为应当列入的其他情形。

第十条　市场监督管理部门为防范区域性、系统性风险，做好重大活动、重点工程以及节假日等重点时段安全保障，或者根据各级人民政府和上级市场监督管理部门的统一部署，在特定时间内对特定区域、领域的特种设备生产、经营、使用单位和检验、检测机构实施专项监督检查。

第十一条　组织专项监督检查的市场监督管理部门应当制定专项监督检查工作方案，明确监督检查的范围、任务分工、进度安排等要求。

专项监督检查工作方案应当要求特种设备生产、经营、使用单位和检验、检测机构开展自查自纠,并规定专门的监督检查项目和内容,或者参照常规监督检查的项目和内容执行。

第十二条 市场监督管理部门对其许可的特种设备生产、充装单位和检验、检测机构是否持续保持许可条件、依法从事许可活动实施证后监督检查。

第十三条 证后监督检查由实施行政许可的市场监督管理部门负责组织实施,或者委托下级市场监督管理部门组织实施。

第十四条 组织实施证后监督检查的市场监督管理部门应当制定证后监督检查年度计划和工作方案。

证后监督检查年度计划应当明确检查对象、进度安排等要求,工作方案应当明确检查方式、检查内容等要求。

第十五条 市场监督管理部门开展证后监督检查应当采用“双随机、一公开”方式,随机抽取被检查单位和检查人员,并及时公布监督检查结果。

证后监督检查对象库应当将本机关许可的特种设备生产、充装单位和检验、检测机构全部列入。

第十六条 市场监督管理部门应当根据特种设备生产、充装质量安全状况或者特种设备检验、检测质量状况,确定证后监督检查重点单位名录,并对重点单位加大抽取比例。

符合以下情形之一的,应当列入重点单位名录:

(一)上一年度自我声明承诺换证的;

(二)上一年度生产、充装、检验、检测的特种设备发生过事故并对事故负有责任,或者因特种设备生产、充装、检验、检测问题被行政处罚的;

(三)上一年度因产品缺陷未履行主动召回义务被责令召回的;

(四)涉及特种设备安全的投诉举报较多,且经调查属实的;

(五)市场监督管理部门认为应当列入的其他情形。

第十七条 同一年度,对同一单位已经进行证后监督检查的不再进行常规监督检查。

第十八条 市场监督管理部门对其他部门移送、上级交办、投诉、举报等途径和检验、检测、监测等方式发现的特种设备安全违法行为或者事故隐患线索,根据需要可以对特种设备生产、经营、使用单位和检验、检测机构实施监督检查。开展监督检查前,应当确定针对性的监督检查项目和内容。

第三章 监督检查程序

第十九条 市场监督管理部门实施监督检查时,应当有二名以上检查人员参加,出示有效的特种设备安全行政执法证件,并说明检查的任务来源、依据、内容、要求等。

市场监督管理部门根据需要可以委托相关具有公益类事业单位法人资格的特种设备检验机构提供监督检查的技术支持和服务,或者邀请相关专业技术人员参加监督检查。

第二十条 特种设备生产、经营、使用单位和检验、检测机构及其人员应当积极配合市场监督管理部门依法实施的特种设备安全监督检查。

特种设备生产、经营、使用单位和检验、检测机构应当按照专项监督检查工作方案的要求开展自查自纠。

第二十一条 检查人员应当对监督检查的基本情况、发现的问题及处理措施等作出记录,并由检查人员和被检查单位的有关负责人在监督检查记录上签字确认。

第二十二条 检查人员可以根据监督检查情况,要求被检查单位提供相关材料。被检查单位应当如实提供,并在提供的材料上签名或者盖章。当场无法提供材料的,应当在检查人员通知的期限内提供。

第二十三条 市场监督管理部门在监督检查中,发现违反特种设备安全法律法规和安全技术规范的行为或者特种设备存在事故隐患的,应当依法发出特种设备安全监察指令,或者交由属地市场监督管理部门依法发出特种设备安全监察指令,责令被检查单位限期采取措施予以改正或者消除事故隐患。

市场监督管理部门发现重大违法行为或者特种设备存在严重事故隐患的,应当责令被检查单位立即停止违法行为、采取措施消除事故隐患。

第二十四条 本办法所称重大违法行为包括以下情形:

(一)未经许可,擅自从事特种设备生产、电梯维护保养、移动式压力容器充装或者气瓶充装活动的;

(二)未经核准,擅自从事特种设备检验、检测的;

(三)特种设备生产单位生产、销售、交付国家明令淘汰的特种设备,或者涂改、倒卖、出租、出借生产许可证的;

(四)特种设备经营单位销售、出租未取得许可生产、未经检验或者检验不合格、国家明令淘汰、已经报废的特种设备的;

(五)谎报或者瞒报特种设备事故的;

(六)检验、检测机构和人员出具虚假或者严重失实的检验、检测结果和鉴定结论的;

(七)被检查单位对严重事故隐患不予整改或者消除的;

(八)法律、行政法规和部门规章规定的其他重大违法行为。

第二十五条 特种设备存在严重事故隐患包括以下情形:

(一)特种设备未取得许可生产、国家明令淘汰、已经报废或者达到报废条件,继续使用的;

(二)特种设备未经监督检验或者经检验、检测不合格,继续使用的;

(三)特种设备安全附件、安全保护装置缺失或者失灵,继续使用的;

(四)特种设备发生过事故或者有明显故障,未对其进行全面检查、消除事故隐患,继续使用的;

(五)特种设备超过规定参数、使用范围使用的;

(六)市场监督管理部门认为属于严重事故隐患的其他情形。

第二十六条 市场监督管理部门在监督检查中,对有证据表明不符合安全技术规范要求、存在严重事故隐患、流入市场的达到报废条件或者已经报废的特种设备,应当依法实施查封、扣押。

当场能够整改的,可以不予查封、扣押。

第二十七条 监督检查中,被检查单位的有关负责人拒绝在特种设备安全监督检查记录或者相关文书上签字或者以其他方式确认的,检查人员应当在记录或者文书上注明情况,并采取拍照、录音、录像等方式记录,必要时可以邀请有关人员作为见证人。

被检查单位拒绝签收特种设备安全监察指令的,按照市场监督管理送达行政执法文书的有关规定执行,情节严重的,按照拒不执行特种设备安全监察指令予以处理。

第二十八条 被检查单位停产、停业或者确有其他无法实施监督检查情形的,检查人员可以终止监督检查,并记录相关情况。

第二十九条 被检查单位应当根据特种设备安全监察指令,在规定时间内予以改正,消除事故隐患,并提交整改报告。

市场监督管理部门应当在被检查单位提交整改报告后十个工作日内,对整改情况进行复查。复查可以通过现场检查、材料核查等方式实施。

采用现场检查进行复查的,复查程序适用本办法。

第三十条 发现重大违法行为或者严重事故隐患的,实施检查的市场监督管理部门应当及时报告上一级市场监督管理部门。

市场监督管理部门接到报告后,应当采取必要措施,及时予以处理。

第三十一条 监督检查中对拒绝接受检查、重大违法行为和严重事故隐患的处理,需要属地人民政府和有关部门支持、配合的,市场监督管理部门应当及时以书面形式报告属地人民政府或者通报有关部门,并提出相关安全监管建议。

接到报告或者通报的人民政府和其他有关部门依法采取必要措施及时处理时,市场监督管理部门应当积极予以配合。

第三十二条 特种设备安全行政处罚由违法行为发生地的县级以上市场监督管理部门实施。

违法行为发生地的县级以上市场监督管理部门依法吊销特种设备检验、检测人员及安全管理和作业人员行政许可的,应当将行政处罚决定抄送发证机关,由发证机关办理注销手续。

违法行为发生地的县级以上市场监督管理部门案件办理过程中,发现依法应当吊销特种设备生产、充装单位和特种设备检验、检测机构行政许可的,应当在作出相关行政处罚决定后,将涉及吊销许可证的违法行为证据材料移送发证机关,由发证机关依法予以吊销。

发现依法应当撤销许可的违法行为的,实施监督检查的市场监督管理部门应当及时向发证机关通报,并随附相关证据材料,由发证机关依法予以撤销。

第四章 法律责任

第三十三条 违反本办法的规定,特种设备有关法律法规已有法律责任规定的,依照相关规定处理;有关法律法规以及本办法其他条款没有规定法律责任的,责令限期改正;涉嫌构成犯罪,依法需要追究刑事责任的,按照有关规定移送公安机关、监察机关。

第三十四条 被检查单位无正当理由拒绝检查人员进入特种设备生产、经营、使用、检验、检测场所检查,不予配合或者拖延、阻碍监督检查正常开展的,按照《中华人民共和国特种设备安全法》第九十五条规定予以处理。构成违反治安管理行为的,移送公安机关,由公安机关依法给予治安管理处罚。

第三十五条 被检查单位未按要求进行自查自纠的,责令限期改正;逾期未改正的,处五千元以上三万元以下罚款。

被检查单位在检查中隐匿证据、提供虚假材料或者未在通知的期限内提供有关材料的,责令限期改正;逾期未改正的,处一万元以上十万元以下罚款。

第三十六条 特种设备生产、经营、使用单位和检验、检测机构违反本办法第二十九条第一款,拒不执行特种设备安全监察指令的,处五千元以上十万元以下罚款;情节严重的,处十万元以上二十万元以下罚款。

第三十七条 特种设备安全监督检查人员在监督检查中未依法履行职责，需要承担行政执法过错责任的，按照有关法律法规及《市场监督管理行政执法责任制规定》的有关规定执行。

市场监督管理部门及其工作人员在特种设备安全监督检查中涉嫌违纪违法的，移送纪检监察机关依法给予党纪政务处分；涉嫌犯罪的，移送监察机关、司法机关依法处理。

第五章 附 则

第三十八条 特种设备安全监督检查人员履职所需装备按照市场监督管理基层执法装备配备的有关要求执行。

第三十九条 特种设备安全监督检查文书格式由国家市场监督管理总局制定。

第四十条 本办法自2022年7月1日起施行。

外来入侵物种管理办法

（2022年5月31日农业农村部、自然资源部、生态环境部、海关总署令2022年第4号公布 自2022年8月1日起施行 国司备字[2022006547]）

第一章 总 则

第一条 为了防范和应对外来入侵物种危害，保障农林牧渔业可持续发展，保护生物多样性，根据《中华人民共和国生物安全法》，制定本办法。

第二条 本办法所称外来物种，是指在中华人民共和国境内无天然分布，经自然或人为途径传入的物种，包括该物种所有可能存活和繁殖的部分。

本办法所称外来入侵物种，是指传入定殖并对生态系统、生境、物种带来威胁或者危害，影响我国生态环境，损害农林牧渔业可持续发展和生物多样性的外来物种。

第三条 外来入侵物种管理是维护国家生物安全的重要举措，应当坚持风险预防、源头管控、综合治理、协同配合、公众参与的原则。

第四条 农业农村部会同国务院有关部门建立外来入侵物种防控部际协

调机制，研究部署全国外来入侵物种防控工作，统筹协调解决重大问题。

省级人民政府农业农村主管部门会同有关部门建立外来入侵物种防控协调机制，组织开展本行政区域外来入侵物种防控工作。

海关完善境外风险预警和应急处理机制，强化入境货物、运输工具、寄递物、旅客行李、跨境电商、边民互市等渠道外来入侵物种的口岸检疫监管。

第五条 县级以上地方人民政府依法对本行政区域外来入侵物种防控工作负责，组织、协调、督促有关部门依法履行外来入侵物种防控管理职责。

县级以上地方人民政府农业农村主管部门负责农田生态系统、渔业水域等区域外来入侵物种的监督管理。

县级以上地方人民政府林业草原主管部门负责森林、草原、湿地生态系统和自然保护地等区域外来入侵物种的监督管理。

沿海县级以上地方人民政府自然资源(海洋)主管部门负责近岸海域、海岛等区域外来入侵物种的监督管理。

县级以上地方人民政府生态环境主管部门负责外来入侵物种对生物多样性影响的监督管理。

高速公路沿线、城镇绿化带、花卉苗木交易市场等区域的外来入侵物种监督管理，由县级以上地方人民政府其他相关主管部门负责。

第六条 农业农村部会同有关部门制定外来入侵物种名录，实行动态调整和分类管理，建立外来入侵物种数据库，制修订外来入侵物种风险评估、监测预警、防控治理等技术规范。

第七条 农业农村部会同有关部门成立外来入侵物种防控专家委员会，为外来入侵物种管理提供咨询、评估、论证等技术支撑。

第八条 农业农村部、自然资源部、生态环境部、海关总署、国家林业和草原局等主管部门建立健全应急处置机制，组织制订相关领域外来入侵物种突发事件应急预案。

县级以上地方人民政府有关部门应当组织制订本行政区域相关领域外来入侵物种突发事件应急预案。

第九条 县级以上人民政府农业农村、自然资源(海洋)、生态环境、林业草原等主管部门加强外来入侵物种防控宣传教育与科学普及，增强公众外来入侵物种防控意识，引导公众依法参与外来入侵物种防控工作。

任何单位和个人未经批准，不得擅自引进、释放或者丢弃外来物种。

第二章 源头预防

第十条 因品种培育等特殊需要从境外引进农作物和林草种子苗木、水产苗种等外来物种的，应当依据审批权限向省级以上人民政府农业农村、林业草原主管部门和海关办理进口审批与检疫审批。

属于首次引进的，引进单位应当就引进物种对生态环境的潜在影响进行风险分析，并向审批部门提交风险评估报告。审批部门应当及时组织开展审查评估。经评估有入侵风险的，不予许可入境。

第十一条 引进单位应当采取安全可靠的防范措施，加强引进物种研究、保存、种植、繁殖、运输、销毁等环节管理，防止其逃逸、扩散至野外环境。

对于发生逃逸、扩散的，引进单位应当及时采取清除、捕回或其他补救措施，并及时向审批部门及所在地县级人民政府农业农村或林业草原主管部门报告。

第十二条 海关应当加强外来入侵物种口岸防控，对非法引进、携带、寄递、走私外来物种等违法行为进行打击。对发现的外来入侵物种以及经评估具有入侵风险的外来物种，依法进行处置。

第十三条 县级以上地方人民政府农业农村、林业草原主管部门应当依法加强境内跨区域调运农作物和林草种子苗木、植物产品、水产苗种等检疫监管，防止外来入侵物种扩散传播。

第十四条 农业农村部、自然资源部、生态环境部、海关总署、国家林业和草原局等主管部门依据职责分工，对可能通过气流、水流等自然途径传入我国的外来物种加强动态跟踪和风险评估。

有关部门应当对经外来入侵物种防控专家委员会评估具有较高入侵风险的物种采取必要措施，加大防范力度。

第三章　监测与预警

第十五条 农业农村部会同有关部门建立外来入侵物种普查制度，每十年组织开展一次全国普查，掌握我国外来入侵物种的种类数量、分布范围、危害程度等情况，并将普查成果纳入国土空间基础信息平台和自然资源"一张图"。

第十六条 农业农村部会同有关部门建立外来入侵物种监测制度，构建全国外来入侵物种监测网络，按照职责分工布设监测站点，组织开展常态化监测。

县级以上地方人民政府农业农村主管部门会同有关部门按照职责分工开展本行政区域外来入侵物种监测工作。

第十七条 县级以上地方人民政府农业农村、自然资源（海洋）、生态环境、林业草原等主管部门和海关应当按照职责分工及时收集汇总外来入侵物种监测信息，并报告上级主管部门。

任何单位和个人不得瞒报、谎报监测信息，不得擅自发布监测信息。

第十八条 省级以上人民政府农业农村、自然资源（海洋）、生态环境、林业草原等主管部门和海关应当加强外来入侵物种监测信息共享，分析研判外来入侵物种发生、扩散趋势，评估危害风险，及时发布预警预报，提出应对措施，指导开展防控。

第十九条 农业农村部会同有关部门建立外来入侵物种信息发布制度。全国外来入侵物种总体情况由农业农村部商有关部门统一发布。自然资源部、生态环境部、海关总署、国家林业和草原局等主管部门依据职责权限发布本领域外来入侵物种发生情况。

省级人民政府农业农村主管部门商有关部门统一发布本行政区域外来入侵物种情况。

第四章 治理与修复

第二十条 农业农村部、自然资源部、生态环境部、国家林业和草原局按照职责分工，研究制订本领域外来入侵物种防控策略措施，指导地方开展防控。

县级以上地方人民政府农业农村、自然资源（海洋）、林业草原等主管部门应当按照职责分工，在综合考虑外来入侵物种种类、危害对象、危害程度、扩散趋势等因素的基础上，制订本行政区域外来入侵物种防控治理方案，并组织实施，及时控制或消除危害。

第二十一条 外来入侵植物的治理，可根据实际情况在其苗期、开花期或结实期等生长关键时期，采取人工拔除、机械铲除、喷施绿色药剂、释放生物天敌等措施。

第二十二条 外来入侵病虫害的治理，应当采取选用抗病虫品种、种苗预处理、物理清除、化学灭除、生物防治等措施，有效阻止病虫害扩散蔓延。

第二十三条 外来入侵水生动物的治理，应当采取针对性捕捞等措施，防止其进一步扩散危害。

第二十四条 外来入侵物种发生区域的生态系统恢复，应当因地制宜采取种植乡土植物、放流本地种等措施。

第五章　附　　则

第二十五条　违反本办法规定，未经批准，擅自引进、释放或者丢弃外来物种的，依照《中华人民共和国生物安全法》第八十一条处罚。涉嫌犯罪的，依法移送司法机关追究刑事责任。

第二十六条　本办法自2022年8月1日起施行。

关于修改《中国证监会派出机构监管职责规定》的决定

（2022年5月31日中国证券监督管理委员会令第199号公布
自2022年7月1日起施行　国司备字［2022006497］）

一、将第一条修改为"为了明确中国证券监督管理委员会派出机构（以下简称派出机构）监管职责，完善证券期货监管，根据《中华人民共和国证券法》、《中华人民共和国证券投资基金法》、《中华人民共和国期货和衍生品法》、《期货交易管理条例》、《证券公司监督管理条例》、《证券公司风险处置条例》等法律、行政法规，制定本规定。"

二、将第三条修改为"派出机构负责证券期货市场一线监管工作，按照恪尽职守、敢于监管、精于监管、严格问责的监管精神，切实维护资本市场公开、公平、公正，维护投资者特别是中小投资者合法权益，防范和依法处置辖区市场风险，促进辖区资本市场稳定健康发展。"

三、第五条增加一项，作为第（四）项："（四）依法依规整治非法证券期货活动"。

四、删去第九条第（九）项。

五、将第十九条第二款修改为"派出机构负责与地方人民政府相关部门建立证券公司、公募基金管理人、期货公司风险处置的协作机制。"

六、将第二十三条第一款修改为"派出机构负责配合地方人民政府相关部门开展辖区各类交易场所清理整顿工作，推动建立健全相关交易场所长效管理机制，做好相关协调、指导、监督工作，向中国证监会报送辖区涉及清理整顿工作的政策措施、重大风险等，推动辖区清理整顿各类交易场所工作有序进行。"

七、增加一条，作为第二十四条："派出机构以风险、问题为导向加强对私募基金管理人的风险监测，负责与地方人民政府相关部门建立私募基金管理人风险处置的协作机制，与地方人民政府相关部门共同组织落实私募基金风险处置各项具体工作。"

八、将第二十四条改为第二十五条，将第二款修改为"地方人民政府相关部门开展打击非法证券期货活动需要协助、配合的，派出机构应当协助、配合。派出机构应当按照规定及时移送发现的案件线索，并根据公安、司法机关等的请求，出具有关非法证券期货活动案件性质认定意见或者提供政策解释。"

九、增加一条，作为第五十条："派出机构及有关责任人员不履行或者不正确履行职责，有下列情形之一，造成严重后果或者恶劣影响的，应当予以问责：

"（一）在重大原则问题上未能同党中央保持一致，贯彻落实党的路线方针政策和执行党中央重大决策部署不力，落实中国证监会党委工作部署及重点任务安排不力；

"（二）该发现的重大风险问题没有发现，发现重大风险问题不报告不处置，风险应对不及时，风险处置措施失当；

"（三）履行管理、监督职责不力，监管政策制定不审慎、市场准入把关不严、日常监管不尽职；

"（四）其他按照规定应当问责的失职失责情形。

"派出机构及有关责任人员有前款规定情形之一的，中国证监会相关职能部门应当提出开展问责的建议，开展问责调查，并提出处理建议。中国证监会根据调查情况，按照管理权限作出问责决定。

"问责对象涉嫌职务违法或者职务犯罪的，依法移送监察机关处理。"

十、将第四十九条改为第五十一条，将第二款修改为"中国证监会证券监管专员办事处的职责，另行制定。中国证监会证券监管专员办事处不履行或者不正确履行职责，应当予以问责的，参照本规定第五十条规定执行。"

本决定自 2022 年 7 月 1 日起施行。

《中国证监会派出机构监管职责规定》根据本决定作相应修改并对条文序号作相应调整，重新公布。

中国证监会派出机构监管职责规定

（2015年10月29日证监会令第118号公布　根据2022年5月31日证监会令第199号《关于修改〈中国证监会派出机构监管职责规定〉的决定》修订）

第一章　总　　则

第一条　为了明确中国证券监督管理委员会派出机构（以下简称派出机构）监管职责，完善证券期货监管，根据《中华人民共和国证券法》、《中华人民共和国证券投资基金法》、《中华人民共和国期货和衍生品法》、《期货交易管理条例》、《证券公司监督管理条例》、《证券公司风险处置条例》等法律、行政法规，制定本规定。

第二条　派出机构受中国证券监督管理委员会（以下简称中国证监会）垂直领导，依法以自己的名义履行监管职责。

第三条　派出机构负责证券期货市场一线监管工作，按照恪尽职守、敢于监管、精于监管、严格问责的监管精神，切实维护资本市场公开、公平、公正，维护投资者特别是中小投资者合法权益，防范和依法处置辖区市场风险，促进辖区资本市场稳定健康发展。

第四条　派出机构监管职责的确立和履行，遵循职权法定、依法授权、权责统一、公开透明、公平公正的原则。

派出机构履行的监管职责，除法律、行政法规明确规定外，由中国证监会规章授权。

监管职责事项涉及中国证监会职能部门、派出机构、证券期货交易场所、证券登记结算机构、行业协会等的协调配合，需要做出具体安排的，由中国证监会制定工作规程。

第五条　派出机构按照规定履行下列监管职责：

（一）对辖区有关市场主体实施日常监管；

（二）防范和处置辖区有关市场风险；

（三）对证券期货违法违规行为实施调查、作出行政处罚；

（四）依法依规整治非法证券期货活动；

（五）证券期货投资者教育和保护；

(六)法律、行政法规规定和中国证监会授权的其他职责。

第六条 派出机构在其职责范围内,按照中国证监会规定建立健全与证券期货交易场所、证券登记结算机构、行业协会等自律组织、相关会管单位及其他派出机构之间的信息共享和监管合作机制。

第七条 派出机构应当与辖区地方人民政府相关部门、其他金融监管机构的派出机构建立健全监管协作机制,构建综合监管体系,优化监管执法环境,促进辖区资本市场规范运行和健康发展,协同做好区域内金融风险防范和处置工作。

第二章 日常监管

第八条 派出机构负责根据法律、行政法规规定以及中国证监会的授权实施行政许可事项。

派出机构进行初步审查、中国证监会复审并作出决定的行政许可,由派出机构按照规定受理,出具初步审查意见。

中国证监会相关职能部门办理行政许可,需要派出机构检查、核查相关事项或者出具监管意见的,派出机构应当提供协助。

第九条 派出机构负责对下列市场主体实施检查:

(一)证券发行人、上市公司、非上市公众公司及其控股股东、实际控制人、收购人等信息披露义务人;

(二)证券公司、公募基金管理人、期货公司及其子公司、分支机构,以及其控股股东、实际控制人;

(三)公司债券受托管理人、公募基金托管人、客户交易结算资金存管银行等机构;

(四)公募基金销售、销售支付、份额登记、估值、投资顾问、评价等服务机构;

(五)私募基金管理人、私募基金托管人及其他相关私募基金服务机构;

(六)证券期货投资咨询机构及其分支机构;

(七)从事证券期货业务的会计师事务所、资产评估机构、资信评级机构、律师事务所及其分支机构;

(八)从事证券期货业务的财务顾问机构;

(九)证券期货业信息技术系统服务机构;

(十)境外证券类机构驻华代表机构;

(十一)法律、行政法规和中国证监会规定的其他市场主体。

第十条　检查的事项可以包括市场主体的信息披露、治理情况、内部控制、经营规范、执业活动等，具体检查事项由派出机构依照法律、行政法规和中国证监会规定予以确定。

市场主体取得行政许可或者按照规定进行备案，依法应当持续符合法定条件的，派出机构按规定对其持续符合法定条件的情况进行检查。

第十一条　派出机构根据中国证监会制定的有关检查办法和规程，结合辖区实际情况，制定具体检查方案，对本规定第九条所列市场主体实施检查。

第十二条　派出机构负责按照规定接收第九条所列市场主体依法报送的业务、财务等备案、报告材料，进行审阅分析。

第十三条　派出机构实施检查或者其他日常监管活动，发现有违反法律、行政法规和规章规定情形的，或者发现重大风险和问题的，应当依法采取监管措施、进行立案查处或者移送司法机关及其他相关部门；没有处理权限的，应当及时报告中国证监会或者按照规定转送其他职能部门、单位。

第三章　风险防范与处置

第十四条　派出机构应当根据市场风险防范的需要，结合辖区实际情况，按照规定以风险和问题为导向开展市场信息的搜集和分析工作，加强对市场的动态监测监控，督促市场主体提高防范和化解风险的能力。

第十五条　派出机构负责按照规定对证券公司、公募基金管理人、期货公司的风险指标实施监管。

派出机构根据审慎监管原则，要求证券公司、公募基金管理人、期货公司按照规定编制并报送风险监管报表。

第十六条　证券公司、公募基金管理人、期货公司的风险管理指标达到预警标准的，或者不符合规定标准的，派出机构按照规定采取相关措施。

第十七条　派出机构负责督促辖区证券公司、公募基金管理人、期货公司、证券期货服务机构等落实行业信息安全管理规定、技术标准，及时、完整、准确地向监管部门报送规定的数据，开展信息安全应急演练。

派出机构负责对信息安全应急演练情况进行核查，并按照规定调查处理信息安全事件。

第十八条　派出机构负责对中国证券投资者保护基金公司、中国期货市场监控中心、有关行业协会等机构发出的相关预警信息所涉事宜进行核查；发现问题的，及时采取相应的措施，督促有关市场主体整改，保障客户交易结算资金、客户保证金的安全。

第十九条 证券公司、公募基金管理人、期货公司违法经营或者出现重大风险，严重危害证券市场秩序、损害投资者利益的，派出机构可以依法对该机构及其直接负责的董事、监事、高级管理人员、其他直接责任人员采取相关措施。

派出机构负责与地方人民政府相关部门建立证券公司、公募基金管理人、期货公司风险处置的协作机制。

第二十条 派出机构负责持续跟踪了解可能被强制退市的上市公司情况，按照规定制定上市公司风险应急处置预案。

派出机构负责与证券交易场所、地方人民政府相关部门建立信息通报、共享机制，对于可能被强制退市的上市公司，应当提前将有关情况报告地方人民政府。

派出机构负责配合地方人民政府相关部门对辖区上市公司实施托管，处置有关上市公司风险，建立健全上市公司退市工作协调机制。

第二十一条 派出机构负责协助、配合地方人民政府相关部门开展非上市公众公司风险处置工作。

第二十二条 派出机构按照规定负责公司债券违约事件的处置工作。

第二十三条 派出机构负责配合地方人民政府相关部门开展辖区各类交易场所清理整顿工作，推动建立健全相关交易场所长效管理机制，做好相关协调、指导、监督工作，向中国证监会报送辖区涉及清理整顿工作的政策措施、重大风险等，推动辖区清理整顿各类交易场所工作有序进行。

派出机构负责与地方人民政府相关部门建立区域性股权市场监管协作机制，与其互通互报与区域性股权市场有关的信息，对地方人民政府相关部门开展区域性股权市场监管工作进行业务指导、协调和监督，对可能出现的金融风险进行预警提示和处置督导。

第二十四条 派出机构以风险、问题为导向加强对私募基金管理人的风险监测，负责与地方人民政府相关部门建立私募基金管理人风险处置的协作机制，与地方人民政府相关部门共同组织落实私募基金风险处置各项具体工作。

第二十五条 派出机构负责完善和强化外部协作机制，支持地方人民政府在有关非法证券期货活动案件查处和善后处理中发挥主导作用。

地方人民政府相关部门开展打击非法证券期货活动需要协助、配合的，派出机构应当协助、配合。派出机构应当按照规定及时移送发现的案件线索，并根据公安、司法机关等的请求，出具有关非法证券期货活动案件性质认定意见或者提供政策解释。

派出机构负责对辖区媒体有关非法证券期货活动信息收集、整理,并及时协调处理。

第四章 案件调查与行政处罚

第二十六条 派出机构负责对辖区内证券期货违法违规案件以及中国证监会相关职能部门交办的案件或者事项进行调查。

前款所称中国证监会相关职能部门交办的案件或者事项,包括中国证监会相关职能部门交办的境外机构请求协助调查的案件或事项。

第二十七条 派出机构负责办理中国证监会稽查总队、中国证监会证券监管专员办事处以及其他派出机构等请求协助调查的事项。

第二十八条 对达到刑事案件立案追诉标准的案件,派出机构应当按照规定自行或者报中国证监会向公安机关履行移送程序。

第二十九条 案件调查过程中,依法采取冻结、查封、限制被调查事件当事人证券买卖等强制措施的,派出机构按照规定负责实施。

第三十条 派出机构负责本单位立案调查的证券期货违法违规案件的审理工作,依法对证券期货违法违规当事人实施行政处罚。但是,按照规定由其他派出机构或者中国证监会相关职能部门负责审理的除外。

派出机构可以按照规定审理中国证监会交办的其他派出机构立案调查的案件以及中国证监会相关职能部门负责调查的案件。

第三十一条 派出机构对有关案件作出行政处罚决定的,由该派出机构负责行政处罚执行工作,按规定送达法律文书,督促被处罚对象履行行政处罚决定,依法申请并配合人民法院做好行政处罚强制执行工作。

第三十二条 派出机构负责按照规定做好中国证监会、其他派出机构所委托的行政处罚案件法律文书送达、处罚执行等相关工作。

第五章 投资者教育与保护

第三十三条 派出机构负责督促辖区证券期货经营机构落实投资者适当性管理制度。

派出机构应当宣传和推动辖区市场主体完善基础设施和各项制度,优化投资回报机制,畅通与投资者沟通渠道,保障中小投资者的知情权,便利中小投资者行使参与权和监督权。

第三十四条 派出机构负责在辖区组织开展投资者教育活动,督促、引导辖区上市公司、非上市公众公司、证券期货经营机构等市场主体开展投资者教育工作。

派出机构负责在中国证监会统一部署下,联合地方人民政府相关部门、教育机构、新闻媒体等单位,推动将投资者教育纳入国民教育体系,做好资本市场知识普及工作。

第三十五条 派出机构负责建立常态化投资者意见征求机制,按照规定组织或配合开展辖区证券期货投资者调查和权益评估评价,及时了解、分析投资者状况和政策制度的实施效果。

第三十六条 派出机构负责建立辖区中小投资者合法权益保障检查制度,按照本规定第二章的要求组织或配合开展投资者保护专项检查和日常检查。

第三十七条 派出机构负责建立健全投诉处理登记备案管理制度,督促有关辖区市场主体落实投资者投诉处理首要责任。

派出机构负责按照中国证监会的统一部署,支持辖区自律组织等发挥纠纷调解作用,并与辖区司法机关、仲裁、调解等组织加强联系,推动建立完善多元化纠纷解决机制。

第六章 其他职责

第三十八条 派出机构负责支持、配合资本市场全面深化改革以及创新业务试点工作,开展辖区资本市场深化改革和创新业务研究。

第三十九条 派出机构负责按照规定开展辖区证券期货市场统计调查工作。

第四十条 派出机构负责按照资本市场诚信建设统一规划部署,做好辖区资本市场诚信信息管理、诚信激励约束、失信联合惩戒、诚信宣传教育等诚信建设工作。

第四十一条 派出机构负责按照规定做好辖区内信访、举报事项处理工作。

第四十二条 派出机构负责依法主动公开或者依申请公开有关监管信息。

第四十三条 派出机构负责组织开展以证券期货法律、行政法规和规章、规范性文件为重点的法制宣传活动。

第四十四条 派出机构负责以本单位为被申请人的行政复议答复工作、以本单位为被告的行政诉讼应诉工作。

派出机构负责协助中国证监会办理辖区内行政复议申请人及第三人的行政复议法律文书送达、执行工作；协助中国证监会做好涉及本单位工作的以中国证监会为被告的行政诉讼案件应诉工作。

第四十五条 派出机构负责向中国证监会报告发生在辖区以及由辖区司法机关、仲裁机构管辖的行政诉讼、证券期货民事赔偿、证券期货犯罪等与证券期货市场相关的重大行政、民事、刑事典型案件。

第四十六条 派出机构负责协助、配合地方人民政府相关部门、其他国务院金融监督管理机构的派出机构，按照规定开展地方金融改革、反洗钱监管及其他相关工作。

第四十七条 派出机构应当在监管职责范围内与辖区司法机关及其他国家机关建立监管协助机制，依法处理涉及辖区司法机关来访、来函等协助执法事项。

派出机构负责与辖区公安机关建立、完善行政执法与刑事司法衔接协作配合机制，按照规定向公安机关通报证券期货违法犯罪线索，商请公安机关配合开展调查工作。

除前两款规定的职责外，派出机构可以对辖区其他行政执法机关、司法机关等提出的与派出机构监管职责有关的证券期货法律问题提供咨询。

第四十八条 派出机构应当建立健全与辖区新闻媒体管理部门的日常监测和协作监管机制，通报证券期货类节目和产品广告有关情况，配合做好参与广播电视证券节目的机构和人员资质审查和证券信息类产品广告的管理工作。

派出机构负责监测本派出机构和辖区市场相关的舆情信息，并视情况开展后续处理。

第四十九条 派出机构依照法律、行政法规对辖区证券期货行业协会等行业自律组织进行指导和监督。

第七章 附 则

第五十条 派出机构及有关责任人员不履行或者不正确履行职责，有下列情形之一，造成严重后果或者恶劣影响的，应当予以问责：

（一）在重大原则问题上未能同党中央保持一致，贯彻落实党的路线方针政策和执行党中央重大决策部署不力，落实中国证监会党委工作部署及重点任务安排不力；

（二）该发现的重大风险问题没有发现，发现重大风险问题不报告不处置，风险应对不及时，风险处置措施失当；

（三）履行管理、监督职责不力，监管政策制定不审慎、市场准入把关不严、日常监管不尽职；

（四）其他按照规定应当问责的失职失责情形。

派出机构及有关责任人员有前款规定情形之一的，中国证监会相关职能部门应当提出开展问责的建议，开展问责调查，并提出处理建议。中国证监会根据调查情况，按照管理权限作出问责决定。

问责对象涉嫌职务违法或者职务犯罪的，依法移送监察机关处理。

第五十一条　本规定所称派出机构，是指中国证监会派驻各省、自治区、直辖市和计划单列市监管局。

中国证监会证券监管专员办事处的职责，另行制定。中国证监会证券监管专员办事处不履行或者不正确履行职责，应当予以问责的，参照本规定第五十条规定执行。

第五十二条　本规定所称证券期货经营机构，包括证券公司、公募基金管理人、期货公司及其子公司、分支机构，私募基金管理人、证券期货投资咨询机构以及其他经营证券期货相关业务的机构。

第五十三条　本规定自2015年12月1日起施行。中国证监会《关于印发〈派出机构监管工作职责〉的通知》（证监发〔2003〕86号）同时废止。

公民举报危害国家安全行为奖励办法

（2022年6月6日国家安全部令第2号公布　自公布之日起施行　国司备字[2022006549]）

第一章　总　　则

第一条　为了鼓励公民举报危害国家安全行为，规范危害国家安全行为举报奖励工作，动员全社会力量共同维护国家安全，根据《中华人民共和国国家安全法》《中华人民共和国反间谍法》《中华人民共和国反间谍法实施细则》等法律法规，制定本办法。

第二条　国家安全机关在法定职责范围内对公民举报危害国家安全行为实施奖励，适用本办法。

第三条　对举报危害国家安全行为的公民实施奖励，应当贯彻总体国家安全观，坚持国家安全一切为了人民、一切依靠人民，坚持专门工作与群众路线相结合,坚持客观公正、依法依规。

第四条 公民可以通过下列方式向国家安全机关举报:

(一)拨打国家安全机关12339举报受理电话;

(二)登录国家安全机关互联网举报受理平台网站www.12339.gov.cn;

(三)向国家安全机关投递信函;

(四)到国家安全机关当面举报;

(五)通过其他国家机关或者举报人所在单位向国家安全机关报告;

(六)其他举报方式。

第五条 公民可以实名或者匿名进行举报。实名举报应当提供真实身份信息和有效联系方式。匿名举报人有奖励诉求的,应当提供能够辨识其举报身份的信息。

提倡和鼓励实名举报。

第六条 国家安全机关以及依法知情的其他组织和个人应当严格为举报人保密,未经举报人同意,不得以任何方式泄露举报人身份相关信息。

因举报危害国家安全行为,举报人本人或者其近亲属的人身安全面临危险的,可以向国家安全机关请求予以保护。国家安全机关应当会同有关部门依法采取有效保护措施。国家安全机关认为有必要的,应当依职权及时、主动采取保护措施。

第七条 国家安全机关会同宣传主管部门,协调和指导广播、电视、报刊、互联网等媒体对举报危害国家安全行为的渠道方式、典型案例、先进事迹等进行宣传,制作、刊登、播放有关公益广告、宣传教育节目或者其他宣传品,增强公民维护国家安全意识,提高公民举报危害国家安全行为的积极性、主动性。

第二章 奖励条件、方式和标准

第八条 获得举报奖励应当同时符合下列条件:

(一)有明确的举报对象,或者具体的危害国家安全行为线索或者情况;

(二)举报事项事先未被国家安全机关掌握,或者虽被国家安全机关有所掌握,但举报人提供的情况更为具体详实;

(三)举报内容经国家安全机关查证属实,为防范、制止和惩治危害国家安全行为发挥了作用、作出了贡献。

第九条 有下列情形之一的,不予奖励或者不予重复奖励:

(一)国家安全机关工作人员或者其他具有法定职责的人员举报的,不予奖励;

（二）无法验证举报人身份，或者无法与举报人取得联系的，不予奖励；

（三）最终认定的违法事实与举报事项不一致的，不予奖励；

（四）对同一举报人的同一举报事项，不予重复奖励；对同一举报人提起的两个或者两个以上有包含关系的举报事项，相同内容部分不予重复奖励；

（五）经由举报线索调查发现新的危害国家安全行为或者违法主体的，不予重复奖励；

（六）其他不符合法律法规规章规定的奖励情形。

第十条 两人及两人以上举报的，按照下列规则进行奖励认定：

（一）同一事项由两个及两个以上举报人分别举报的，奖励最先举报人，举报次序以国家安全机关受理举报的登记时间为准，最先举报人以外的其他举报人可以酌情给予奖励；

（二）两人及两人以上联名举报同一线索或者情况的，按同一举报奖励。

第十一条 国家安全机关根据违法线索查证结果、违法行为危害程度、举报发挥作用情况等，综合评估确定奖励等级，给予精神奖励或者物质奖励。

给予精神奖励的，颁发奖励证书；给予物质奖励的，发放奖金。

征得举报人及其所在单位同意后，可以由举报人所在单位对举报人实施奖励。

第十二条 以发放奖金方式进行奖励的，具体标准如下：

（一）对防范、制止和惩治危害国家安全行为发挥一定作用、作出一定贡献的，给予人民币1万元以下奖励；

（二）对防范、制止和惩治危害国家安全行为发挥重要作用、作出重要贡献的，给予人民币1万元至3万元奖励；

（三）对防范、制止和惩治严重危害国家安全行为发挥重大作用、作出重大贡献的，给予人民币3万元至10万元奖励；

（四）对防范、制止和惩治严重危害国家安全行为发挥特别重大作用、作出特别重大贡献的，给予人民币10万元以上奖励。

第三章 奖励程序

第十三条 对于符合本办法规定的奖励条件的举报，应当在举报查证属实、依法对危害国家安全行为作出处理后30个工作日内，由设区的市级以上国家安全机关启动奖励程序。

第十四条 国家安全机关应当根据本办法第十一条、第十二条，认定奖励等级，作出奖励决定。

第十五条 国家安全机关应当在作出奖励决定之日起10个工作日内，以适当方式将奖励决定告知举报人。

举报人放弃奖励的，终止奖励程序。

第十六条 举报人应当在被告知奖励决定之日起6个月内，由本人或者委托他人领取奖励。

因特殊情况无法按期领取奖励的，可以延长奖励领取期限，最长不超过3年。举报人无正当理由逾期未领取奖励的，视为主动放弃。

第十七条 征得举报人同意后，国家安全机关可以单独或者会同有关单位，在做好安全保密工作的前提下举行奖励仪式。

第十八条 公民举报危害国家安全行为奖励经费按规定纳入国家安全机关部门预算。

第十九条 国家安全机关应当加强对举报奖金的发放管理。举报奖金的发放，应当依法接受监督。

第四章　法律责任

第二十条 国家安全机关工作人员有下列情形之一的，对负有责任的领导人员和直接责任人员依规依纪依法予以处理；构成犯罪的，依法追究刑事责任：

（一）伪造或者教唆、伙同他人伪造举报材料，冒领举报奖金的；

（二）泄露举报或者举报人信息的；

（三）利用在职务活动中知悉的危害国家安全行为有关线索或者情况，通过他人以举报的方式获取奖励的；

（四）未认真核实举报情况，导致不符合奖励条件的举报人获得奖励的；

（五）对符合举报奖励条件的举报人，无正当理由未按规定要求或者期限给予奖励的；

（六）其他依规依纪依法应当追究责任的情形。

第二十一条 举报人有下列情形之一的，依法予以处理；构成犯罪的，依法追究刑事责任：

（一）借举报之名故意捏造事实诬告、陷害他人的；

（二）弄虚作假骗取奖金的；

（三）恶意举报或者以举报为名制造事端，干扰国家安全机关工作的；

（四）泄露举报中知悉的国家秘密或者工作秘密，造成不良后果或者影响的。

举报人有前款规定情形之一，已经启动奖励程序的，应当终止奖励程序；已经作出奖励决定的，应当予以撤销；已经实施奖励的，应当予以追回。

第二十二条 举报人所在单位有下列情形之一的，依法予以处理：

（一）举报人向所在单位报告危害国家安全行为线索或者情况后，单位不及时向国家安全机关报告或者漏报、瞒报，造成不良后果或者影响的；

（二）举报人向国家安全机关报告危害国家安全行为线索或者情况后，单位对举报人实施打击、报复的。

第五章 附 则

第二十三条 对境外人员举报实施奖励，适用本办法的有关规定。

第二十四条 本办法自公布之日起施行。

司法解释

最高人民法院关于审理森林资源民事纠纷案件适用法律若干问题的解释

（2022年4月25日最高人民法院审判委员会第1869次会议通过　2022年6月13日最高人民法院公告公布　自2022年6月15日起施行　法释〔2022〕16号）

为妥善审理森林资源民事纠纷案件，依法保护生态环境和当事人合法权益，根据《中华人民共和国民法典》《中华人民共和国环境保护法》《中华人民共和国森林法》《中华人民共和国农村土地承包法》《中华人民共和国民事诉讼法》等法律规定，结合审判实践，制定本解释。

第一条　人民法院审理涉及森林、林木、林地等森林资源的民事纠纷案件，应当贯彻民法典绿色原则，尊重自然、尊重历史、尊重习惯，依法推动森林资源保护和利用的生态效益、经济效益、社会效益相统一，促进人与自然和谐共生。

第二条　当事人因下列行为，对林地、林木的物权归属、内容产生争议，依据民法典第二百三十四条的规定提起民事诉讼，请求确认权利的，人民法院应当依法受理：

（一）林地承包；

（二）林地承包经营权互换、转让；

（三）林地经营权流转；

（四）林木流转；

（五）林地、林木担保；

（六）林地、林木继承；

（七）其他引起林地、林木物权变动的行为。

当事人因对行政机关作出的林地、林木确权、登记行为产生争议，提起民事诉讼的，人民法院告知其依法通过行政复议、行政诉讼程序解决。

第三条　当事人以未办理批准、登记、备案、审查、审核等手续为由，主张林地承包、林地承包经营权互换或者转让、林地经营权流转、林木流转、森林资源担保等合同无效的,人民法院不予支持。

因前款原因,不能取得相关权利的当事人请求解除合同、由违约方承担违约责任的,人民法院依法予以支持。

第四条 当事人一方未依法经林权证等权利证书载明的共有人同意,擅自处分林地、林木,另一方主张取得相关权利的,人民法院不予支持。但符合民法典第三百一十一条关于善意取得规定的除外。

第五条 当事人以违反法律规定的民主议定程序为由,主张集体林地承包合同无效的,人民法院应予支持。但下列情形除外:

(一)合同订立时,法律、行政法规没有关于民主议定程序的强制性规定的;

(二)合同订立未经民主议定程序讨论决定,或者民主议定程序存在瑕疵,一审法庭辩论终结前已经依法补正的;

(三)承包方对村民会议或者村民代表会议决议进行了合理审查,不知道且不应当知道决议系伪造、变造,并已经对林地大量投入的。

第六条 家庭承包林地的承包方转让林地承包经营权未经发包方同意,或者受让方不是本集体经济组织成员,受让方主张取得林地承包经营权的,人民法院不予支持。但发包方无法定理由不同意或者拖延表态的除外。

第七条 当事人就同一集体林地订立多个经营权流转合同,在合同有效的情况下,受让方均主张取得林地经营权的,由具有下列情形的受让方取得:

(一)林地经营权已经依法登记的;

(二)林地经营权均未依法登记,争议发生前已经合法占有使用林地并大量投入的;

(三)无前两项规定情形,合同生效在先的。

未取得林地经营权的一方请求解除合同、由违约方承担违约责任的,人民法院依法予以支持。

第八条 家庭承包林地的承包方以林地经营权人擅自再流转林地经营权为由,请求解除林地经营权流转合同、收回林地的,人民法院应予支持。但林地经营权人能够证明林地经营权再流转已经承包方书面同意的除外。

第九条 本集体经济组织成员以其在同等条件下享有的优先权受到侵害为由,主张家庭承包林地经营权流转合同无效的,人民法院不予支持;其请求赔偿损失的,依法予以支持。

第十条 林地承包期内,因林地承包经营权互换、转让、继承等原因,承包方发生变动,林地经营权人请求新的承包方继续履行原林地经营权流转合同的,人民法院应予支持。但当事人另有约定的除外。

第十一条 林地经营权流转合同约定的流转期限超过承包期的剩余期限,或者林地经营权再流转合同约定的流转期限超过原林地经营权流转合同的剩余期限,林地经营权流转、再流转合同当事人主张超过部分无效的,人民法院不予支持。

第十二条 林地经营权流转合同约定的流转期限超过承包期的剩余期限,发包方主张超过部分的约定对其不具有法律约束力的,人民法院应予支持。但发包方对此知道或者应当知道的除外。

林地经营权再流转合同约定的流转期限超过原林地经营权流转合同的剩余期限,承包方主张超过部分的约定对其不具有法律约束力的,人民法院应予支持。但承包方对此知道或者应当知道的除外。

因前两款原因,致使林地经营权流转合同、再流转合同不能履行,当事人请求解除合同、由违约方承担违约责任的,人民法院依法予以支持。

第十三条 林地经营权流转合同终止时,对于林地经营权人种植的地上林木,按照下列情形处理:

(一)合同有约定的,按照约定处理,但该约定依据民法典第一百五十三条的规定应当认定无效的除外;

(二)合同没有约定或者约定不明,当事人协商一致延长合同期限至轮伐期或者其他合理期限届满,承包方请求由林地经营权人承担林地使用费的,对其合理部分予以支持;

(三)合同没有约定或者约定不明,当事人未能就延长合同期限协商一致,林地经营权人请求对林木价值进行补偿的,对其合理部分予以支持。

林地承包合同终止时,承包方种植的地上林木的处理,参照适用前款规定。

第十四条 人民法院对于当事人为利用公益林林地资源和森林景观资源开展林下经济、森林旅游、森林康养等经营活动订立的合同,应当综合考虑公益林生态区位保护要求、公益林生态功能及是否经科学论证的合理利用等因素,依法认定合同效力。

当事人仅以涉公益林为由主张经营合同无效的,人民法院不予支持。

第十五条 以林地经营权、林木所有权等法律、行政法规未禁止抵押的森林资源资产设定抵押,债务人不履行到期债务或者发生当事人约定的实现抵押权的情形,抵押权人与抵押人协议以抵押的森林资源资产折价,并据此请求接管经营抵押财产的,人民法院依法予以支持。

抵押权人与抵押人未就森林资源资产抵押权的实现方式达成协议,抵押权人依据民事诉讼法第二百零三条、第二百零四条的规定申请实现抵押权的，人民法院依法裁定拍卖、变卖抵押财产。

第十六条 以森林生态效益补偿收益、林业碳汇等提供担保，债务人不履行到期债务或者发生当事人约定的实现担保物权的情形，担保物权人请求就担保财产优先受偿的，人民法院依法予以支持。

第十七条 违反国家规定造成森林生态环境损害，生态环境能够修复的，国家规定的机关或者法律规定的组织依据民法典第一千二百三十四条的规定，请求侵权人在合理期限内以补种树木、恢复植被、恢复林地土壤性状、投放相应生物种群等方式承担修复责任的，人民法院依法予以支持。

人民法院判决侵权人承担修复责任的，可以同时确定其在期限内不履行修复义务时应承担的森林生态环境修复费用。

第十八条 人民法院判决侵权人承担森林生态环境修复责任的，可以根据鉴定意见，或者参考林业主管部门、林业调查规划设计单位、相关科研机构和人员出具的专业意见，合理确定森林生态环境修复方案，明确侵权人履行修复义务的具体要求。

第十九条 人民法院依据民法典第一千二百三十五条的规定确定侵权人承担的森林生态环境损害赔偿金额，应当综合考虑受损森林资源在调节气候、固碳增汇、保护生物多样性、涵养水源、保持水土、防风固沙等方面的生态环境服务功能，予以合理认定。

第二十条 当事人请求以认购经核证的林业碳汇方式替代履行森林生态环境损害赔偿责任的，人民法院可以综合考虑各方当事人意见、不同责任方式的合理性等因素，依法予以准许。

第二十一条 当事人请求以森林管护、野生动植物保护、社区服务等劳务方式替代履行森林生态环境损害赔偿责任的，人民法院可以综合考虑侵权人的代偿意愿、经济能力、劳动能力、赔偿金额、当地相应工资标准等因素，决定是否予以准许，并合理确定劳务代偿方案。

第二十二条 侵权人自愿交纳保证金作为履行森林生态环境修复义务担保的，在其不履行修复义务时，人民法院可以将保证金用于支付森林生态环境修复费用。

第二十三条 本解释自2022年6月15日起施行。施行前本院公布的司法解释与本解释不一致的，以本解释为准。

最高人民法院印发《关于为深化新三板改革、设立北京证券交易所提供司法保障的若干意见》的通知

（2022 年 6 月 23 日　法发〔2022〕17 号）

各省、自治区、直辖市高级人民法院，解放军军事法院，新疆维吾尔自治区高级人民法院生产建设兵团分院：

现将《最高人民法院关于为深化新三板改革、设立北京证券交易所提供司法保障的若干意见》印发给你们，请认真贯彻落实。

最高人民法院关于为深化新三板改革、设立北京证券交易所提供司法保障的若干意见

深化新三板改革、设立北京证券交易所，是中央全面深化资本市场改革、完善资本市场基础制度、提升资本市场功能、支持中小企业创新发展的重要安排，也是落实创新驱动发展战略、推进北京国际科技创新中心和国家金融管理中心建设的重大举措。为充分发挥人民法院审判职能作用，保障深化新三板改革、设立北京证券交易所顺利推进，保护中小企业和投资者合法权益，现就人民法院正确审理新三板挂牌公司、北京证券交易所上市公司相关案件等问题，提出如下意见。

一、提高认识，全面把握深化新三板改革、设立北京证券交易所的重要意义和总体安排

1. 充分认识深化新三板改革、设立北京证券交易所的重要意义。党的十八大以来，党中央高度重视资本市场改革和中小企业发展工作。中央经济工作会议、“十四五”规划纲要和中央政治局会议都对发展“专精特新”中小企业和深化新三板改革作出了重要部署。立足于打造服务创新型中小企业主阵地，此次深化新三板改革，将新三板精选层变更设立为北京证券交易所，打通

"创投基金和股权投资基金—区域性股权市场—新三板—证券交易所"中小企业持续成长的全链条市场服务体系,创造中小企业积极向上的良性市场生态,充分体现了以习近平同志为核心的党中央对资本市场服务广大中小企业发展的殷切希望。各级人民法院要坚持以习近平新时代中国特色社会主义思想为指导,认真贯彻落实习近平总书记关于资本市场和中小企业发展的一系列重要指示批示精神,依法妥善审理涉全国中小企业股份转让系统、北京证券交易所及其挂牌公司、上市公司的各类案件,为中小企业健康发展和多层次资本市场体系建设营造良好的司法环境。

2. 准确把握深化新三板改革、设立北京证券交易所的总体安排。本次改革,新三板基础层、创新层和北京证券交易所聚焦服务创新型中小企业,形成"层层递进"的市场结构:北京证券交易所在新三板精选层基础上变更设立,新三板仍保留基础层和创新层挂牌公司,基础层挂牌公司符合创新层进层条件的,进入创新层;北京证券交易所上市公司从新三板创新层挂牌公司产生,同步试点股票发行注册制;与沪深市场相比,北京证券交易所拥有相同的法律地位和市场功能,其上市公司符合转板条件的,可转到创业板和科创板上市。北京证券交易所与沪深交易所、区域性股权市场坚持错位发展与互联互通,重在实现"三个目标":一是构建一套契合创新型中小企业特点的基础制度安排,二是畅通北京证券交易所在多层次资本市场的纽带作用,三是培育一批"专精特新"中小企业,形成良性市场生态。各级人民法院要立足证券刑事、民事和行政审判实际,深刻认识多层次资本市场"层层递进"市场结构的多层次司法需求,通过司法审判推动形成市场参与各方依法依约行为、资金信息有序流动、主体归位尽责及合法权益得到有效保护的良好市场生态,为投资者放心投资、中小企业大胆创新创业提供有力司法保障。

二、靠前发力,依法保障深化新三板改革、设立北京证券交易所重大部署顺利推进

3. 依法保障证券监管部门行政监管和北京证券交易所自律管理。设立北京证券交易所并试点注册制,除在前端进行发行上市制度改革外,证券监管部门和北京证券交易所根据创新型中小企业的特点,对上市公司再融资、并购重组、交易、退市等配套制度进行了完善。各级人民法院要立足司法审判,通过统一法律适用保障各项改革举措有效实施,支持多层次资本市场发展普惠金融。对于证券监管部门、证券交易所经法定程序制定的、与法律法规不相抵触的股票发行、上市、持续监管等规章、规范性文件和业务规则的相关规定,人民法院可以在审理案件时依法参照适用。对于北京证券交易所所涉纠纷,要积极引导当事人先行通过证券交易所听证、复核等程序表达诉求,寻求救济。

严格执行证券法有关保障证券交易所履行自律管理职能的有关规定，依法落实证券交易所正当自律管理行为民事责任豁免原则。

4. 充分尊重新三板作为国务院批准的全国性证券交易场所的改革实践和业务规则。新三板为证券法规定的国务院批准的全国性证券交易场所。由于证券法对全国性证券交易场所的规定相对比较原则，新三板在深化改革中探索出一套以证券监管部门规章、规范性文件以及证券交易场所业务规则为主，适应“层层递进”市场结构安排的挂牌转让、持续监管等制度体系。人民法院在事实认定和法律适用过程中，应充分尊重相关改革实践，参照适用依法制定的相关规章、规范性文件、业务规则，切实维护新三板市场秩序，保护投资者合法权益。

5. 对北京证券交易所及其上市公司所涉案件集中管辖。根据《最高人民法院关于北京金融法院案件管辖的规定》（法释〔2021〕7号）相关规定，对于以北京证券交易所为被告或者第三人的与证券交易场所管理职能相关的第一审证券民商事和行政案件，由北京金融法院管辖。为统一裁判标准，稳定市场司法预期，服务北京国家金融管理中心建设，参照《最高人民法院关于北京金融法院案件管辖的规定》第三条的规定，对北京证券交易所上市公司所涉证券发行纠纷、证券承销合同纠纷、证券上市保荐合同纠纷、证券上市合同纠纷、证券交易合同纠纷和证券欺诈责任纠纷等第一审金融民商事案件，由北京金融法院试点集中管辖。

6. 全面参照执行科创板、创业板司法保障意见的各项司法举措。本次设立北京证券交易所并试点注册制改革充分借鉴和吸收了科创板、创业板试点注册制改革经验，并针对中小企业特点作了部分差异化安排。各级人民法院在审理涉北京证券交易所相关案件时，要增强为设立北京证券交易所并试点注册制提供司法保障的自觉性和主动性，本意见未规定的，参照适用《最高人民法院关于为设立科创板并试点注册制改革提供司法保障的若干意见》（法发〔2019〕17号）、《最高人民法院关于为创业板改革并试点注册制提供司法保障的若干意见》（法发〔2020〕28号）。

三、主动作为，以优质司法服务支持中小企业借助资本市场做大做强

7. 依法支持证券中介机构服务中小企业挂牌上市融资。相较于沪深上市公司，新三板基础层、创新层和北京证券交易所的创新型中小企业处于发展早期，规模体量相对较小。各级人民法院在审理涉中小企业及其证券中介机构虚假陈述案件时，要立足被诉中小企业尚属创业成长阶段这一实际，准确完整理解《最高人民法院关于审理证券市场虚假陈述侵权民事赔偿案件的若干规定》（法释〔2022〕2号，以下简称《虚假陈述司法解释》）所秉持的证券中介机构责任承担与注意义务、注意能力和过错程度相适应原则，力戒“一刀切”。要准确适用《虚假陈述司法解释》第十七条至第十九条的规定，对服务中小企业的证券中介机构的过错认定，坚持排除职业怀疑后的合理信赖标准，提高裁判标准的包容性和精准性。要正确厘清新三板挂牌公司主办券商与上市公司保荐机构职责之间的差异，按照《虚假陈述司法解释》第二十三条的规定，审慎判定主办券商的责任范围，防止过分苛责证券中介机构产生“寒蝉效应”。

8. 按照“层层递进”的市场结构对虚假陈述民事责任予以区别对待。人民法院在认定虚假陈述内容是否符合《虚假陈述司法解释》第十条规定的重大性标准时，应当尊重创新型中小企业的创业期成长特点，对其信息披露质量的司法审查标准不宜等同于发展成熟期的沪深上市公司，做到宽严适度：对于财务报表中的不实记载系由会计差错造成的，在信息披露文件中的技术创新、研发预期等无法量化内容的宣传进行合理商业宣传的，以及信息披露文件中未予指明的相关事实对于判断发行人的财务、业务和经营状况等无足轻重的，人民法院可视情形根据《虚假陈述司法解释》第六条第一款、第十条第三款等规定，认定该虚假陈述内容不具有重大性，为创新型中小企业创业创新营造良好环境。因北京证券交易所上市公司的财务造假等违法违规行为，部分可能追溯至其在新三板挂牌期间，对于该类案件，人民法院要结合其跨新三板基础层、创新层和北京证券交易所期间的信息披露等行为，准确把握不同阶段的信息披露要求，综合认定其违法违规行为及其实施日等要素，不得随意延展其虚假陈述实施日的时间范围，防止上市中小企业民事赔偿责任不当扩大。要尊重新三板市场流动性及价格连续性与交易所市场存在较大差距的客观实际，人民法院在新三板挂牌公司虚假陈述案件损失计算上，不宜直接适用《虚假陈述司法解释》第二十七条和第二十八条的规定，而应主要根据第二十六条第五款的规定充分听取专业意见，以对相关行业企业进行投资时的通常估值方法等为参考，综合考量各项因素，合理确定投资者损失。

9. 秉持资本市场“三公”原则依法降低中小企业融资交易成本。畅通资本市场直接融资途径，是解决中小企业“融资难、融资贵”的有效举措。对于创新型中小企业的上市和再融资，不仅要打通多层次资本市场“扶上马”，还要秉持公开、公平、公正原则“送一程”。在上市过程中，对于为获得融资而与投资方签订的“业绩对赌协议”，如未明确约定公司非控股股东与控股股东或者实际控制人就业绩补偿承担连带责任的，对投资方要求非控股股东向其承担连带责任的诉讼请求，人民法院不予支持。在上市公司定向增发等再融资过程中，对于投资方利用优势地位与上市公司及其控股股东、实际控制人或者主要股东订立的“定增保底”性质条款，因其赋予了投资方优越于其他同种类股东的保证收益特殊权利，变相推高了中小企业融资成本，违反了证券法公平原则和相关监管规定，人民法院应依法认定该条款无效。为降低中小企业上市成本，对于证券中介机构以其与发行人及其控股股东、实际控制人等在上市保荐、承销协议、持续督导等相关协议中存在约定为由，请求补偿其因发行人虚假陈述所承担的赔偿责任的，人民法院不予支持。

10. 优化审判执行程序降低创新型中小企业诉讼成本。各级人民法院要认真贯彻落实《最高人民法院关于充分发挥司法职能作用助力中小微企业发展的指导意见》（法发〔2022〕2 号）精神，处理可能对创新型中小企业持续稳定经营造成较大影响的诉讼案件时，要充分听取中小企业的诉求，依法充分优化立案、保全、审理、执行等诉讼程序，切实降低企业诉讼时间成本和经济成本。对创新型中小企业要依法审慎采取财产保全措施，经初步审查认为当事人的诉讼请求明显不能成立的，依法驳回保全申请。当事人超出诉讼请求范围申请保全的，对超出部分的申请，不予支持。在金钱债权案件中，被采取保全措施的中小企业提供担保请求解除保全措施，经审查认为担保充分有效的，应当裁定准许，不得以申请保全人同意为必要条件。各级人民法院应当依托12368 诉讼服务热线、执行信访等问题反映渠道，建立解决超标的查封、乱查封问题快速反应机制，对当事人反映的问题及时受理，快速处理；执行人员对超标的查封、乱查封问题存在过错的，依法严肃追责。

四、恪守底线，依法有效保护投资者合法权益

11. 严厉打击涉新三板基础层、创新层和北京证券交易所市场违法犯罪行为。充分发挥刑事责任追究的一般预防和特殊预防功能，严防“带病闯关”，依法从严惩处通过财务造假等方式实现在新三板挂牌、北京证券交易所上市或者挂牌、上市后发行证券引发的欺诈、腐败等犯罪行为。对于发行人与证券中介机构合谋串通在证券发行文件中隐瞒重要事实或者编造重大虚假内容，以及发行审核、注册工作人员以权谋私、收受贿赂或者接受利益输送的，依法从严追究刑事责任；依法严惩违规披露、不披露重要信息、内幕交易、利用未公开信息交易、操纵证券市场、背信损害上市公司利益等犯罪，依法加大财产刑处罚力度，严格控制缓刑适用。对于假借新三板名义非法集资行为，以“新三板挂牌公司原始股”名义吸引投资者、未经合规发行程序违规募集资金，构成犯罪的，依法从严惩处。

12. 切实防止上市公司、挂牌公司通过破产程序损害投资者合法权益。《最高人民法院关于审理上市公司破产重整案件工作座谈会纪要》施行以来，人民法院依法审理部分上市公司破产重整案件，最大限度减少因上市公司破产程序给社会造成的不良影响,实现法律效果和社会效果的统一。北京证券交易所上市公司与沪深上市公司法律地位相同,对其破产重整案件,人民法院应当适用前述纪要办理。新三板挂牌公司虽因不具有法定上市公司地位,其破产重整案件不适用前述纪要程序,但其作为非上市公众公司,破产重整也涉及投资者、债权人等多方利益保护。为防止挂牌公司滥用破产重整程序逃废债务、损害投资者合法权益,人民法院在审理破产重整案件时,对于挂牌公司在破产重整过程中涉及资产交易并达到重大资产重组标准的,应加强与证券监管部门和证券交易场所的沟通协作,督促公司及相关主体依法履行相应程序,在司法程序中关注注入资产的合规情况等,依法惩处规避证券监管、损害公司和投资者合法权益的违法违规行为。

13. 依法规范证券投资咨询机构对新三板基础层、创新层和北京证券交易所市场的投资建议服务。新三板挂牌公司和北京证券交易所上市公司以中小企业为主,企业投资风险相对较高。各级人民法院在依法适用投资者适当性管理义务规定督促证券公司把好投资者"入口关"的同时,也要准确适用证券法第一百六十一条的规定督促证券投资咨询机构尽责归位。对于涉新三板挂牌公司和北京证券交易所上市公司的投资者诉证券投资咨询机构民事赔偿案件的审理,应重点审查该机构及其从业人员是否具有投资服务资质、提供投资建议时是否按照客观谨慎、忠实客户的原则,对于证券投资咨询机构未向投资者提示潜在投资风险、向客户承诺保证收益、进行利益输送等违反监管规定和行业自律规定的欺诈投资者行为,应依法判令其承担相应赔偿责任,切实保护投资者合法权益。

14. 进一步健全证券诉讼和纠纷多元化解机制。各级人民法院要认真遵照执行《最高人民法院关于证券纠纷代表人诉讼若干问题的规定》(法释〔2020〕5 号),充分发挥证券集体诉讼震慑证券违法和保护投资者的制度功能。要运用人民法院一站式多元纠纷解决机制建设成果,发挥人民法院调解平台在化解证券纠纷中的重要作用,完善有机衔接、协调联动、高效便捷的证券纠纷多元化解机制。要立足新三板基础层、创新层和北京证券交易所市场的特点,进一步发挥专业力量在解决案件关键性争议焦点中的支持作用,加快制定专家证人的资格认定和管理办法,进一步发挥专家证人在案件审理中的作用,确保正确认定事实和适用法律。

最高人民法院、最高人民检察院、公安部、国家移民管理局印发《关于依法惩治妨害国(边)境管理违法犯罪的意见》的通知

(2022 年 6 月 29 日　法发〔2022〕18 号)

各省、自治区、直辖市高级人民法院、人民检察院、公安厅(局),解放军军事法院、军事检察院,新疆维吾尔自治区高级人民法院生产建设兵团分院、新疆生产建设兵团人民检察院、公安局,各出入境边防检查总站:

为依法惩治妨害国(边)境管理违法犯罪活动,切实维护国(边)境管理秩序和人民群众人身财产安全,根据《中华人民共和国刑法》以及有关法律、司法解释的规定,结合执法、司法实践,最高人民法院、最高人民检察院、公安部、国家移民管理局联合制定了《关于依法惩治妨害国(边)境管理违法犯罪的意见》。现予以印发,请结合实际认真贯彻执行。在执行中遇到的新情况、新问题,请及时分别报告最高人民法院、最高人民检察院、公安部、国家移民管理局。

关于依法惩治妨害国(边)境管理违法犯罪的意见

为依法惩治妨害国(边)境管理违法犯罪活动,切实维护国(边)境管理秩序,根据《中华人民共和国刑法》《中华人民共和国刑事诉讼法》《中华人民共和国出境入境管理法》《最高人民法院、最高人民检察院关于办理妨害国(边)境管理刑事案件应用法律若干问题的解释》(法释〔2012〕17 号,以下简称《解释》)等有关规定,结合执法、司法实践,制定本意见。

一、总体要求

1. 近年来,妨害国(边)境管理违法犯罪活动呈多发高发态势,与跨境赌博、电信网络诈骗以及边境地区毒品、走私、暴恐等违法犯罪活动交织滋长,严重扰乱国(边)境管理秩序,威胁公共安全和人民群众人身财产安全。人民法院、人民检察院、公安机关和移民管理机构要进一步提高政治站位,深刻认识

妨害国(边)境管理违法犯罪的严重社会危害,充分发挥各自职能作用,依法准确认定妨害国(边)境管理犯罪行为,完善执法、侦查、起诉、审判的程序衔接,加大对组织者、运送者、犯罪集团骨干成员以及屡罚屡犯者的惩治力度,最大限度削弱犯罪分子再犯能力,切实维护国(边)境管理秩序,确保社会安全稳定,保障人民群众切身利益,努力实现案件办理法律效果与社会效果的有机统一。

二、关于妨害国(边)境管理犯罪的认定

2. 具有下列情形之一的,应当认定为刑法第三百一十八条规定的“组织他人偷越国(边)境”行为:

(1)组织他人通过虚构事实、隐瞒真相等方式掩盖非法出入境目的,骗取出入境边防检查机关核准出入境的;

(2)组织依法限定在我国边境地区停留、活动的人员,违反国(边)境管理法规,非法进入我国非边境地区的。

对于前述行为,在决定是否追究刑事责任以及如何裁量刑罚时,应当综合考虑组织者前科情况、行为手段、组织人数和次数、违法所得数额及被组织人员偷越国(边)境的目的等情节,依法妥当处理。

3. 事前与组织、运送他人偷越国(边)境的犯罪分子通谋,在偷越国(边)境人员出境前或者入境后,提供接驳、容留、藏匿等帮助的,以组织他人偷越国(边)境罪或者运送他人偷越国(边)境罪的共同犯罪论处。

4. 明知是偷越国(边)境人员,分段运送其前往国(边)境的,应当认定为刑法第三百二十一条规定的“运送他人偷越国(边)境”,以运送他人偷越国(边)境罪定罪处罚。但是,在决定是否追究刑事责任以及如何裁量刑罚时,应当充分考虑行为人在运送他人偷越国(边)境过程中所起作用等情节,依法妥当处理。

5.《解释》第一条第二款、第四条规定的“人数”,以实际组织、运送的人数计算;未到案人员经查证属实的,应当计算在内。

6. 明知他人实施骗取出境证件犯罪,提供虚假证明、邀请函件以及面签培训等帮助的,以骗取出境证件罪的共同犯罪论处;符合刑法第三百一十八条规定的,以组织他人偷越国(边)境罪定罪处罚。

7. 事前与组织他人偷越国(边)境的犯罪分子通谋,为其提供虚假证明、邀请函件以及面签培训等帮助,骗取入境签证等入境证件,为组织他人偷越国(边)境使用的,以组织他人偷越国(边)境罪的共同犯罪论处。

8. 对于偷越国(边)境的次数,按照非法出境、入境的次数分别计算。但是,对于非法越境后及时返回,或者非法出境后又入境投案自首的,一般应当计算为一次。

9. 偷越国(边)境人员相互配合,共同偷越国(边)境的,属于《解释》第五条第二项规定的“结伙”。偷越国(边)境人员在组织者、运送者安排下偶然同行的,不属于“结伙”。

在认定偷越国(边)境“结伙”的人数时,不满十六周岁的人不计算在内。

10. 偷越国(边)境,具有下列情形之一的,属于《解释》第五条第六项规定的“其他情节严重的情形”:

(1)犯罪后为逃避刑事追究偷越国(边)境的;

(2)破坏边境物理隔离设施后,偷越国(边)境的;

(3)以实施电信网络诈骗、开设赌场等犯罪为目的,偷越国(边)境的;

(4)曾因妨害国(边)境管理犯罪被判处刑罚,刑罚执行完毕后二年内又偷越国(边)境的。

实施偷越国(边)境犯罪,又实施妨害公务、袭警、妨害传染病防治等行为,并符合有关犯罪构成的,应当数罪并罚。

11. 徒步带领他人通过隐蔽路线逃避边防检查偷越国(边)境的,属于运送他人偷越国(边)境。领导、策划、指挥他人偷越国(边)境,并实施徒步带领行为的,以组织他人偷越国(边)境罪论处。

徒步带领偷越国(边)境的人数较少,行为人系初犯,确有悔罪表现,综合考虑行为动机、一贯表现、违法所得、实际作用等情节,认为对国(边)境管理秩序妨害程度明显较轻的,可以认定为犯罪情节轻微,依法不起诉或者免予刑事处罚;情节显著轻微危害不大的,不作为犯罪处理。

12. 对于刑法第三百二十一条第一款规定的“多次实施运送行为”,累计运送人数一般应当接近十人。

三、关于妨害国(边)境管理刑事案件的管辖

13. 妨害国(边)境管理刑事案件由犯罪地的公安机关立案侦查。如果由犯罪嫌疑人居住地的公安机关立案侦查更为适宜的,可以由犯罪嫌疑人居住地的公安机关立案侦查。

妨害国(边)境管理犯罪的犯罪地包括妨害国(边)境管理犯罪行为的预备地、过境地、查获地等与犯罪活动有关的地点。

14. 对于有多个犯罪地的妨害国(边)境管理刑事案件,由最初受理的公安机关或者主要犯罪地的公安机关立案侦查。有争议的,按照有利于查清犯罪事实、有利于诉讼的原则,由共同上级公安机关指定有关公安机关立案侦查。

15. 具有下列情形之一的,有关公安机关可以在其职责范围内并案侦查:

(1)一人犯数罪的；

(2)共同犯罪的；

(3)共同犯罪的犯罪嫌疑人、被告人还实施其他犯罪的；

(4)多个犯罪嫌疑人、被告人实施的犯罪存在关联，并案处理有利于查明案件事实的。

四、关于证据的收集与审查

16. 对于妨害国(边)境管理案件所涉主观明知的认定，应当结合行为实施的过程、方式、被查获时的情形和环境，行为人的认知能力、既往经历、与同案人的关系、非法获利等，审查相关辩解是否明显违背常理，综合分析判断。

在组织他人偷越国(边)境、运送他人偷越国(边)境等案件中，具有下列情形之一的，可以认定行为人主观明知，但行为人作出合理解释或者有相反证据证明的除外：

(1)使用遮蔽、伪装、改装等隐蔽方式接送、容留偷越国(边)境人员的；

(2)与其他妨害国(边)境管理行为人使用同一通讯群组、暗语等进行联络的；

(3)采取绕关避卡等方式躲避边境检查，或者出境前、入境后途经边境地区的时间、路线等明显违反常理的；

(4)接受执法检查时故意提供虚假的身份、事由、地点、联系方式等信息的；

(5)支付、收取或者约定的报酬明显不合理的；

(6)遇到执法检查时企图逃跑，阻碍、抗拒执法检查，或者毁灭证据的；

(7)其他足以认定行为人明知的情形。

17. 对于不通晓我国通用语言文字的嫌疑人、被告人、证人及其他相关人员，人民法院、人民检察院、公安机关、移民管理机构应当依法为其提供翻译。

翻译人员在案件办理规定时限内无法到场的，办案机关可以通过视频连线方式进行翻译，并对翻译过程进行全程不间断录音录像，不得选择性录制，不得剪接、删改。

翻译人员应当在翻译文件上签名。

18. 根据国际条约规定或者通过刑事司法协助和警务合作等渠道收集的境外证据材料，能够证明案件事实且符合刑事诉讼法规定的，可以作为证据使用，但提供人或者我国与有关国家签订的双边条约对材料的使用范围有明确限制的除外。

办案机关应当移送境外执法机构对所收集证据的来源、提取人、提取时间或者提供人、提供时间以及保管移交的过程等相关说明材料；确因客观条件限制,境外执法机构未提供相关说明材料的,办案机关应当说明原因,并对所收集证据的有关事项作出书面说明。

19. 采取技术侦查措施收集的材料,作为证据使用的,应当随案移送,并附采取技术侦查措施的法律文书、证据清单和有关情况说明。

20. 办理案件中发现的可用以证明犯罪嫌疑人、被告人有罪或者无罪的各种财物,应当严格依照法定条件和程序进行查封、扣押、冻结。不得查封、扣押、冻结与案件无关的财物。凡查封、扣押、冻结的财物,都要及时进行审查。经查明确实与案件无关的,应当在三日以内予以解除、退还,并通知有关当事人。

查封、扣押、冻结涉案财物及其孳息,应当制作清单,妥善保管,随案移送。待人民法院作出生效判决后,依法作出处理。

公安机关、人民检察院应当对涉案财物审查甄别。在移送审查起诉、提起公诉时,应当对涉案财物提出处理意见。人民法院对随案移送的涉案财物,应当依法作出判决。

五、关于宽严相济刑事政策的把握

21. 办理妨害国(边)境管理刑事案件,应当综合考虑行为人的犯罪动机、行为方式、目的以及造成的危害后果等因素,全面把握犯罪事实和量刑情节,依法惩治。做好行政执法与刑事司法的衔接,对涉嫌妨害国(边)境管理犯罪的案件,要及时移送立案侦查,不得以行政处罚代替刑事追究。

对于实施相关行为被不起诉或者免予刑事处罚的行为人,依法应当给予行政处罚、政务处分或者其他处分的,依法移送有关主管机关处理。

22. 突出妨害国(边)境管理刑事案件的打击重点,从严惩处组织他人偷越国(边)境犯罪,坚持全链条、全环节、全流程对妨害国(边)境管理的产业链进行刑事惩治。对于为组织他人偷越国(边)境实施骗取出入境证件,提供伪造、变造的出入境证件,出售出入境证件,或者运送偷越国(边)境等行为,形成利益链条的,要坚决依法惩治,深挖犯罪源头,斩断利益链条,不断挤压此类犯罪滋生蔓延空间。

对于运送他人偷越国(边)境犯罪,要综合考虑运送人数、违法所得、前科情况等依法定罪处罚,重点惩治以此为业、屡罚屡犯、获利巨大和其他具有重大社会危害的情形。

对于偷越国(边)境犯罪,要综合考虑偷越动机、行为手段、前科情况等依法定罪处罚,重点惩治越境实施犯罪、屡罚屡犯和其他具有重大社会危害的情形。

23. 对于妨害国(边)境管理犯罪团伙、犯罪集团,应当重点惩治首要分子、主犯和积极参加者。对受雇佣或者被利用从事信息登记、材料递交等辅助性工作人员,未直接实施妨害国(边)境管理行为的,一般不追究刑事责任,可以由公安机关、移民管理机构依法作出行政处罚或者其他处理。

24. 对于妨害国(边)境管理犯罪所涉及的在偷越国(边)境之后的相关行为,要区分情况作出处理。对于组织、运送他人偷越国(边)境,进而在他人偷越国(边)境之后组织实施犯罪的,要作为惩治重点,符合数罪并罚规定的,应当数罪并罚。

对于为非法用工而组织、运送他人偷越国(边)境,或者明知是偷越国(边)境的犯罪分子而招募用工的,在决定是否追究刑事责任以及如何裁量刑罚时,应当综合考虑越境人数、违法所得、前科情况、造成影响或者后果等情节,恰当评估社会危害性,依法妥当处理。其中,单位实施上述行为,对组织者、策划者、实施者依法追究刑事责任的,定罪量刑应作综合考量,适当体现区别,确保罪责刑相适应。

25. 对以牟利为目的实施妨害国(边)境管理犯罪,要注重适用财产刑和追缴犯罪所得、没收作案工具等处置手段,加大财产刑的执行力度,最大限度剥夺其重新犯罪的能力和条件。

26. 犯罪嫌疑人、被告人提供重要证据或者重大线索,对侦破、查明重大妨害国(边)境管理刑事案件起关键作用,经查证属实的,可以依法从宽处理。

附：

2022年6月份报国务院备案并予以登记的地方性法规、自治条例、单行条例和地方政府规章目录

地方性法规

法规名称	公布日期	备案登记编号
吉林省乡村振兴促进条例	2021年11月25日	国司备字［2022006532］
吉林省食品小作坊小餐饮店小食杂店和食品摊贩管理条例	2021年11月25日	国司备字［2022006533］
吉林省无规定动物疫病区建设管理条例	2021年11月25日	国司备字［2022006534］
四平市市区住宅小区物业管理监督规定	2021年11月30日	国司备字［2022006537］
四平市物质文化遗产保护条例	2021年11月30日	国司备字［2022006538］
白山市餐厨垃圾管理条例	2021年12月3日	国司备字［2022006539］
白城市人民代表大会常务委员会关于修改《白城市城市绿化条例》的决定	2021年12月9日	国司备字［2022006540］
白城市城市管理条例	2021年12月1日	国司备字［2022006541］
白城市城四家子城址保护条例	2021年12月2日	国司备字［2022006542］
白城市草原生态保护条例	2021年11月30日	国司备字［2022006543］
松原市城市市容和环境卫生管理条例	2021年12月1日	国司备字［2022006544］

续表

法规名称	公布日期	备案登记编号
延边朝鲜族自治州文明行为促进条例	2021 年 12 月 10 日	国司备字［2022006545］
黑龙江省促进大数据发展应用条例	2022 年 5 月 13 日	国司备字［2022006394］
黑龙江省社会信用条例	2022 年 5 月 13 日	国司备字［2022006395］
黑龙江省促进中小企业发展条例	2022 年 5 月 13 日	国司备字［2022006396］
黑龙江省罚没和扣押财物管理条例	2022 年 5 月 13 日	国司备字［2022006397］
黑龙江省人民代表大会常务委员会关于修改《黑龙江省公共场所和特种行业治安管理条例》的决定	2022 年 5 月 13 日	国司备字［2022006398］
哈尔滨市校车安全管理条例	2022 年 5 月 16 日	国司备字［2022006399］
齐齐哈尔市人民代表大会常务委员会关于修改《齐齐哈尔市水资源管理条例》等四部地方性法规的决定	2022 年 5 月 17 日	国司备字［2022006400］
牡丹江市住宅物业管理条例	2022 年 5 月 16 日	国司备字［2022006401］
佳木斯市城市绿化条例	2022 年 5 月 16 日	国司备字［2022006402］
双鸭山市中心城区停车管理条例	2022 年 5 月 16 日	国司备字［2022006403］
江苏省院前医疗急救条例	2022 年 3 月 31 日	国司备字［2022006457］
江苏省洪泽湖保护条例	2022 年 3 月 31 日	国司备字［2022006458］
江苏省土壤污染防治条例	2022 年 3 月 31 日	国司备字［2022006459］

续表

法规名称	公布日期	备案登记编号
徐州市基础教育促进条例	2022 年 4 月 1 日	国司备字［2022006460］
浙江省铁路安全管理条例	2022 年 5 月 27 日	国司备字［2022006418］
浙江省生态环境保护条例	2022 年 5 月 27 日	国司备字［2022006419］
杭州市大型群众性活动安全管理规定	2022 年 4 月 6 日	国司备字［2022006461］
杭州西溪国家湿地公园保护管理条例	2022 年 4 月 6 日	国司备字［2022006462］
宁波市建筑垃圾管理条例	2022 年 3 月 30 日	国司备字［2022006463］
宁波市非物质文化遗产保护条例	2022 年 3 月 30 日	国司备字［2022006464］
宁波市再生资源回收利用管理条例	2022 年 3 月 29 日	国司备字［2022006466］
金华双龙风景名胜区条例	2022 年 3 月 29 日	国司备字［2022006467］
金华市物业管理条例	2022 年 3 月 29 日	国司备字［2022006468］
台州市居家养老服务条例	2022 年 3 月 30 日	国司备字［2022006469］
嘉兴市危险化学品安全管理条例	2022 年 4 月 2 日	国司备字［2022006470］
安徽省实施《中华人民共和国土地管理法》办法	2022 年 5 月 27 日	国司备字［2022006407］
安徽省科学技术进步条例	2022 年 5 月 27 日	国司备字［2022006408］
安徽省促进大别山等革命老区振兴发展条例	2022 年 5 月 27 日	国司备字［2022006409］

续表

法规名称	公布日期	备案登记编号
安徽省人民代表大会常务委员会立法征求意见工作规定	2022年5月27日	国司备字［2022006410］
中国(安徽)自由贸易试验区条例	2022年3月25日	国司备字［2022006421］
安徽省教育督导条例	2022年3月25日	国司备字［2022006422］
安徽省实施《中华人民共和国公共图书馆法》办法	2022年3月25日	国司备字［2022006423］
阜阳市养犬管理条例	2022年4月1日	国司备字［2022006425］
淮南市住宅小区物业管理条例	2022年4月11日	国司备字［2022006426］
池州市农村村民住房建设管理条例	2022年4月8日	国司备字［2022006427］
马鞍山市文物保护条例	2022年6月1日	国司备字［2022006412］
福建省全民健身条例	2022年3月30日	国司备字［2022006431］
福建省生态环境保护条例	2022年3月30日	国司备字［2022006432］
福建省司法鉴定管理条例	2022年3月30日	国司备字［2022006433］
福建省优化营商环境条例	2022年3月30日	国司备字［2022006434］
福建省人民代表大会常务委员会关于修改《福建省人民代表大会常务委员会任免国家机关工作人员条例》的决定	2022年3月30日	国司备字［2022006435］
福建省人民代表大会常务委员会关于修改《福建省人口与计划生育条例》的决定	2022年3月30日	国司备字［2022006436］

续表

法规名称	公布日期	备案登记编号
福建省人民代表大会常委会委员会关于废止《福建省流动人口计划生育管理办法》《福建省禁止非医学需要鉴定胎儿性别和选择性别终止妊娠条例》的决定	2022 年 3 月 30 日	国司备字［2022006438］
厦门市人民代表大会常务委员会关于废止《厦门市人民代表大会常务委员会关于完善多元化纠纷解决机制的决定》的决定	2022 年 4 月 26 日	国司备字［2022006430］
南平市文明行为促进条例	2022 年 4 月 1 日	国司备字［2022006437］
江西省征收土地管理办法	2022 年 3 月 29 日	国司备字［2022006444］
山东省知识产权保护和促进条例	2022 年 3 月 30 日	国司备字［2022006445］
山东省税收保障条例	2022 年 3 月 30 日	国司备字［2022006446］
山东省人民代表大会常务委员会关于修改《山东省燃气管理条例》的决定	2022 年 3 月 30 日	国司备字［2022006447］
山东省人民代表大会常务委员会关于修改《山东省机动车排气污染防治条例》等四件地方性法规的决定	2022 年 3 月 30 日	国司备字［2022006448］
山东省人民代表大会常务委员会关于废止《山东省土地监察规定》等三件地方性法规的决定	2022 年 3 月 30 日	国司备字［2022006449］
济南市物业管理条例	2022 年 3 月 30 日	国司备字［2022006450］
淄博市养犬管理条例	2022 年 4 月 8 日	国司备字［2022006451］
河南省矛盾纠纷多元预防化解条例	2022 年 4 月 1 日	国司备字［2022006452］
河南省餐饮服务从业人员佩戴口罩规定	2022 年 3 月 30 日	国司备字［2022006455］

续表

法规名称	公布日期	备案登记编号
郑州市人民代表大会常务委员会关于废止部分地方性法规的决定	2022 年 1 月 1 日	国司备字［2022006453］
信阳市停车场建设管理条例	2022 年 3 月 22 日	国司备字［2022006454］
湖北省人民代表大会常务委员会关于废止《湖北省信访条例》的决定	2022 年 5 月 26 日	国司备字［2022006393］
湖北省人民代表大会常务委员会关于集中修改涉及行政处罚内容的省本级地方性法规的决定	2022 年 3 月 31 日	国司备字［2022006471］
湖北省人民代表大会常务委员会关于武汉长江新区行政管理等有关事项的决定	2022 年 3 月 31 日	国司备字［2022006472］
武汉市实施《中华人民共和国红十字会法》办法	2022 年 4 月 23 日	国司备字［2022006477］
武汉市预算审查监督条例	2022 年 4 月 24 日	国司备字［2022006478］
黄冈市人民代表大会常务委员会关于集中修改部分地方性法规的决定	2022 年 4 月 13 日	国司备字［2022006473］
咸宁市文明行为促进条例	2022 年 4 月 26 日	国司备字［2022006475］
咸宁市城市管理条例	2022 年 4 月 26 日	国司备字［2022006476］
随州市文明行为促进条例	2022 年 4 月 18 日	国司备字［2022006474］
广东省司法鉴定管理条例	2022 年 3 月 29 日	国司备字［2022006479］
广东省知识产权保护条例	2022 年 3 月 29 日	国司备字［2022006480］
广东省实施《中华人民共和国消防法》办法	2022 年 3 月 29 日	国司备字［2022006481］
广州市数字经济促进条例	2022 年 4 月 6 日	国司备字［2022006483］

续表

法规名称	公布日期	备案登记编号
深圳经济特区绿色建筑条例	2022 年 3 月 28 日	国司备字［2022006442］
深圳经济特区矛盾纠纷多元化解条例	2022 年 3 月 28 日	国司备字［2022006443］
珠海经济特区民营企业权益保护规定	2022 年 3 月 31 日	国司备字［2022006440］
珠海经济特区工业用地控制线管理规定	2022 年 4 月 29 日	国司备字［2022006441］
汕头经济特区现代产业用地管理条例	2022 年 5 月 30 日	国司备字［2022006413］
汕头经济特区建筑外立面管理规定	2022 年 5 月 30 日	国司备字［2022006414］
汕头经济特区知识产权保护条例	2022 年 5 月 30 日	国司备字［2022006415］
汕头经济特区科技创新条例	2022 年 5 月 30 日	国司备字［2022006416］
汕头经济特区突发公共卫生事件应急条例	2022 年 5 月 30 日	国司备字［2022006417］
汕头经济特区警务辅助人员条例	2022 年 4 月 27 日	国司备字［2022006439］
佛山市文明行为促进条例	2022 年 1 月 27 日	国司备字［2022006482］
中山市文明行为促进条例	2022 年 4 月 6 日	国司备字［2022006484］
湛江市优化营商环境条例	2022 年 4 月 2 日	国司备字［2022006485］
阳江市扬尘污染防治条例	2022 年 2 月 18 日	国司备字［2022006486］
云浮市文明行为促进条例	2022 年 5 月 9 日	国司备字［2022006487］

续表

法规名称	公布日期	备案登记编号
广西壮族自治区公安机关警务辅助人员条例	2022年5月13日	国司备字[2022006404]
广西壮族自治区科技创新条例	2022年5月13日	国司备字[2022006405]
广西壮族自治区固体废物污染环境防治条例	2022年5月13日	国司备字[2022006406]
广西壮族自治区人力资源市场条例	2022年3月24日	国司备字[2022006488]
广西壮族自治区人口和计划生育条例	2022年3月24日	国司备字[2022006489]
广西壮族自治区乡村振兴促进条例	2022年3月24日	国司备字[2022006490]
南宁市扬美古镇保护管理条例	2022年4月11日	国司备字[2022006491]
柳州市公园广场条例	2022年4月11日	国司备字[2022006493]
桂林市养犬管理条例	2022年4月1日	国司备字[2022006492]
百色市扬尘污染防治条例	2022年4月11日	国司备字[2022006494]
大化瑶族自治县七百弄鸡保护条例	2022年3月28日	国司备字[2022006495]
海南自由贸易港游艇产业促进条例	2022年3月25日	国司备字[2022006499]
海南自由贸易港海口国家高新技术产业开发区条例	2022年3月25日	国司备字[2022006500]
海南省人民代表大会常务委员会关于修改《海南省城镇从业人员基本医疗保险条例》等二件法规的决定	2022年3月25日	国司备字[2022006501]

续表

法规名称	公布日期	备案登记编号
海口市人民代表大会常务委员会关于修改《海口市扬尘污染防治办法》等两件法规的决定	2022 年 4 月 2 日	国司备字[2022006428]
保亭黎族苗族自治县人民代表大会关于修改《保亭黎族苗族自治县自治条例》的决定	2022 年 4 月 1 日	国司备字[2022006429]
重庆市铁路安全管理条例	2022 年 3 月 30 日	国司备字[2022006502]
重庆市各级人民代表大会常务委员会规范性文件备案审查条例	2022 年 3 月 30 日	国司备字[2022006503]
重庆市数据条例	2022 年 3 月 30 日	国司备字[2022006504]
昆明市物业管理条例	2022 年 4 月 14 日	国司备字[2022006506]
昆明市社会医疗保险条例	2022 年 4 月 14 日	国司备字[2022006507]
昭通市扬尘污染防治条例	2022 年 3 月 28 日	国司备字[2022006508]
云南省楚雄彝族自治州人民代表大会关于修改《云南省楚雄彝族自治州彝医药条例》的决定	2022 年 4 月 18 日	国司备字[2022006509]
云南省西双版纳傣族自治州人民代表大会关于修改《云南省西双版纳傣族自治州自然保护区管理条例》的决定	2022 年 4 月 28 日	国司备字[2022006510]
云南省大理白族自治州大理历史文化名城保护条例	2022 年 4 月 18 日	国司备字[2022006511]
德宏傣族景颇族自治州芒市城中田园保护条例	2022 年 3 月 30 日	国司备字[2022006512]
德宏傣族景颇族自治州非物质文化遗产保护条例	2022 年 4 月 2 日	国司备字[2022006513]
林芝市市容和环境卫生管理条例	2022 年 4 月 2 日	国司备字[2022006514]

续表

法规名称	公布日期	备案登记编号
那曲市制定地方性法规条例	2022 年 4 月 8 日	国司备字[2022006515]
甘肃省人民代表大会常务委员会关于废止《甘肃省酒类商品管理条例》的决定	2022 年 3 月 31 日	国司备字[2022006516]
甘肃省道路运输条例	2022 年 3 月 31 日	国司备字[2022006517]
甘肃省计量监督管理条例	2022 年 3 月 31 日	国司备字[2022006518]
甘肃省烟草专卖若干规定	2022 年 3 月 31 日	国司备字[2022006519]
甘肃省实施《中华人民共和国渔业法》办法	2022 年 3 月 31 日	国司备字[2022006520]
甘肃省人民代表大会常务委员会关于废止《甘肃省人民代表大会常务委员会关于新设置行政区召开人民代表大会若干问题的规定》的决定	2022 年 3 月 31 日	国司备字[2022006521]
甘肃省人民代表大会常务委员会关于废止《甘肃省人民代表大会常务委员会视察办法》的决定	2022 年 3 月 31 日	国司备字[2022006522]
甘肃省防震减灾条例	2022 年 3 月 31 日	国司备字[2022006523]
甘肃省草原条例	2022 年 3 月 31 日	国司备字[2022006524]
兰州市轨道交通条例	2022 年 4 月 14 日	国司备字[2022006525]
金昌市城市市容和环境卫生管理条例	2022 年 4 月 12 日	国司备字[2022006526]
平凉市饮用水水源地保护条例	2022 年 4 月 11 日	国司备字[2022006527]
天水市文明行为促进条例	2022 年 4 月 29 日	国司备字[2022006528]

续表

法规名称	公布日期	备案登记编号
嘉峪关市制止餐饮浪费行为条例	2022 年 4 月 18 日	国司备字［2022006529］
海北藏族自治州中国第一个核武器研制基地旧址保护管理条例	2022 年 5 月 27 日	国司备字［2022006420］
宁夏回族自治区优化营商环境条例	2022 年 4 月 18 日	国司备字［2022006530］
宁夏回族自治区中小企业促进条例	2022 年 4 月 18 日	国司备字［2022006531］

地方政府规章

规章名称	公布日期	备案登记编号
北京市人民政府关于废止和修改部分规章的决定	2021 年 12 月 30 日	国司备字［2022006391］
山西省人民政府关于废止和修改部分省政府规章的决定	2022 年 3 月 13 日	国司备字［2022006382］
内蒙古自治区人民政府关于修改和废止部分政府规章的决定	2022 年 5 月 23 日	国司备字［2022006548］
江苏省人民政府关于废止和修改部分省政府规章的决定	2022 年 5 月 1 日	国司备字［2022006383］
宿迁市电梯安全管理办法	2022 年 4 月 29 日	国司备字［2022006372］
嘉兴市污染源自动监控管理办法	2022 年 4 月 29 日	国司备字［2022006369］
淮南市人民政府关于修改《淮南市城市生活垃圾分类管理办法》的决定	2022 年 5 月 26 日	国司备字［2022006388］
宿州市人民政府关于修改《宿州市城市养犬管理办法》的决定	2022 年 6 月 6 日	国司备字［2022006546］

续表

规章名称	公布日期	备案登记编号
福州市外卖寄递行业配送摩托车管理办法	2022 年 4 月 25 日	国司备字［2022006374］
威海市人民政府规章制定程序规定(修订)	2022 年 5 月 24 日	国司备字［2022006385］
南阳市房屋租赁管理暂行办法	2022 年 2 月 23 日	国司备字［2022006381］
鄂州市城市绿化实施办法	2022 年 5 月 26 日	国司备字［2022006390］
广东省行政处罚听证程序实施办法	2022 年 4 月 20 日	国司备字［2022006373］
深圳市碳排放权交易管理办法	2022 年 5 月 29 日	国司备字［2022006505］
中山市人民政府关于修改《中山市扬尘污染防治管理办法》等政府规章的决定	2022 年 4 月 25 日	国司备字［2022006375］
三亚市人民政府关于修改《三亚市海岸带保护规定》和《三亚市饮用水水源保护办法》的决定	2022 年 5 月 7 日	国司备字［2022006368］
内江市城区农贸市场管理办法	2022 年 5 月 22 日	国司备字［2022006387］
兰州市人民政府关于修改《兰州市地质灾害防治管理办法》的决定	2022 年 5 月 26 日	国司备字［2022006386］
酒泉市悬泉置遗址保护管理办法	2022 年 5 月 20 日	国司备字［2022006392］
西藏自治区行政执法案卷评查办法	2022 年 4 月 22 日	国司备字［2022006371］
关于将 20 项自治区级林业和草原权责事项委托地级林业和草原主管部门实施的决定	2022 年 5 月 12 日	国司备字［2022006384］
新疆维吾尔自治区人民政府关于废止《新疆维吾尔自治区煤田火区管理办法》的决定	2022 年 6 月 6 日	国司备字［2022006550］
乌鲁木齐市人民政府关于修改和废止部分政府规章的决定	2022 年 4 月 19 日	国司备字［2022006370］

图书在版编目（CIP）数据

中华人民共和国新法规汇编. 2022 年. 第 7 辑：总第 305 辑 / 司法部编 . —北京：中国法制出版社，2022. 12

ISBN 978-7-5216-3202-6

Ⅰ. ①中… Ⅱ. ①司… Ⅲ. ①法规-汇编-中国-2022 Ⅳ. ①D920. 9

中国版本图书馆 CIP 数据核字（2022）第 231050 号

中华人民共和国新法规汇编

ZHONGHUA RENMIN GONGHEGUO XIN FAGUI HUIBIAN

（2022 年第 7 辑）

编者/司法部

经销/新华书店

印刷/三河市紫恒印装有限公司

开本/850 毫米×1168 毫米 32 开 印张/6. 75 字数/187 千

版次/2022 年 12 月第 1 版 2022 年 12 月第 1 次印刷

中国法制出版社出版

书号 ISBN 978-7-5216-3202-6 定价：18. 00 元

北京市西城区西便门西里甲 16 号西便门办公区

邮政编码：100053 传真：010-63141600

网址：http：//www. zgfzs. com **编辑部电话：010-63141663**

市场营销部电话：010-63141612 **印务部电话：010-63141606**

（如有印装质量问题，请与本社印务部联系。）

